BIBLIOTECA DE IDEAS
de Especialidades Juveniles

juegos 2
para refrescar tu ministerio

BIBLIOTECA DE IDEAS
de Especialidades Juveniles

juegos 2
para refrescar tu ministerio

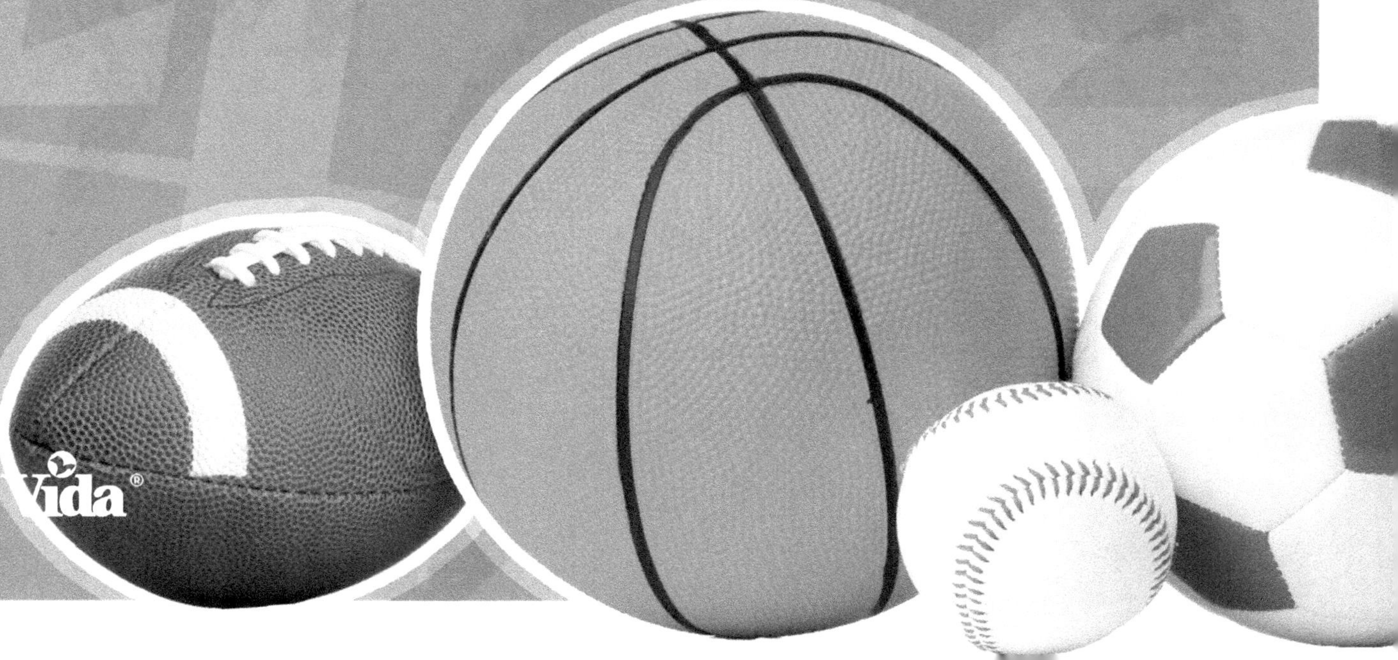

La misión de Editorial Vida es ser la compañía líder en satisfacerlas necesidades de las personas con recursos cuyo contenido glorifique al Señor Jesucristo y promueva principios bíblicos.

Biblioteca de Ideas: Juegos 2
Edición en español publicada por
Editorial Vida – 2012
Miami, Florida

©2012 por Especialidades Juveniles

Originally published in the USA under the title:
Games 2
Copyright © 1997 by Youth Specialties
Published by permission of Zondervan, Grand Rapids, Michigan.

Traducción: *María Ana Gallardo*
Edición: *Madeline Díaz*
Diseño interior: *Pablo Victoriano*

RESERVADOS TODOS LOS DERECHOS. A MENOS QUE SE INDIQUE LO CONTRARIO,
EL TEXTO BÍBLICO SE TOMÓ DE LA SANTA BIBLIA NUEVA VERSIÓN INTERNACIONAL.
© 1999 POR BÍBLICA INTERNACIONAL.

Esta publicación no podrá ser reproducida, grabada o transmitida de manera completa o parcial, en ningún formato o a través de ninguna forma electrónica, fotocopia u otro medio, excepto como citas breves, sin el consentimiento previo del publicador.

ISBN: 978-0-8297-6175-7

CATEGORÍA: Ministerio cristiano/Jóvenes

IMPRESO EN ESTADOS UNIDOS DE AMÉRICA
PRINTED IN THE UNITED STATES OF AMERICA

12 13 14 15 16 ❖ 8 7 6 5 4 3 2 1

CONTENIDO

Listado alfabético de todos los juegos de este libro. . . . 9

JUEGOS DE BÉISBOL Y KICKBALL
Béisbol con raquetas 15
Girando alrededor del bate . . 15
Kickball a ciegas. 15
Béisbol loco 16
Atrápala con tu vaso 16
Patoball 16
Frisball 17
Béisbol enmarañado. 17
Béisbol con neumáticos 17
Patea ese neumático. 18
Kickball chiflado 18
Kwiffle ball 18
Pasando la línea 18
Kickball con paracaídas 20
Béisbol en el templo. 20
Béisbol de fontaneros. 20
Béisbol polaco 21
Score ball 22
Softball de siameses 22
Softball de calcetines. 23
Béisbol sueco 23
Kickball en la selva 23
Tres pelotas. 24
Béisbol de pared. 25
Béisbol al revés. 25

JUEGOS DE FÚTBOL AMERICANO
Fútbol con pluma. 29
Fútbol americano a ciegas . . . 29
Toma ese balón 29
Fútbol combinado 30
Fútbol flamenco 30
Fútbol frenético 30
Fútbol de la jungla 31
Fútbol de medianoche 31
Liga de fútbol «Nerf» 31
Fútbol americano a la luz de la luna 32
Fútbol americano con un osito de peluche 32
Fútbol-Tenis. 32

Fútbol supremo. 33

JUEGOS CON FRISBEES
Crosbee 37
Ataque con Frisbees. 37
Bolos con Frisbees 38
Dale al blanco 38
Golf con Frisbees 39
Locura de Frisbees 41
Rugby con Frisbees. 41
Doble juego 42
Frisbee por tiempo 42
Frisbee matador 42
Frisbees helados 43
Defiende tu bandera con Frisbees 43

JUEGOS DE GOLF
Golf con globos 47
Croquet Golf 47
Golf eclesiástico. 48
Open con neumáticos 48
Golf pateado. 49
Golf ácido. 49
Golf con banditas elásticas . . 49
Golf con pelotas de tenis 49

JUEGOS DE EXTERIORES PARA GRUPOS GRANDES
Te atrapé. 53
Toma esa bandera. 53
Destrozando muebles 54
Cortadoras de césped humanas 54
Justas 54
Sugerencia: Gorros de pintor. 54
Zapatos en vuelo 54
Atrapando pañuelos. 55
La masa devoradora 55
En cámara lenta 55
Samuráis al ataque 55
Gallos y grullas. 56
Burbujas gigantes 56
Sardinas 56
Tira de la cuerda (en ronda) . 57

Tira de la cuerda (doble) 57
Bienvenidos a Babel. 57
Carrera de automóviles 59
A matar al dragón 59
Confusión en la colina. 59
Neumaticomanía 60
Naipes y banderas 60
Rayos y centellas 60
Misioneros en peligro. 61
Pinball humano 62
Eliminación final 62
A-B-C 62
Pelota gigante. 62

JUEGOS DE EXTERIORES PARA GRUPOS PEQUEÑOS
Huevos en la nieve. 65
Camiones cargados. 65
Fuera. 65
Guerra de cometas y globos . . 66
Batalla a caballo. 66
Calcetines con harina 66
Huye del sombrero. 66
Escondidas con aros 67
Croquet humano 67
Apiladores y destructores. . . . 67
No rompas el anillo 68
Caminata desorganizada 68
Billar gigante 68
Croquet extremo 68
Contorsiones con colchones . 69
Espantapájaros 69
Buscando pingüinos 69
A comer sandía 69
Fútbol americano con neumáticos 70
Bolos con neumáticos 70
Pinball gigante. 70
Inventa tu propio juego 70
Descifra el código. 71
Lucha libre 72
Lanzamiento con sábanas . . . 72
Guerra de nieve con reyes y doctores 72
Esculturas en la nieve. 73
Duelos con pañuelos 73

David y Goliat 74	Relevo de orugas 93	A la carga mis valientes 105
Juegos de pingüinos 74	Carrera con pinzas 93	Competencia de sombreros . 106
Catapulta 75	Llevando a los cerditos al mercado 93	Hula-hula............. 106
Duelo con almohadas....... 75	Caja de sorpresas 94	Carrera disparatada 107

CARRERAS Y POSTAS

Contra el reloj 79	Carretillas humanas 94	Carrera con mensajes...... 107
Posta de empujones 79	Carretillas hambrientas 94	Carrera con cajas 107
Posta con goma de mascar ... 79	Carretillas deportistas 94	Cola de calcetín.......... 107
Palas y patatas 80	Carrera de carretillas a ciegas 94	Carrera sobre zancos 108
Sugerencia: Narices postizas . 80	Gladiadores en carretillas ... 95	Aspiradoras humanas...... 108
Posta con pastel 80	Carrera con neumáticos..... 95	Canicas viajeras 108
Descubre tu sabor.......... 80	Rodando neumáticos....... 97	Carrera con vagones 108
Postas transportando alimentos............... 81	Carrera de relevos con globos y neumáticos 97	Carrera con pompones de algodón............ 108
Sugerencia: Cómo formar equipos................ 81	Rodillas congeladas 97	Te tengo 109
Chocolate con guantes 82	Colchones sobre rieles 97	Carrera con caballos y globos 109
Carrera de agua con gas 82	Carrera sobre colchones..... 98	Carrera de carrozas........ 109
Cucharas y axilas 82	Carrera con fósforos........ 98	Carrera con papel higiénico. 110
Carrera de huevos y cucharas................ 82	Carrera con monóculo 98	Carrera de superhéroes..... 110
Carrera de gallinas 82	Carrera de noticias......... 98	Triple carrera 110
Pasa ese limón 82	Carrera de relevos con hielo . 98	Frisbees a la carrera 110
Carrera de salvavidas....... 83	En la barbería............. 98	Cadena de lanzadores...... 111
Gran carrera de fideos 83	Carrera de relevos con esquís. 99	Carreras con pasta dentífrica 111

JUEGOS DE FÚTBOL Y HOCKEY

Posta con mermelada....... 83	Carrera con esquís y agua.... 99	Fútbol a ciegas 115
Carrera de moscas 83	Lanzamiento sobre esquís.... 99	Hockey con escobas....... 115
Gran carrera de bancos 84	Con esquís y raquetas 99	Fútbol con escobas........ 116
Carrera de obstáculos en interiores............... 84	Carrera con esquís en equipo 100	Fútbol circular 116
Carrera con obstáculos humanos............... 85	Esquí sobre césped 100	Lucha de cangrejos........ 116
Gran Prix con neumáticos... 85	Carrera de relevos errática.. 100	Fútbol de cangrejos 117
Posta de salto largo......... 86	Carrera de relevos en seis etapas................ 100	Fútbol loco 117
Carrera de momias 86	Carrera de calcetines 100	Croquetball 117
Un día común y corriente ... 86	Carrera a los tumbos 101	Fútbol de borricos 117
Pasteles voladores.......... 87	Carrera con dedales 101	Hockey con hawaianas 118
De regreso a clases 87	Carrera con tres piernas.... 101	Juego con guantes 118
Carrera de botones......... 88	Espalda con espalda 101	Fútbol con una cámara..... 119
Carrera de cinturones 88	Carrera con siete piernas ... 101	Fútbol en línea 119
Posta de ciempiés 89	Carrera de relevos con papel higiénico 101	Fútbol de salón........... 119
Carrera de ciempiés 89	Carrera de patos.......... 102	Fútbol de monos.......... 120
Cuatro en línea 89	Espaldas pegadas.......... 102	Fútbol debajo de los bancos. 120
Carrera de fontaneros 90	Carrera con conos de helado 102	Hockey con almohadas 120
Concurso de madres........ 90	Soplando dentro del vaso... 103	Fútbol arcoíris 121
Carrera de serpientes 90	Gira sin soltar la escoba.... 103	Fútbol con sillas 121
Carrera con rompecabezas ... 91	Salto con escobas......... 104	Hockey con un zapato 121
Pirámides en Braile 91	Carrera sobre carritos...... 104	Fútbol tonto 122
Momias pegajosas.......... 92	Moneda, libro y pelota...... 104	Fútbol simple 122
Carrera sobre mantas 92	Del dos al as 104	Fútbol sobre papel 123
Rodeando la escoba......... 93	Bandita elástica gigante 104	Hockbol 123
Carrera con cajas gigantes ... 93	Carrera con plumas 105	Fútbol individual 123
	La mano en el guante...... 105	Fútbol con tres piernas..... 123
	Carrera con perchas....... 105	Hockey de pared 124
		Hockey con un globo...... 124

Hockey soplado 124

JUEGOS PARA PISCINAS O LAGOS

Béisbol acuático 127
Canoa giratoria 128
Pelotas y más pelotas 128
Rocas flotantes 128
Cazando pececitos 128
Carrera de icebergs 128
Fuera y dentro 128
Salto o zambullida 128
Tiburón en la oscuridad 129
Carrera de strippers 129
Muñeco de nieve en verano 129
Surf en reversa 130
Taxi 130
Potro salvaje 130
Feria de agua 130

JUEGOS CON AGUA

Correr o mojarse 135
Apaga esas velas 135
Desesperación 136
Sugerencia: Bolsitas de agua 136
Flamencos 136
Pelotón de fusilamiento 136
Dispárale al pato 137
Guerra con láser 137
Un corre que te pillo muy efervescente 137
Guerra efervescente 138
Guerra de bomberos 140
Voleibol empapado 140
Carrera en bicicleta 140
Sabotaje 141
Esquiva esa esponja 141
Samuráis 141
Misilmanía 142
Canicas en el lodo 143
Guerra de almohadas 143
Pistola de agua con música . 143
Voleibol con sábanas y bombas de agua 144
Bombardeo 144
Calcetines mojados 144
La catapulta 145
Esquivando bombas 145
Carrera con bombas de agua 145
Lanzamiento de bala 145
Fútbol con bombas de agua . 145
Voleibol con bombas de agua 146
Voleibol a ciegas 146

Guerra sin cuartel 146
Círculo peligroso 147
Afina tu puntería 147
Todo por cinco dólares 147
Atrapa esa bomba 147
Kamikazes 148
Salven a la reina 149
Buscar y destruir 149
Empapados 150
Toma esa bandera (con estrategia) 150
Sillitas con sorpresas 151
Carrera de escupidas 151
Carrera de relevos con botellas 151
Posta en parejas 151
Posta de patos 152
Bolsillo lleno 152
Maremoto 152
Tápalo con tu dedo 152
Una pelota que flota 153
Plop plop fizz fizz 153
Brigada con baldes 153
Bomberos al rescate 153
Que no se moje la momia . . 154
Refrésquense el cuello 155
Hay que llenar ese vaso 155
Hielo derretido 155

JUEGOS DE AVENTURAS

Alien 159
Sugerencia: Cómo crear tus propios juegos de aventura 160
Batalla a través del Sahara . . 160
Contrabando de diamantes . 161
Juego de familia 163
Escondiendo al líder 165
Fugitivos 165
Asesinos a sueldo 165
El hombre santo 166
Liebres y sabuesos 166
Cruce peligroso 166
Guerra en la oscuridad 167
El asesinato misterioso 167
Sheriffs y bandidos 172
Águilas y halcones 174
Caos o control 174
La fiebre del oro 175
Compañías peleteras en pugna 177
Infiltrados 177
Presos en fuga 178
Misión imposible 179

Contrabandistas 180
Guerra en el espacio 181
Juego de espías 182
Guerra de velcro 183
Guerra 184
Guerra mundial 185

LISTADO ALFABÉTICO
DE TODOS LOS JUEGOS DE ESTE LIBRO

A comer sandía, 69
A la carga mis valientes, 105
A matar al dragón, 59
A-B-C, 62
Afina tu puntería, 147
Águilas y halcones, 174
Alien, 159
Apaga esas velas, 135
Apiladores y destructores, 67
Asesinos a sueldo, 165
Aspiradoras humanas, 108
Ataque con Frisbees, 37
Atrapa esa bomba, 147
Atrápala con tu vaso, 16
Atrapando pañuelos, 55
Bandita elástica gigante, 104
Batalla a caballo, 66
Batalla a través del Sahara, 160
Béisbol acuático, 127
Béisbol al revés, 25
Béisbol con neumáticos, 17
Béisbol con raquetas, 15
Béisbol de fontaneros, 20
Béisbol de pared, 25
Béisbol en el templo, 20
Béisbol enmarañado, 17
Béisbol loco, 16
Béisbol polaco, 21
Béisbol sueco, 23
Bienvenidos a Babel, 57
Billar gigante, 68
Bolos con Frisbees, 38
Bolos con neumáticos, 70
Bolsillo lleno, 152
Bombardeo, 144
Bomberos al rescate, 153
Brigada con baldes, 153
Burbujas gigantes, 56

Buscando pingüinos, 69
Buscar y destruir, 149
Cadena de lanzadores, 111
Caja de sorpresas, 94
Calcetines con harina, 66
Calcetines mojados, 144
Caminata desorganizada, 68
Camiones cargados, 65
Canicas en el lodo, 143
Canicas viajeras, 108
Canoa giratoria, 128
Caos o control, 174
Carrera de automóviles, 59
Carrera a los tumbos, 101
Carrera con bombas de agua, 145
Carrera con caballos y globos, 109
Carrera con cajas, 107
Carrera con cajas gigantes, 93
Carrera con vagones, 108
Carrera con dedales, 101
Carrera con esquís en equipo, 100
Carrera con fósforos, 98
Carrera con mensajes, 107
Carrera con monóculo, 98
Carrera con neumáticos, 95
Carrera con obstáculos humanos, 85
Carrera con papel higiénico, 110
Carrera con perchas, 105
Carrera con pinzas, 93
Carrera con plumas, 105
Carrera con pompones de algodón, 108
Carrera con rompecabezas, 91
Carrera con siete piernas, 101
Carrera con tres piernas, 101

Carrera de agua con gas, 82
Carrera de botones, 88
Carrera de calcetines, 100
Carrera de carretillas a ciegas, 94
Carrera de carrozas, 109
Carrera de ciempiés, 89
Carrera de cinturones, 88
Carrera de escupidas, 151
Carrera de fontaneros, 90
Carrera de gallinas, 82
Carrera de huevos y cucharas, 82
Carrera de icebergs, 128
Carrera de momias, 86
Carrera de moscas, 83
Carrera de noticias, 98
Carrera de obstáculos en interiores, 84
Carrera de patos, 102
Carrera de relevos con botellas, 151
Carrera de relevos con esquís, 99
Carrera de relevos con globos y neumáticos, 97
Carrera de relevos con hielo, 98
Carrera de relevos con papel higiénico, 101
Carrera de relevos en seis etapas, 100
Carrera de relevos errática, 100
Carrera de salvavidas, 83
Carrera de serpientes, 90
Carrera de strippers, 129
Carrera de superhéroes, 110
Carrera disparatada, 107
Carrera en bicicleta, 140
Carrera sobre carritos, 104
Carrera sobre colchones, 98
Carrera sobre mantas, 92
Carrera sobre zancos, 108

Carrera con conos de helado, 102
Carreras con pasta dentífrica, 111
Carretillas deportistas, 94
Carretillas hambrientas, 94
Carretillas humanas, 94
Catapulta, 75
Cazando pececitos, 128
Chocolate con guantes, 82
Círculo peligroso, 147
Cola de calcetín, 107
Colchones sobre rieles, 97
Compañías peleteras en pugna, 177
Competencia de sombreros, 106
Con esquís y raquetas, 99
Concurso de madres, 90
Confusión en la colina, 59
Contorsiones con colchones, 69
Contra el reloj, 79
Contrabandistas, 180
Contrabando de diamantes, 161
Correr o mojarse, 135
Cortadoras de césped humanas, 54
Croquet extremo, 68
Croquet golf, 47
Croquet humano, 67
Croquetball, 117
Crosbee, 37
Cruce peligroso, 166
Cuatro en línea, 89
Cucharas y axilas, 82
Dale al blanco, 32
David y Goliat, 74
De regreso a clases, 87
Defiende tu bandera con Frisbees, 43
Del dos al as, 104
Descifra el código, 71
Descubre tu sabor, 80

Desesperación, 136
Destrozando muebles, 54
Dispárale al pato, 137
Doble juego, 42
Duelo con almohadas, 75
Duelos con pañuelos, 73
El asesinato misterioso, 167
El hombre santo, 166
Eliminación final, 62
Empapados, 150
En cámara lenta, 55
En la barbería, 98
Escondidas con aros, 67
Escondiendo al líder, 165
Esculturas en la nieve, 73
Espalda con espalda, 101
Espaldas pegadas, 102
Espantapájaros, 69
Esquí sobre césped, 100
Esquiva esa esponja, 141
Esquivando bombas, 145
Feria de agua, 130
Flamencos, 136
Frisball, 17
Frisbee matador, 42
Frisbee por tiempo, 42
Frisbees helados, 43
Fuera, 65
Fuera y dentro, 128
Fugitivos, 165
Fútbol a ciegas, 115
Fútbol americano a ciegas, 129
Fútbol americano a la luz de la luna, 32
Fútbol americano con neumáticos, 70
Fútbol americano con un osito de peluche, 32
Fútbol arcoíris, 121
Fútbol circular, 116
Fútbol combinado, 30
Fútbol con bombas de agua, 145
Fútbol con escobas, 116
Fútbol con pluma, 29
Fútbol con sillas, 121
Fútbol con tres piernas, 123
Fútbol de borricos, 117
Fútbol con una cámara, 119
Fútbol de cangrejos, 117
Fútbol de la jungla, 31
Fútbol de medianoche, 31

Fútbol de monos, 120
Fútbol de salón, 119
Fútbol debajo de los bancos, 120
Fútbol en línea, 119
Fútbol flamenco, 30
Fútbol frenético, 30
Fútbol individual, 123
Fútbol loco, 117
Fútbol simple, 122
Fútbol sobre papel, 123
Fútbol supremo, 33
Fútbol tonto, 122
Fútbol-Tenis, 32
Gallos y grullas, 52
Gira sin soltar la escoba, 103
Girando alrededor del bate, 15
Gladiadores en carretillas, 95
Golf ácido, 49
Golf con banditas elásticas, 49
Golf con Frisbees, 39
Golf con globos, 47
Golf con pelotas de tenis, 49
Golf eclesiástico, 48
Golf pateado, 49
Gran carrera de bancos, 84
Gran carrera de fideos, 83
Gran Prix con neumáticos, 85
Guerra, 184
Guerra de almohadas, 143
Guerra de bomberos, 140
Guerra de cometas y globos, 66
Guerra de nieve con reyes y doctoras, 72
Guerra de velcro, 183
Guerra efervescente, 138
Guerra en el espacio, 181
Guerra en la oscuridad, 167
Guerra mundial, 185
Guerra sin cuartel, 146
Guerra con láser, 137
Hay que llenar ese vaso, 155
Hielo derretido, 155
Hockbol, 123
Hockey con almohadas, 120
Hockey con escobas, 115

Hockey con hawaianas, 118
Hockey con un globo, 124
Hockey con un zapato, 121
Hockey de pared, 124
Hockey soplado, 124
Huevos en la nieve, 65
Hula-hula, 106
Huye del sombrero, 66
Infiltrados, 177
Inventa tu propio juego, 70
Juego con guantes, 118
Juego de espías, 182
Juego de familia, 163
Juegos de pingüinos, 74
Justas, 54
Kamikazes, 148
Kickball a ciegas, 15
Kickball chiflado, 18
Kickball con paracaídas, 20
Kickball en la selva, 23
Kwiffle ball, 18
La catapulta, 145
La fiebre del oro, 175
La mano en el guante, 105
La masa devoradora, 55
Lanzamiento con sábanas, 72
Lanzamiento de bala, 145
Liebres y sabuesos, 166
Liga de fútbol «Nerf», 31
Llevando a los cerditos al mercado, 93
Locura de Frisbees, 41
Lucha de cangrejos, 116
Lucha libre, 72
Maremoto, 152
Misilmanía, 142
Misión imposible, 179
Misioneros en peligro, 61
Momias pegajosas, 92
Moneda, libro y pelota, 104
Muñeco de nieve en verano, 129
Naipes y banderas, 60
Neumaticomanía, 60
No rompas el anillo, 68
Open con neumáticos, 48
Palas y patatas, 80

Pasa ese limón, 82
Pasando la línea, 18
Pasteles voladores, 87
Patea ese neumático, 18
Patoball, 16
Pelota gigante, 62
Pelotas y más pelotas, 128
Pelotón de fusilamiento, 136
Pinball gigante, 70
Pinball humano, 62
Pirámides en Braile, 91
Pistola de agua con música, 143
Plop plop fizz fizz, 153
Posta con goma de mascar, 79
Posta con mermelada, 83
Posta con pastel, 80
Posta de ciempiés, 89
Posta de empujones, 79
Posta de patos, 152
Posta de salto largo, 86
Posta en parejas, 151
Postas transportando alimentos, 81
Potro salvaje, 130
Presos en fuga, 178
Que no se moje la momia, 154
Rayos y centellas, 60
Refrésquense el cuello, 155
Relevo de orugas, 93
Rocas flotantes, 128
Rodando neumáticos, 97
Rodeando la escoba, 93
Rodillas congeladas, 97
Rugby con Frisbees, 41
Sabotaje, 141
Salto con escobas, 104
Salto o zambullida, 128
Salven a la reina, 149
Samuráis, 141
Samuráis al ataque, 55
Sardinas, 56
Score ball, 22
Sheriffs y bandidos, 172
Sillitas con sorpresas, 151
Softball de calcetines, 23
Softball de siameses, 22
Soplando dentro del vaso, 103
Sugerencia: Bolsitas de agua, 136

Sugerencia: Cómo formar equipos, 81
Sugerencia: Gorros de pintor, 54
Sugerencia: Narices postizas, 80
Surf en reversa, 130
Tápalo con tu dedo, 152
Taxi, 130
Te atrapé, 53
Te tengo, 109
Tiburón en la oscuridad, 129
Tira de la cuerda (doble), 57
Tira de la cuerda (en ronda), 57
Todo por cinco dólares, 147
Toma esa bandera, 53
Toma esa bandera (con estrategia), 150
Toma ese balón, 29
Tres pelotas, 24
Triple carrera, 110
Un corre que te pillo muy efervescente, 137
Un día común y corriente, 86
Una pelota que flota, 153
Voleibol a ciegas, 146
Voleibol con bombas de agua, 146
Voleibol con sábanas y bombas de agua, 144
Voleibol empapado, 140
Zapatos en vuelo, 54

BÉISBOL Y KICKBALL
JUEGOS

JUEGOS DE BÉISBOL Y KICKBALL

En este capítulo el tradicional juego de béisbol se ve revolucionado con una cantidad impresionante de variantes desquiciadas. La mayoría de estas ideas están diseñadas de modo que cualquiera pueda jugar, sin importar su habilidad atlética. Además de algunos juegos derivados del béisbol, aquí encontrarás variaciones para otros deportes en un terreno con forma de diamante, como el kickball.

BÉISBOL CON RAQUETAS

Aquí tienes una variante del softball que permite que un grupo variado disfrute de un competitivo juego. En el softball común, algunas personas tienen dificultades para batear la pelota fuera del campo de juego, y por lo tanto son tildados de «bateadores fáciles». De modo que, en lugar de emplear un bate de béisbol, para este juego se utilizan una raqueta y una pelota de tenis. Cualquiera puede conseguir un buen tiro, y resulta casi imposible que alguien falle y quede eliminado. (Si algunos chicos lanzan la pelota demasiado lejos con este cambio de bate, haz que ellos en su turno utilicen una raqueta de raquetball o un bate común de béisbol). Este juego resulta especialmente bueno para grupos grandes, de quince o más jóvenes en cada equipo.

Marshall Shelley

GIRANDO ALREDEDOR DEL BATE

Divide a tu grupo en varios equipos. A cada equipo le corresponderá un bate de béisbol, el cual estará ubicado en un extremo del campo de juego, mientras que el equipo permanecerá formado en fila en el otro extremo. El objetivo de esta carrera de relevos es que cada miembro del equipo corra cuando sea su turno hasta el bate, coloque su cabeza o su frente sobre el mismo (que estará situado en posición vertical) y gire alrededor del bate diez veces manteniendo esa posición. El jugador luego intentará correr de regreso hasta su equipo para que salga el siguiente participante, pero probablemente estará tan mareado que le resultará una experiencia difícil… aunque será muy divertido para el que lo observe desde afuera.

David Parke

KICKBALL A CIEGAS

Cuando el resto de los juegos con forma de diamante se vuelvan aburridos, intenta esta variante: Todos los jardineros deben moverse usando solo una pierna (como si fueran flamencos) y deben lanzar con su «brazo malo» (es decir, los zurdos con el brazo derecho, y los diestros con el brazo izquierdo).

Además, todos los pateadores tendrán los ojos vendados. Sus entrenadores, ubicados en cada base, les gritarán indicaciones a los corredores.

Este juego es tan gracioso de ver como de jugar… y puede fácilmente ayudar a iniciar un debate (todos dependemos de los demás, confiar en los otros es importante, etc.). Paul Bertelson

BÉISBOL LOCO

Forma equipos de cinco o más jugadores. Jueguen como en el béisbol tradicional, pero con un bate y una pelota «Nerf» (o alguna otra pelota liviana y esponjosa).

Aquí viene la parte disparatada: Luego de golpear la pelota, los bateadores pueden correr a cualquier base… pero no pueden pisar el área del lanzador. Los corredores anotan tantos, no por tocar el home plate, sino por pisar las tres bases (todas: primera, segunda y tercera) en cualquier orden. Cada equipo precisa tener seis outs.

David Killinger y Chris Moore

ATRÁPALA CON TU VASO

Aquí tienes un juego que puede jugarse en interiores, en una habitación grande (que no tenga alfombra). Divide al grupo en dos equipos iguales. El equipo A bateará primero, y deberá sentarse detrás del home plate. El equipo B estará en el campo (es decir, desparramado por toda la habitación).

Un jugador del equipo A arrojará una pelotita de ping-pong desde el home plate hacia el campo, no más abajo de la altura del hombro. Los jugadores del equipo B deberán atrapar la pelotita con sus vasos desechables en la menor cantidad de rebotes posible. El equipo A recibirá un punto por cada vez que la pelota rebote contra el suelo antes de ser atrapada (con un máximo de quince puntos por lanzamiento). Pide la colaboración de un par de árbitros para llevar la cuenta de los rebotes.

Cada miembro del equipo hará un lanzamiento, y luego le tocará el turno al otro equipo. Sumen la cantidad de puntos obtenidos en cada entrada. Jueguen tantas entradas como lo permita el tiempo.

Reglas adicionales:
- La pelota no puede ser arrojada del lugar de bateo hacia atrás, ni a través de puertas abiertas. Si hay luces o lámparas colgantes a una altura baja que puedan obstruir el camino de la pelota, conviene quitarlas.
- El lanzamiento puede hacerse en cualquier dirección, pero cuando se suelta la pelota, la mano debe estar por encima de la altura del hombro del lanzador. Los jardineros no pueden estar de pie directamente frente al que lanza ni entorpecerle los movimientos en modo alguno. Phil Blackwell

PATOBALL

Prueba este juego de kickball con una variante original. El pitcher le lanza la pelota al pateador (limita esto a un lanzamiento por persona si el grupo es grande) y el pateador la golpea con el pie. Sin embargo, antes de correr hacia la primera base, se le alcanza un globo inflado, el cual debe colocar entre sus rodillas. Luego debe mantener el globo allí todo el tiempo, mientras corre y permanece en las bases. Entretanto, los jardineros también están equipados con globos entre sus rodillas (excepto el lanzador), y ellos también deben caminar balanceándose como patos para intentar conseguir que el corredor quede fuera.

Los outs se consiguen al tocar al corredor con la pelota, ya sea de manera directa (parados junto a él) o mediante un lanzamiento. Los tantos se anotan llegando al home plate… pero ese no es el único modo de hacerlo. Si a un jardinero se le explota su globo, el otro equipo gana un punto. De manera similar, si a un corredor se le explota su globo, el equipo que está en el campo gana un punto. El juego termina cuando alguno de los dos equipos alcanza los veinte puntos o cuando se haya jugado una cantidad predeterminada de entradas.

Necesitarás al menos cincuenta o sesenta globos para comenzar el juego. Puedes tenerlos guardados dentro de una gran bolsa de plástico o en un gran bote de basura. Aprovecha a los jóvenes que no deseen jugar para que te ayuden a mantener la provisión de globos y que se los alcancen a los corredores en su camino hacia la primera base.

Una variante: si deseas jugar Patoball en interiores, utiliza una pelota «Nerf» u otra pelota blanda y liviana. Michael W. Capps

FRISBALL

Este juego se juega exactamente como el softball, con la cantidad de jugadores que desees.

Sin embargo, se utiliza un Frisbee en lugar de un bate y una pelota. Además, cada equipo tiene que sacar seis outs en lugar de tres. El Frisbee debe volar al menos diez metros cuando es lanzado, o de otra manera el lanzamiento no se considerará válido. El equipo ofensivo no necesita esperar hasta que el equipo defensivo se encuentre listo para enviar a su «bateador» al home plate. Esto reduce al mínimo el tiempo que normalmente se pierde entre una entrada y otra. Jim Allen

BÉISBOL ENMARAÑADO

Aquí tienes un derivado del béisbol que es perfecto para jugar en interiores y con grupos de entre diez y cincuenta jugadores. Necesitarás un bate de plástico (como los de Wiffleball) y una pelota de tamaño mediano que sea muy liviana y blanda, o incluso puedes fabricar para este juego un pompón de lana a fin de utilizarlo en lugar de la pelota. (También puedes decidir usar una escoba y una pelota Nerf). Marca en el suelo un home plate y tres bases, divide a los jugadores en dos equipos, y jueguen béisbol… ¡enmarañado!

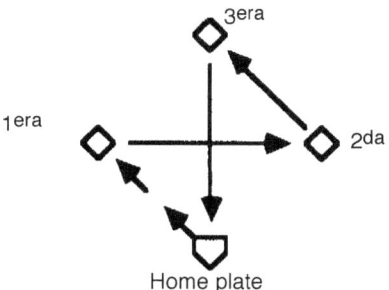

He aquí las diferencias:
- Luego de batear, los jugadores deben correr primero hasta lo que normalmente es tercera base, luego hasta lo que normalmente es primera base, luego a lo que normalmente es segunda base, y finalmente al home plate.
- Los corredores solo quedarán fuera si se les toca con la mano o la pelota por debajo de los hombros. Las acciones de atrapar la pelota en el aire y de tocar las bases con ella en la mano no provocan outs.
- Cada participante de un equipo bateará solo una vez en cada entrada, sin importar cuántos outs haya. (Los outs hacen que el corredor deba retirarse del campo de juego, pero no determinan la duración de la entrada).
- El equipo que batea utilizará su propio lanzador. A cada bateador se le permite un máximo de tres lanzamientos. Dos strikes constituyen un out.

Ralph Gustafson

BÉISBOL CON NEUMÁTICOS

Este juego es similar al softball, pero se utiliza un neumático en lugar de pelota. El bateador toma el neumático en el home plate y lo hace girar siete veces, empujándolo hacia el campo de juego en el séptimo giro. El equipo del bateador puede contar en voz alta mientras el bateador hace girar el neumático, para ayudarlo a saber cuándo debe soltarlo. Aunque hay tres bases como en el softball, aquí no existen límites para el campo de juego, así que el neumático puede ser empujado en cualquier dirección una vez que se hayan completado las siete rotaciones.

Los jugadores solo quedan fuera cuando son tocados con el neumático. Los jugadores defensivos pueden tocar al corredor con el neumático o arrojárselo (con cuidado de no lastimarlo). Si el corredor establece contacto de cualquier forma con el neumático, queda fuera (a menos que esté pisando una base, por supuesto).

Existe una infracción en este juego llamada «bloqueo». Un bloqueo tiene lugar cuando un jugador defensivo intenta aplastar a un corredor con el neumático (violencia innecesaria). Esta es una decisión subjetiva que queda en manos del árbitro. Él le otorgará una carrera al equipo afectado y le permitirá al corredor avanzar hasta la siguiente base. Sin esta regla, algunos jugadores se verán tentados de comenzar a jugar otro juego llamado «Béisbol sangriento», el cual no es recomendable para los jugadores amateurs.

La última regla consiste en que el árbitro puede agregar o quitar cualquier regla en determinado momento para hacer que el juego resulte divertido y emocionante. Todas las reglas y decisiones del árbitro son definitivas, a menos que algún equipo quiera darle en privado algún tipo de contribución económica de manera tal que modifique el resultado del encuentro inclinando la balanza a favor suyo.

Si así lo deseas, puedes tener disponibles neumáticos de distintos tamaños para que los chicos puedan escoger el que les resulte más apropiado o cómodo. Steve Smoker

PATEA ESE NEUMÁTICO

Este es simplemente un juego de kickball, pero empleando un viejo neumático en lugar de una pelota de goma. Para jugar, el lanzador empuja el neumático hasta el home plate y allí el pateador le dará una veloz patada. El mismo puede volar, rodar, caerse, rebotar o lo que sea. El pateador quedará fuera si el neumático vuela y es atrapado en el aire, o si lo tocan con el neumático en su camino a la base. O puedes lograr outs forzados tal como en el béisbol común. Sin importar las reglas que decidas usar, esta variación sobre un viejo juego resulta muy divertida. Glenn Hermann

KICKBALL CHIFLADO

Este juego puede jugarse tanto en un campo con forma de diamante como el de béisbol como en un terreno abierto. Al igual que en el kickball o el béisbol comunes, un equipo está sentado en el banco mientras que el otro se encuentra desparramado por el campo de juego.

El primer «bateador» pateará la pelota que un compañero le acercará rodando. Errarle a la pelota, un foul, o una pelota atrapada en el aire, todos constituyen outs. Están permitidos tres outs por equipo por entrada. Si no hay outs, todos los participantes del equipo pueden patear durante una entrada. Cuando el jugador patea el balón, el equipo que está en el campo debe correr a formar una fila detrás del jardinero que atrape la pelota. Luego la pelota irá pasando por entre las piernas de todos estos jugadores, de adelante hacia atrás. El último miembro de este equipo puede entonces tomar la pelota y correr a tocar al corredor para intentar sacarlo del juego.

Mientras tanto, los pateadores no corren alrededor de las bases. En cambio, el equipo del pateador se colocará formando una fila detrás de él, y él correrá alrededor de su equipo tantas veces como le sea posible. Se computará una carrera por cada vuelta completa que logre dar el pateador antes de ser tocado con la pelota. ¡Jueguen tantas entradas como deseen! James Alderson

KWIFFLE BALL

Este juego de acción continua combina el juego de Wiffleball y el de Kickball en un mismo diamante.

Habrá dos home plates y dos bases. Los bateadores correrán del home plate número 1 (H1) hasta la base A, luego a la base B, y de regreso al home plate 1. Los pateadores correrán del home plate número 2 (H2) hasta la base B, luego a la base A, y de regreso al home plate 2.

Divide a los participantes en dos equipos. El equipo A se separará a su vez en dos: la mitad de

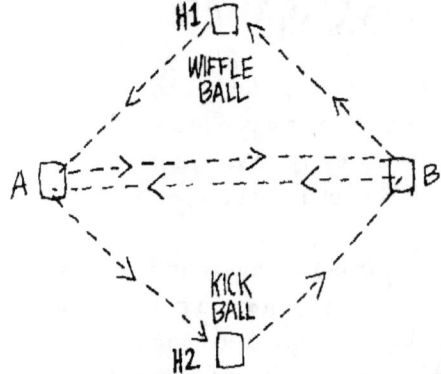

los jugadores irán al home plate del Wiffleball y la otra mitad al home plate del Kickball. El equipo B estará distribuido por el campo de juego y jugará simultáneamente contra las dos mitades del equipo A. ¡Deben estar muy alertas!

El equipo bateador (o pateador) designará a sus propios lanzadores. Los corredores de ambos juegos pueden ocupar una misma base al mismo tiempo, y es posible que resulten eliminados por las pelotas de cualquiera de los dos juegos.

Los equipos cambian de lugares luego de que el equipo bateador y pateador tenga tres outs combinando ambos juegos. Jueguen un número predeterminado de entradas y declaren ganador al equipo que más carreras haya anotado en total. Jon Bollback

PASANDO LA LÍNEA

Aquí tienes un juego genial de softball que es muy popular en las playas del sur de California. Todo lo que se necesita es un bate y una pelota de softball, seis personas (tres en cada equipo), y alguna forma de marcar los límites del campo de juego, que luce como se muestra en el diagrama.

El jugador del equipo al que le toca batear se para en el home plate e intenta batear la pelota

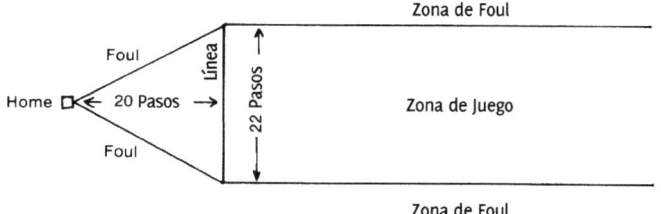

de manera que pase la línea (volando por el aire) hasta entrar en la zona de juego. Para esto, la pelota es lanzada por un jugador que pertenecerá al equipo del bateador y estará ubicado a unos cinco o seis metros del bateador (en cualquier lugar que desee). El lanzador no puede interferir con la pelota luego de que sea bateada. Si lo hace, el bateador queda eliminado.

Los jugadores que están en el campo se ubicarán en cualquier parte que deseen dentro de la zona de juego. Si atrapan en el aire una pelota antes de que toque el suelo, el bateador queda fuera. Cualquier cosa que vuele por el aire y caiga sobre la zona de juego se considera un hit. Una pelota bateada dentro de la zona de juego por sobre las cabezas de los tres jardineros es un cuadrangular o jonrón.

No hay bases, así que no se realizan corridas de base en base. Las bases son imaginarias. Cuando una persona consigue batear un hit, el siguiente jugador pasa a ocupar el turno al bate. Se requieren tres hits (no cuatro como en el softball común) para anotar una carrera. Y cada hit luego de eso suma una carrera más. Un jonrón luego de los primeros tres hits anota cuatro carreras (dejando libres todas las bases imaginarias, más una carrera de regalo). Luego es como si se empezara de nuevo, por lo cual se requieren tres hits una vez más para comenzar a sumar carreras nuevamente.

Otras reglas:
• Cada bateador cuenta solo con dos lanzamientos para lograr un hit (es decir, se le permite solo un foul, o una vez de errarle a la pelota, etc.). Si el bateador no consigue un hit en dos lanzamientos, queda fuera.

• Cualquier pelota que caiga en el suelo antes de la línea es un out (a menos que sea un foul en el primer lanzamiento).
• Cada equipo tiene tres outs permitidos por entrada, como en el softball tradicional.
• El juego dura nueve entradas (o tantas como tú quieras).

Por supuesto, las reglas del juego pueden modificarse a tu gusto. Es posible que desees, por ejemplo, variar los límites del campo a fin de adaptarlos a las destrezas de tus jugadores. O en lugar de usar una pelota de softball, puedes usar una pelota más blanda o una de voleibol. También puedes variar el número de jugadores. Este juego resulta genial para realizarlo tanto en la playa como en un campo de juego con césped o tierra.

• **Pasando la línea versión avanzada.**
Aquí tienes una versión un poco más complicada del juego «Pasando la línea». El campo de juego, los equipos de tres integrantes y el resto de las reglas permanecen casi iguales, solo hay unas pocas modificaciones. Para empezar, el campo de juego tiene dos líneas más, tal como muestra el segundo diagrama.

Si el bateador le pega a la pelota y esta cae entre las líneas 1 y 2, se considera un sencillo; entre

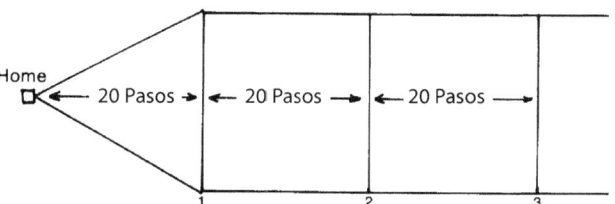

las líneas 2 y 3 es un doblé; más allá de la tercera línea resulta un triple; y por sobre la cabeza del último jugador opositor se trata de un jonrón. Los jugadores defensores pueden pararse en cualquier parte del campo de juego que deseen, pero en general lo mejor es tener a un jugador defendiendo cada uno de los tres territorios.

Los puntos se ganan exactamente como en el béisbol común, pero todas las carreras deben «empujarse» para que lleguen al home plate. Por ejemplo, si hay un jugador en la primera base y uno en la segunda (aunque las bases siguen siendo imaginarias y nadie corre en realidad), y el siguiente bateador batea un doble, entonces un corredor anota una carrera y ahora queda un jugador en la tercera base y uno en la segunda. Si el siguiente jugador batea un sencillo, nadie anota carrera, dado que la primera base se encontraba vacía (es decir, el jugador no «empujó» a sus compañeros como para que avancen una base cada uno). Con el siguiente sencillo sí se logrará una carrera, ya que ahora todas las bases estarán ocupadas y al correr (imaginariamente) este nuevo jugador, sus compañeros se irán moviendo una base más adelante cada uno, de modo que el que estaba en la tercera base logrará anotar.

Los sencillos, dobles y triples por lo general se cuentan como tales solo cuando la pelota cruza la línea correspondiente volando por el aire. Sin embargo, para lograr más emoción y marcadores más abultados, puede hacerse de la siguiente manera: Un sencillo debe aterrizar más allá de la línea 1 (como siempre), pero si el jardinero permite que la pelota ruede o rebote hasta más allá de la línea 2 (siempre dentro de los límites de la zona de juego), entonces se considera un doble (incluso cuando hubiera tocado el suelo en el primer sector del campo). Lo mismo ocurre con los dobles y triples. Si la pelota cruza la tercera línea, se cuenta como un triple sin importar cómo sea que llegó allí. Los jonrones permanecen igual que antes: la pelota tiene que volar por sobre las cabezas de todos los jugadores contrarios. Todas las reglas restantes son las mismas del juego «Pasando la línea» tradicional.

KICKBALL CON PARACAÍDAS

Marca un cuadrado de treinta metros de lado en el estacionamiento de la iglesia o un campo abierto. Divide a los jugadores en dos equipos. Un equipo estará ubicado dentro del cuadrado, cada uno ayudando a sostener un lado de un paracaídas o una sábana grande. El otro equipo estará fuera del cuadrado, ya sea desparramado por los lados o todos juntos en fila. Este equipo tendrá un balón de fútbol o uno de plástico de esos que utilizan los niños para jugar.

El objetivo del equipo que está afuera es turnarse para patear la pelota de manera que vuele bien alto y haga una curva en el aire, aterrizando dentro del cuadrado. Si la pelota aterriza dentro del cuadrado y no es atrapada por el paracaídas, el equipo que pateó gana un punto. Si la pelota es atrapada por el paracaídas o aterriza fuera del cuadrado, o si un juez determina que no fue pateada lo suficiente alto o con la inclinación adecuada, entonces al equipo que pateó se le cuenta como un out. Como en el béisbol, los equipos intercambian posiciones luego de tres outs. David Shaw

BÉISBOL EN EL TEMPLO

Si el clima está horrible afuera y tu iglesia no tiene un gimnasio, intenta jugar este juego en el santuario. Emplea el pasillo central como camino para correr entre las bases y haz que los jardineros se ubiquen entre los bancos. Dependiendo del tamaño de tu templo, la fragilidad de las ventanas de vidrio, la vulnerabilidad de los equipos de sonido y cosas similares, tal vez desees usar una pelota blanda o incluso una esponja en lugar de una pelota tradicional. Roger Rome

BÉISBOL DE FONTANEROS

Aquí tienes otra grandiosa variante del juego de béisbol que a tus chicos les fascinará. Para jugar necesitarán una pelota grande de goma o plástico (que no sea muy pesada) y un destapador de caños e inodoros. Este juego puede jugarse afuera o en interiores.

Divide al grupo en dos equipos. Un equipo estará en el campo y al otro le tocará batear. El equipo que está al bate intentará darle a la pelota con el extremo de goma del destapador. Entonces el bateador correrá a primera base y a partir de ahí se aplican todas las reglas normales del béisbol o el softball tradicionales. O puedes modificar las

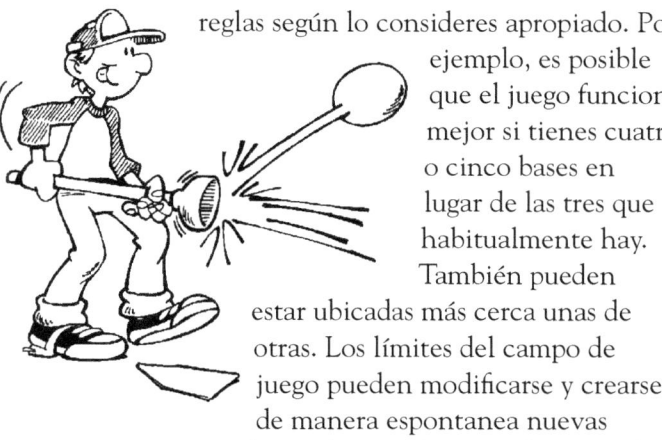
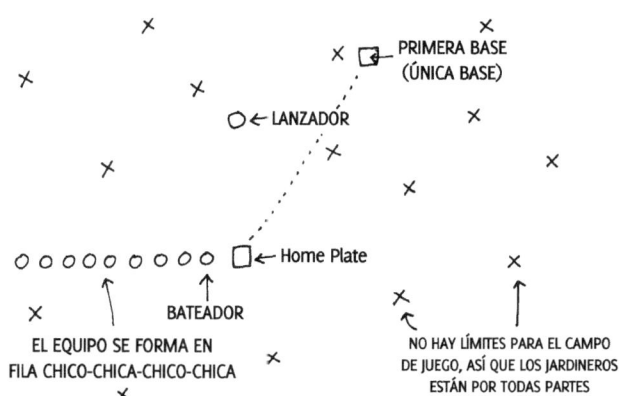

reglas según lo consideres apropiado. Por ejemplo, es posible que el juego funcione mejor si tienes cuatro o cinco bases en lugar de las tres que habitualmente hay. También pueden estar ubicadas más cerca unas de otras. Los límites del campo de juego pueden modificarse y crearse de manera espontánea nuevas posiciones para los jardineros. Los jugadores pueden quedar out si se les golpea con la pelota. O es posible que prefieras tener cinco outs por entrada en lugar de tres. Lee Strawhun

BÉISBOL POLACO

Este es un juego genial para grupos de cincuenta chicos (veinticinco por equipo) o más. Hay solo dos bases: el home plate y la primera base (separadas por una distancia de aproximadamente treinta y cinco metros). Se emplea un bate de béisbol normal y una pelota de voleibol levemente desinflada. No hay demarcaciones para el campo de juego, así que no hay ninguna zona «fuera de límites». La pelota puede batearse en cualquier dirección. El lanzador pertenece al mismo equipo que el bateador. Cada bateador dispone de un solo lanzamiento. No es obligatorio que lo acepte, pero si mueve el bate, entonces cuenta como un lanzamiento. Los outs se consiguen de las siguientes maneras:
- Un lanzamiento en el que el bateador intenta batear (mueve el bate) pero no lo logra.
- Una pelota que es atrapada en el aire.
- Un out forzado en primera base.
- Un bateador que es tocado por la pelota.

No puede haber outs forzados (salidas forzadas) en el home plate. Los corredores pueden ser tocados por un oponente que sostiene la pelota, o pueden hacer contacto con una pelota que se les lance y así quedar eliminados.

Una vez que un jugador llega hasta la primera base, se le permite quedarse allí hasta que considere seguro moverse. De modo que es posible que haya cualquier número de jugadores en la primera base al mismo tiempo. Y cuando los equipos invierten sus roles, el equipo bateador no está obligado a esperar que los jardineros se ubiquen en sus posiciones. Puede comenzar a batear tan pronto como todos sus jugadores estén formados en fila detrás del home plate.

Es posible tener hasta cuatro juegos desarrollándose de manera simultánea en el mismo campo de juego, pero en diferentes esquinas, lo cual puede resultar muy confuso, aunque muy divertido a la vez. Para cada juego se necesita un árbitro imparcial que decrete los outs. El equipo con la mayor cantidad de carreras será el ganador. Puede jugarse la cantidad de entradas que se desee.

- **Béisbol a la cacerola.** Como variante, puedes jugar «Béisbol a la cacerola», el cual requiere el uso de un bote de basura de unos sesenta centímetros de alto (que será la «cacerola»). Además, existen unas pequeñas modificaciones en las reglas. El bote de basura se coloca de cabeza y funciona como home plate. La primera base está ubicada a unos diez o doce metros del home plate y no hay otras bases. El campo de juego abarca los trescientos sesenta grados alrededor del home. En otras palabras, no hay zonas de foul. El montículo del lanzador está ubicado a unos seis metros del home plate.

El bateador puede emplear cualquier clase de bate y debe golpear la pelota (una pelota grande de plástico como las que usan los niños para jugar, o una pelota de voleibol levemente desinflada) de modo tal que no voltee la cacerola con su bate. Después de darle a la pelota, el bateador debe correr hasta la primera base y luego regresar al home para anotar una carrera. Los jugadores del equipo contrario deben intentar atrapar la pelota y arrojársela al lanzador, quien a su vez deberá voltear con la pelota la cacerola a fin de lograr un out. Una misma persona puede anotar varias carreras, pues si batea la pelota lo suficiente lejos le será posible correr varias veces del home a la primera base y de regreso. Tener un árbitro resulta opcional.

Haz que los equipos cambien de lanzador en cada entrada de manera que no haya una persona que domine el juego. El lanzador debe lanzar la pelota de manera que pase por encima de la cacerola, pero sin levantar su brazo por encima del hombro. El bateador puede esperar hasta recibir un lanzamiento que esté en su zona de bateo. Si el lanzador voltea la cacerola con la pelota, entonces se anota una carrera para el equipo contrario. Una vez que el bateador toca con su bate la pelota, esta se considera en juego, incluso si falla y no logra un buen golpe. La única forma de conseguir que el bateador quede fuera es volteando la cacerola con la pelota. No importa si la pelota es atrapada en el aire o no. (Aunque si tienes bateadores muy fuertes que todo el tiempo están bateando la pelota demasiado lejos, podrías contar las pelotas atrapadas en el aire como outs).

- **Béisbol con obstáculos.** Cuando una tormenta repentina amenace con diluir el espíritu deportivo de tu grupo, reclúyanse dentro de la iglesia o en cualquier habitación grande para jugar esta variante del béisbol polaco. Dejando un camino despejado para correr entre el home plate y la primera base, distribuye por todo el campo de juego sillas plegables u otros obstáculos. De este modo, cuando un bateador golpee la pelota, esta no viajará demasiado lejos, sino que rebotará o rodará debajo de una silla, de donde será difícil recuperarla. Y los tiros para intentar darle al corredor y dejarlo fuera rebotarán en los obstáculos también.

George Wood y Vernon Edington

SCORE BALL

Esta variante del béisbol es un buen igualador de talentos: los participantes no tan atléticos jugarán tan bien como los deportistas del grupo. Todo lo que necesitan es un área de juego (ya sea al aire libre o en interiores) delimitada en zonas como indica el diagrama, un bate y tres pelotas Nerf (o similares) de distintos colores.

Divide al grupo en dos equipos. Un equipo se distribuirá por el campo de juego, mientras que el otro enviará a su primer bateador al lugar de bateo. Se juega de la siguiente manera:

Cada bateador dispone solo de tres

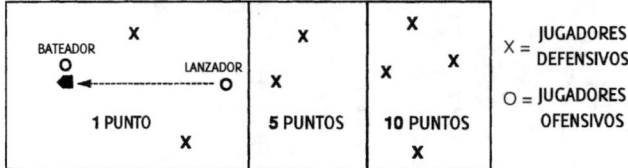

lanzamientos; tres strikes corresponden a un out, al igual que una pelota atrapada en el aire por un jardinero.

Las tres pelotas de diferentes colores son lanzadas siempre en el mismo orden a cada bateador. La razón es la siguiente: Si el bateador logra batear en el primer lanzamiento (digamos, por ejemplo, la pelota roja), vale un punto; si batea la segunda pelota (digamos, la amarilla), vale dos puntos; si golpea la tercera (digamos, la azul), vale tres puntos. (Las pelotas de diferentes colores hacen que sea más fácil el trabajo de ir registrando los puntos). Así es que un bateador puede elegir ya sea batear cualquier pelota que le lancen, o bien esperar al segundo o tercer lanzamientos para ganar más puntos.

¡Y hay más! El puntaje de cada pelota según su color es multiplicado por el puntaje de la zona en la que aterriza. Por ejemplo, si el bateador batea en el segundo lanzamiento (dos puntos) y la pelota cae en la zona media del campo de juego (cinco puntos), entonces se anotan diez puntos para su equipo (2 x 5). Por lo tanto, cada vez que alguien batea, su equipo puede ganar una cantidad variable de puntos (entre 1 y 30). ¡Jueguen tantas entradas como deseen!

Roger Rome

SOFTBALL DE SIAMESES

Este es el juego perfecto para un grupo de jóvenes demasiado numeroso como para jugar un partido de softball tradicional. Se forman dos equipos de igual cantidad de jugadores y luego los integrantes de cada uno se colocan en parejas y entrelazan el brazo izquierdo de uno con el derecho del otro. En ningún momento del juego les estará permitido soltarse o usar para nada los brazos que tienen entrelazados. Sí pueden utilizar el brazo y la mano que cada uno tiene libre. Para el juego se emplea un balón de goma o una pelota de voleibol en lugar de una softball, ya que estas pueden ser atrapadas con el par de manos y brazos que cada pareja tiene libre.

Cuando deban lanzar la pelota, puede lanzarla uno solo de los dos. Cuando a una pareja le toca batear, deben tomar el bate entre los dos con las manos que tienen libres. Luego de golpear la pelota, la pareja debe correr a través de las bases con los brazos entrelazados. Fuera de estas excepciones, todo lo demás se juega empleando las reglas habituales del softball. Michael Allen

SOFTBALL DE CALCETINES

Esta versión del softball puede jugarse con las reglas habituales del juego. Y es posible realizarla en interiores… ¡porque todo estará hecho de calcetines! Toma un calcetín (o mejor una pantimedia) y rellénalo con muchos calcetines para formar el bate. Fabrica una pelota de la misma manera. No está permitido llevar puestos los zapatos durante el juego, sino solo calcetines. En un piso recién encerado, este juego puede ser una fábrica de carcajadas. Louise y Jim Warnock

BÉISBOL SUECO

Esta variación del béisbol resulta más efectiva con veinticinco o más participantes. Se divide al grupo en equipos de igual cantidad de jugadores. Un equipo estará distribuido por el campo de juego y al otro le tocará batear. Sin embargo, no se utilizan bates ni pelotas. Todo lo que se necesita es un Frisbee.

El bateador se para en el lugar de bateo y lanza el Frisbee al campo. Los jardineros persiguen al Frisbee e intentan hacerlo llegar de regreso y meterlo en el bote de basura que estará ubicado junto al home plate. No obstante, deben lograr esto lanzando el Frisbee, no simplemente dejándolo caer sobre el bote. Mientras tanto, el bateador correrá unos tres metros hasta la primera base, luego unos dos metros y medio hasta la segunda base, y se mantendrá dando vueltas alrededor de ellas, tal como muestra el diagrama. El bateador seguirá corriendo hasta que el Frisbee esté dentro del bote de basura, y cada vuelta que dé será un punto para su equipo. No hay outs. Todos los miembros de cada equipo batearán una vez en cada entrada.

Luego de dos o tres entradas, el marcador puede estar bastante abultado. Necesitarás un ayudante para que se encargue en especial de llevar el registro de los puntos obtenidos por cada equipo. David Rasmussen

KICKBALL EN LA SELVA

Ponle un poco de animación al tradicional juego de kickball instalando junto al campo de juego un equipo de audio y trasmitiendo música mientras tus chicos juegan. Para esto, prepara un CD con las bandas de sonido de diferentes películas (elige temas que sean rápidos y movidos). También puedes incluir alguna canción que los haga reír. Y cuando estés grabando el CD, una vez cada tanto, inserta un grito como el de Tarzán. Si la grabación dura unos treinta y cinco minutos, deberá haber entre diez y quince gritos de Tarzán en medio de los temas musicales.

Con la música sonando de fondo, jueguen kickball con las reglas habituales, pero con la siguiente adición: Cuando los jugadores escuchen a Tarzán gritando, deben detener el juego de inmediato, sin importar lo que estén haciendo. El equipo pateador debe correr hasta un lugar predeterminado (ubicado en el medio del campo de juego) y ahí sentarse todos, mientras que el equipo que estaba en el campo debe correr hasta otro lugar predeterminado (que debe estar situado detrás del home plate) y sentarse todos en ese lugar.

Esto de hacer que los equipos se crucen corriendo en sentidos opuestos para llegar a sus lugares y sentarse le agrega mucha emoción al juego. El primer equipo cuyos integrantes estén todos sentados recibe diez puntos.

Una vez que se determina el ganador para ese grito, se reanuda el juego exactamente desde donde se interrumpió. Los corredores regresan a sus

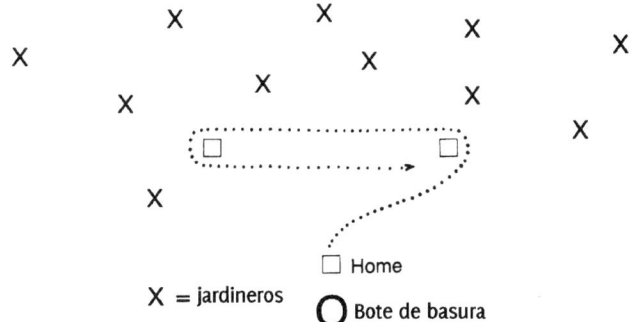

posiciones en las bases y la pelota se le devuelve a quien la tuviera en el momento del grito. Las carreras se anotan igual que siempre. El equipo con la mayor cantidad de carreras al final del período de tiempo establecido será el ganador. (Si juegan más

de treinta y cinco minutos puede que tengas que pasar el CD varias veces). Nombra un juez para que decida qué equipo se reunió y se sentó primero luego de cada grito. *Rich Cooper y Tim Maughan*

TRES PELOTAS

Aquí tienes un genial juego para exteriores que nos viene desde Nueva Zelanda y puede utilizarse con grupos de casi cualquier edad y cualquier cantidad de integrantes. Necesitarás un campo de juego en forma de diamante como los de béisbol (o uno razonablemente parecido) y tres pelotas de cualquier tipo. Puedes emplear pelotas de softball, fútbol americano, rugby, fútbol, voleibol, o cualquier otra cosa esférica que pueda ser lanzada por el aire.

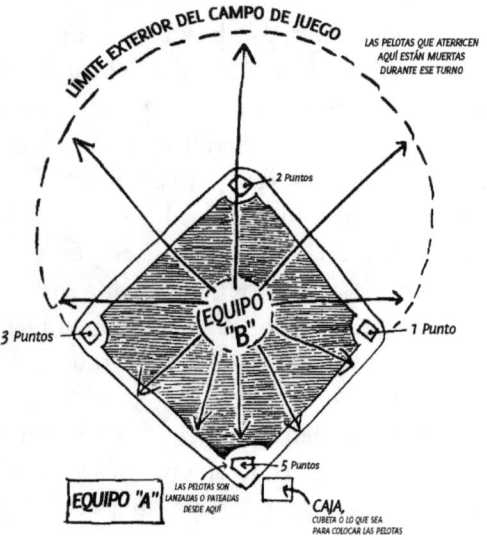

Es más, puedes utilizar Frisbees si lo deseas. Las tres pelotas que vayas a emplear no tienen que ser similares tampoco. Necesitarás también una caja de cartón, una cubeta o cualquier cosa dentro de la cual puedas colocar las pelotas.

La caja (para las pelotas) se ubica junto al home plate. A un equipo le toca primero batear y al otro ubicarse en el campo, tal como en el béisbol tradicional. Sin embargo, no hay posiciones diferenciadas. Todo el mundo juega en todas partes. Así de simple.

El primer «bateador» escoge tres pelotas (si hay más que tres de entre las cuales escoger), y a continuación debe deshacerse de ellas lo más rápido posible de cualquier modo que desee: pateándolas, lanzándolas o lo que sea. Las pelotas, sin embargo, deben mantenerse dentro de los límites del campo de juego.

Luego de deshacerse de las tres pelotas, este jugador comenzará a correr a través de las bases mientras que el equipo que se encuentra en el campo intenta regresar las tres pelotas a la caja que está junto al home plate. El jugador que está corriendo de base en base gana un punto por cada base que logra pisar antes de que las tres pelotas se encuentren de nuevo dentro de la caja, y cinco puntos adicionales si logra completar toda la vuelta y regresar al home. Si una pelota es atrapada en el aire, entonces la misma no necesita ser colocada nuevamente dentro de la caja, sino que se considera muerta. Si el corredor está justo a mitad de carrera entre dos bases cuando la última de las tres pelotas es colocada dentro de la caja, entonces pierde todos los puntos que había acumulado en ese lanzamiento. Así que debe detenerse y mirar antes de cada tramo de su carrera, de modo que se encuentre a salvo en alguna base cuando la última de las pelotas regrese a la caja.

No existen los outs. El mejor modo de jugar es permitir que cada integrante de un equipo tenga una oportunidad de participar en cada una de las entradas y simplemente sumar todos los puntos que ganen. Cuando cada uno haya tenido su turno, le toca «batear» al otro equipo.

Pueden jugar tantas entradas como deseen. Si tienes un grupo muy grande, permite entonces que se realicen varios juegos simultáneamente. No importa si los campos de juego se superponen.

Dado que resulta muy fácil llegar por lo menos a primera base, todo el mundo puede contribuir al total de puntos del equipo y divertirse también. Necesitarás un árbitro para que haga sonar el silbato (o lo que sea) a medida que cada una de las tres pelotas vaya llegando de regreso a la caja, así como también para que ayude a registrar y llevar la cuenta de los puntajes.

Los límites del campo de juego, la distancia entre las bases y otros aspectos pueden adaptarse dependiendo del tamaño y la habilidad de tu grupo.

The Campus Life Staff, New Plymouth, New Zealand

BÉISBOL DE PARED

Durante un campamento, un retiro, o en cualquier otra circunstancia que te encuentres bajo techo en vez de al aire libre, el «béisbol de pared» resulta un juego seguro, divertido y no requiere de las habilidades típicas que demanda el béisbol para que los chicos de cualquier edad puedan divertirse jugándolo. Aquí tienes una lista de lo que necesitarás: una pared (preferentemente de 5 x 3 metros, aunque cualquier medida servirá), cinta de enmascarar, etiquetas, una pelota y una raqueta de ping-pong. Utiliza la cinta de enmascarar y las tarjetas para reproducir en tu pared el diagrama que aparece aquí.

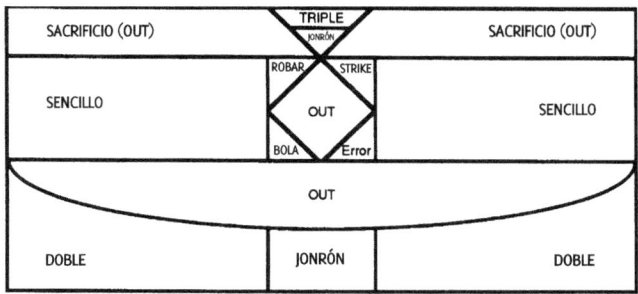

Coloca un home plate en el suelo a unos seis metros de la pared y señala un lugar para el lanzador más o menos a mitad de camino entre la pared y el home plate.

Ahora bien, para jugar, el lanzador le arroja la pelotita de ping-pong al bateador, quien intenta golpearla con la raqueta hacia la pared. El lugar en el que la pelota toca la pared determina la jugada. Si la pelota toca el área marcada como «sencillo», entonces el bateador ha bateado un sencillo y puede avanzar hasta la primera base. Los jugadores defensivos se posicionan dondequiera que piensen que podrán atrapar la pelota en el aire o impedir que toque la pared.

Otras reglas:
- Todos los jugadores (lanzador, bateador y el resto del grupo) juegan todo el tiempo de rodillas.
- Las pelotas que tocan el suelo o el techo antes de tocar la pared son consideradas outs.
- En este juego no es necesario correr de base en base. Todos los outs hacen que el jugador salga del juego. Los corredores (por llamarlos de algún modo) avanzan sobre sus rodillas, y como consecuencia, muy lentamente.
- No están permitidos los lanzamientos rápidos.

Habitualmente resulta una buena idea tener un árbitro en el home plate para declarar los strikes obvios y decidir en qué lugar de la pared tocó la pelota en caso de que surja una disputa. Jueguen tantas entradas como deseen. Brett C. Wilson

BÉISBOL AL REVÉS

Esta es una versión del béisbol para interiores o exteriores, dependiendo del tamaño de tu grupo y el lugar con que cuentes. El juego sigue las reglas habituales, excepto que cada bateador, cuando consigue un hit, corre por las bases en dirección contraria al bateador que lo antecedió. Es decir, se van alternando.

Por ejemplo, el bateador 1 consigue un hit, así que corre hasta la primera base. Luego el bateador 2 también logra batear un hit, de modo que corre en sentido opuesto, es decir, hasta la tercera base (y seguirán corriendo así, en sentido horario, hasta que consigan darle la vuelta a todo el diamante). La diversión, por supuesto, tiene lugar cuando dos corredores se aproximan a la misma base desde diferentes direcciones. Si ambos permanecen sobre la misma base al final de la jugada, quedan eliminados los dos.

Resulta hilarante cuando los chicos se dan cuenta de que no pensaron con anticipación qué sucedería si continuaban su curso sin cooperar mutuamente. El equipo en el campo también debe mejorar su comunicación interna a fin de que todos se mantengan al tanto de dónde están las mejores jugadas. (¿Huelo por aquí una oportunidad para enseñar algo?).

He aquí algunos detalles:
- Un bateador que se equivoca y comienza a correr en la dirección equivocada debe primero regresar hasta el home plate y tocarlo antes de poder correr a la base precisa.
- La dirección en la que corren los bateadores se basa en el orden en que batean, no en el orden en que le pegan a la pelota. En otras palabras, los bateadores que están en una posición impar en la fila, si logran un hit, corren por las bases normalmente, mientras que los bateadores que están en una ubicación par en la fila, si consiguen un hit, corren por las bases en el sentido horario.
- En un gimnasio o una habitación grande, utilicen una pelota más liviana y blanda (o incluso una esponja). Las pelotas atrapadas en el aire luego de rebotar en una pared o el techo no cuentan como outs. Kent Taylor

FÚTBOL AMERICANO
JUEGOS

JUEGOS DE FÚTBOL AMERICANO

¡He aquí tu lista de juegos al aire libre para el otoño! Algunas de estas ideas son leves variaciones del fútbol americano tradicional; otras son resultado de revisiones de la acción que tiene lugar dentro del campo de juego. Tienes las carcajadas aseguradas cuando remplazas el balón tradicional por una pelota de tenis, una pelotita de ping-pong... ¡o incluso un osito de felpa! Prepárate para disfrutar de toda la diversión del fútbol americano (pero sin la sensación de un delantero de ciento cincuenta kilos aplastándote contra el suelo).

FÚTBOL CON PLUMA

Divide al grupo en varios equipos de alrededor de seis personas y marca un arco o meta en cada extremo del salón y una línea central en la mitad. Ubica a un equipo en cada mitad del salón y pídeles a los jugadores que se pongan en cuatro patas (apoyándose en sus manos y rodillas). Coloca una pluma sobre la línea central, entre los dos equipos, y a la señal de inicio cada equipo intentará soplar la pluma hasta el arco contrario. Los ganadores del primer partido competirán contra el siguiente equipo, y así sucesivamente. Randall Newburn

FÚTBOL AMERICANO A CIEGAS

Este es un juego bastante rudo, pero divertido, que solo puede jugarse en un salón sin mobiliario. Utiliza un balón que pueda asirse con facilidad, pero que resulte indestructible (una pelota de voleibol desinflada, por ejemplo). El objetivo del juego para cada equipo es lograr hacer rebotar la pelota en la pared del lado de la habitación del equipo contrario.

Lanza la pelota al centro del salón y, justo cuando los dos equipos comiencen a pelearse por ella, apaga las luces. Desde ese momento hasta que un equipo marque un tanto, enciende la luz solo cada treinta segundos aproximadamente.

Diles a los jugadores que cuando la luz se encienda deben «congelarse» en la posición en que se encuentren. Mantén la luz encendida solo unos pocos segundos cada vez, como para que puedan ver quién tiene la pelota, y luego vuelve a apagarla. Las posiciones en que se colocan los chicos cuando hay oscuridad son divertidísimas. Se recomienda que las chicas no jueguen junto con los muchachos para evitar que sean golpeadas demasiado fuerte, y también porque la ropa puede desacomodarse y traer como resultado situaciones embarazosas cuando se vuelva a encender la luz. Gary Sumner

TOMA ESE BALÓN

Este juego se basa en otro juego titulado «Toma esa bandera» (¡búscalo en el índice si deseas saber en qué página encontrarlo!), solo que en lugar de utilizar banderas se emplean balones de fútbol. Pueden jugarlo tanto los grupos pequeños en menos espacio como los grupos grandes. Por otra parte, aquí no es necesario que la oscuridad sea total.

Los balones se ubican en el territorio de cada equipo, y el objetivo es lograr traer el balón del equipo contrario al territorio de tu propio equipo. Es posible arrojar el balón sobre la línea para ganar o bien pasarlo rodando. Si un jugador es agarrado, debe permanecer en la prisión hasta que un compañero lo rescate. Si el balón se le pasa a un compañero de equipo por encima de la línea que separa los territorios y el que debe recibirlo lo deja caer, ambos van a prisión. Si, por el contrario, el pase se completa de manera exitosa, ese equipo gana. Adapta el resto de las reglas de «Toma esa bandera» a tu grupo y al espacio que tengan disponible a fin de obtener mejores resultados. Larry Jansen

FÚTBOL COMBINADO

Para esta combinación entre fútbol y fútbol americano necesitarás una pelota grande de cualquier tipo, dos sillas resistentes, y cinta o pintura en aerosol para marcar los círculos que constituirán cada área de meta. Los límites del campo podrás marcarlos con postes y deberás colocarles brazaletes a los jugadores para diferenciar los equipos.

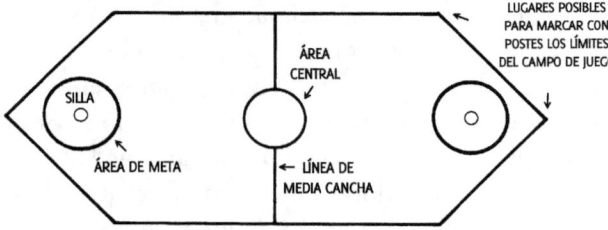

El objetivo del juego consiste simplemente en lograr golpear con la pelota la silla del equipo contrario (la cual estará ubicada en el centro de un círculo de unos tres metros y medio de diámetro).

Se juega del siguiente modo:
• Puedes correr con la pelota o pasársela a un compañero.
• Si el que corre con la pelota es tocado por un contrincante, tiene tres segundos para pasarle la pelota a un compañero; si no lo hace, el equipo contrario puede tomarla de modo automático. No se puede anotar un tanto durante esos tres segundos.
• Si un jugador deja caer el pase de un compañero de equipo, cualquier oponente puede recoger la pelota y el juego continúa. Un pase interceptado en el aire también se juega sin interrupción.

• Nadie, ni defensor ni atacante, puede ingresar a ninguno de los círculos que funcionan como áreas de meta. Si algún jugador lo hiciera, la pelota pasará a manos del otro equipo y el juego proseguirá desde la línea (límite de campo) más cercana.
• Después que un equipo anota un tanto, el juego vuelve a comenzar desde el círculo central, tal como sucede en el fútbol.

Si lo deseas, puedes nombrar a un árbitro, en especial para controlar la rudeza innecesaria. El árbitro puede imponer como penalidad la entrega de la pelota al equipo contrario o la suspensión del jugador. Mark E. Byers

FÚTBOL FLAMENCO

Anúnciale al grupo que celebrarán un juego de fútbol americano en el que los chicos competirán contra las chicas. Esta idea les parecerá genial a los muchachos… hasta que se enteren de que deberán jugar con una limitación. Los chicos deberán interceptar, correr, efectuar pases, atrapar y patear, todo mientras sostienen en alto (con una mano) uno de sus pies. ¡Ahora a las chicas les encantará!

FÚTBOL FRENÉTICO

Forma dos equipos y divide el campo de juego en dos mitades. El juego comienza con los jugadores de cada bando ocupando solo su propia mitad del campo. Cada equipo recibirá una pelota de fútbol. El juego consiste en que un participante de cada equipo comience lanzándole su pelota a un segundo miembro del equipo, quien a su vez intentará pasarle la pelota a cualquier otro compañero de equipo que ya se encuentre en el territorio rival, todo esto en menos de treinta segundos. El árbitro da inicio a la acción haciendo sonar un silbato, controla los tiempos y hace sonar el silbato de nuevo cuando el plazo ha expirado. Si el pase es interceptado, el equipo defensor anota seis puntos. Si el pase es completado, el equipo que realizó el pase anota siete puntos. Si el pase queda incompleto, el equipo defensor anota un punto.

Como ambos equipos están intentando completar pases, los jugadores estarán al mismo tiempo a la ofensiva y la defensiva. Para asegurarte de que los más atléticos no monopolicen el juego, establece como regla que nadie podrá ser mariscal de campo ni atrapar un pase más de una vez en cada juego o tiempo. Jueguen cuatro tiempos de cinco minutos cada uno (con diez intentos de pase). Luego de cada pase, los jugadores deberán regresar a su lado del campo para comenzar de nuevo. El juego resulta muy divertido, y una vez que tus chicos tengan un poco de práctica, querrán jugarlo a menudo. Bill Rudge

FÚTBOL DE LA JUNGLA

Este es en esencia un juego de fútbol americano de toques o con banderillas (flag football). Sin embargo, en esta versión a todos los jugadores les está permitido atrapar un pase. El mariscal de campo o quarterback también puede atravesar corriendo la línea de contacto y pasarle la pelota en cualquier dirección a cualquier jugador. Se permiten múltiples pases en una jugada. Cada equipo tiene cuatro intentos (downs) para anotar. No hay primeros downs. Solamente se cuentan los touchdowns (seis puntos) y los safeties o autoanotaciones (dos puntos). Las reglas pueden cambiarse o modificarse para adaptarlas a cualquier tamaño de grupo o a diferentes composiciones de sexo, edad, etc. ¡Organiza tu propio campeonato de fútbol de la jungla! Ray Kelle

FÚTBOL DE MEDIANOCHE

Este rudo juego resulta genial para varones de todas las edades, aunque también lo pueden practicar las mujeres. Se juega en interiores, en un salón o vestíbulo que esté relativamente libre de mobiliario y pueda oscurecerse por completo. También necesitarás dos equipos y un borrador que hará las veces de pelota.

Para comenzar, los equipos se forman en línea a lo largo de dos paredes opuestas. Los jugadores de ambos bandos estarán apoyados sobre sus manos y rodillas. Se apagarán las luces y un equipo iniciará el juego deslizando el borrador por el suelo hacia el equipo contrario. Se permitirá un breve tiempo para que el equipo que recibió el borrador realice entre ellos todos los pases que desee y luego comenzará el partido. El equipo que inició el juego avanzará en la oscuridad al encuentro del bando opuesto e intentará evitar que este anote un tanto revisando a cada individuo.

Se anota un tanto cuando se logra cruzar exitosamente el salón con el borrador y tocar con él la pared opuesta. Se les permite a los equipos pasarse el borrador, pero los jugadores deben ser astutos y cuidadosos para no perderlo a manos de los contrincantes. El borrador debe ser llevado a través del salón en la mano. No está permitido ocultarlo entre las ropas. Los jugadores, además, deberán permanecer sobre sus manos y rodillas durante todo el partido.

Si el borrador en algún momento queda libre o se produce una intercepción (el equipo que inició logra de alguna manera capturar el borrador), se detiene el juego y los equipos se vuelven a alinear a lo largo de las paredes opuestas. El equipo que recuperó el borrador se transforma en este momento en el equipo receptor y será el que intentará ahora anotar un tanto llegando hasta la pared contraria sin perder el borrador. Michael McKnight

LIGA DE FÚTBOL "NERF"

Ahora tu grupo de adolescentes puede tener su propia liga de fútbol. Esta loca versión de fútbol americano puede jugarse en interiores con prácticamente cualquier cantidad de chicos. Incluso podrías dividirlos en equipos y organizar tu propio Torneo de Fútbol «Nerf», con una gran final como culminación. ¡Por supuesto, para todo esto tendrás que conseguir una pelota «Nerf»! (o cualquier otra pelota de un material suave, esponjoso y liviano).

El juego se desarrolla de la siguiente manera:
- Rigen las reglas básicas del fútbol americano. El objetivo consiste en marcar touchdowns. El campo de juego deberá estar señalizado con sus límites, líneas de meta, etc.
- Está terminantemente prohibido correr o incluso caminar de prisa. Los oficiales pueden determinar penalidades si se transgrede esta regla. Cuando la pelota está en juego, todos los jugadores deben caminar.
- Se permiten solamente cuatro intentos. No hay primeros downs. Si un equipo no puede anotar un touchdown en cuatro intentos, entonces la pelota se le pasará al equipo contrario.
- Los pases pueden realizarse en cualquier dirección y a cualquier jugador del propio equipo. Puede haber más de un pase por cada down. En otras palabras,

los jugadores pueden continuar pasándose la pelota hasta que finalmente alguien sea tocado por un jugador del equipo contrario.
• No se puede interceptar. Este debe ser un «flag football» o fútbol americano de toques, con dos manos.
• El juego no se detiene si algo interfiere con un pase. El techo, los muebles, etc., forman todos parte del juego. Jeff Dietrich

FÚTBOL AMERICANO A LA LUZ DE LA LUNA

Para jugar fútbol americano durante la noche, haz un agujero en una pelota Nerf o cualquier otra pelota blanda, o incluso en una esponja, y coloca dentro uno de esos artefactos que brillan en la oscuridad o emiten lucecitas de colores. Puedes conseguirlos en los lugares que venden artículos para fiestas y otras tiendas. También puedes adherir uno de estos elementos brillantes a un Frisbee y jugar al Frisbee bajo las estrellas. Larry Smith

FÚTBOL AMERICANO CON UN OSITO DE PELUCHE

A pesar de que este juego suene cursi, un poco de bombos y platillos al anunciarlo y la cuota justa de humor harán que este «flag-football», aunque un poco perverso, resulte tolerable y hasta disfrutable. En realidad, se ha convertido en un evento anual en nuestra iglesia, atrayendo jugadores y espectadores a montones.

Se trata del tradicional «flag-football», aunque se juega en un gimnasio o una cancha cubierta… y con un osito de peluche en lugar de una pelota.

En un campo de juego lo suficiente espacioso como para correr, pasarse y… sí, patear un osito de peluche, coloca postes de madera o utiliza papeles pegados a las paredes del lugar para marcar las zonas de anotación. Si van a jugar en un gimnasio pequeño, por ejemplo, permite solo cinco intentos. Si el equipo no anota, debe patearle el osito al otro equipo o intentar un gol de campo en el quinto intento. (Asegúrate de que utilicen las formaciones tradicionales para las patadas de despeje y los saques).

Tal vez desees organizar un cuarto de quince minutos solo para jugadores femeninos, seguido de otro

cuarto solo para jugadores masculinos. Durante el resto de los cuartos, mantén a las chicas entretenidas agregando el requerimiento de que una mujer debe tocar la pelota una vez durante cada posesión. En equipos mixtos, por supuesto, agrega reglas para limitar el contacto físico que se produce al bloquear o interceptar a otros jugadores.

Un oso de peluche de unos cuarenta centímetros de alto tiene el tamaño perfecto. Servirá para los saques, pases, patadas de despeje y goles de campo. (Los ositos más pequeños simplemente no proporcionan el mismo nivel de placer sádico que estos). Es recomendable comprar un oso especialmente para este juego. Tal vez podrías pedir uno prestado, pero las probabilidades de devolvérselo a su dueño en el mismo estado en que lo recibiste son muy, pero muy escasas. En realidad, es muy probable que necesites un oso de repuesto para terminar el partido… así que compra dos.

Sugiérele al árbitro que emplee frases creativas como: «¡Están lastimando al pobre osito!». Luego simplemente jueguen al «flag-football» tradicional, modificando las reglas para adaptarse a su situación particular.

¿Y para el medio tiempo? Prepara un puesto de refrigerios (con bebidas y bocadillos gratis, por supuesto), una banda de música y la coronación de una reina (en realidad, de un muchacho disfrazado como chica). Steve Smoker

FÚTBOL-TENIS

Este es un juego de fútbol americano de toques, solo que con raquetas de tenis y pelotas de tenis. El mariscal de campo empleará una raqueta de tenis para golpear la pelota que le arrojarán a fin de pasársela a cualquier compañero. Luego se

aplican las reglas habituales del «touch football» o fútbol americano de toques. Un jugador solo puede atrapar un pase en una serie de intentos, y tres pases completos constituyen un primer down. Los saques se realizan con la raqueta de tenis. Los jugadores de la defensa pueden correr solo luego de contar hasta diez. La raqueta no puede cambiarse durante un juego.
Chuck Williams

FÚTBOL SUPREMO

Con el efecto garantizado de agotar hasta al joven más hiperactivo que tengas en tu grupo, para este juego se necesita solo un Frisbee.

Todo el mundo jugará como mariscal de campo y recibidor. Jueguen en un campo de juego como el del fútbol americano, con zonas de anotación en cada extremo. El objetivo es cruzar la línea de gol con un Frisbee. El juego no consiste (al principio) en correr, sino en ir pasándose el Frisbee para hacerlo avanzar.

He aquí la diferencia con el fútbol americano:

Si el jugador que tiene en su poder el Frisbee no lo lanza en el tiempo en que un oponente cuenta hasta diez, entonces el que tiene el Frisbee en su poder queda libre para correr con él… y también libre para ser derribado por cualquier miembro del equipo contrario si no le lanza el Frisbee a un compañero cuando va corriendo. El Frisbee cambia de equipo en caso de una atajada, una intercepción o un pase incompleto.

¡Ni falta hace decirlo, tus adolescentes tendrán una buena ración de atajadas y corridas con este juego! John Krienke

FRISBEE
JUEGOS

JUEGOS CON FRISBEES

Portátil, fácil de conseguir y con mucha onda. ¡El fabuloso disco volador conocido como Frisbee puede proporcionarle a tu grupo de jóvenes horas y horas de sana diversión! En realidad, ¿por qué no planificar un día entero de juegos con Frisbees? Aquí tienes muchas ideas de entre las cuales elegir.

CROSBEE

Este juego es una mezcla de lacrosse y Frisbee. Todo lo que se necesita es un campo de juego, un Frisbee, y entre diez y setenta y cinco chicos. Las metas se colocan en los extremos opuestos del campo de juego. Utiliza dos postes separados por unos tres metros. Divide al grupo en dos equipos. Cada equipo escogerá un guardameta, y tal vez se organizará para cubrir otras posiciones como defensa, ataque, delantero, centro, retaguardia, etc.

Los dos equipos se forman en línea en los extremos opuestos del campo de juego, y el Frisbee se coloca en el medio. Cuando suena el silbato marcando el inicio del partido, los jugadores corren hacia el Frisbee, y el primero en agarrarlo puede pasárselo a cualquier otro jugador de su equipo. Cuando un jugador lo atrapa, puede correr con el Frisbee, pasarlo o bajarlo, lo cual constituye un «stop». (Para bajarlo, simplemente se acuesta en el suelo sobre el Frisbee). Cualquier jugador que está corriendo con el Frisbee puede ser tocado por un miembro del otro equipo, en cuyo caso debe entregarle el Frisbee al adversario de inmediato. Los árbitros serán los que juzguen estos casos. Si un jugador baja el Frisbee antes de ser tocado, puede ponerse de pie luego de este «stop» y arrojárselo a cualquier otro jugador de su equipo sin que ningún adversario lo moleste. Sin embargo, una vez que ha arrojado el Frisbee, este puede ser interceptado en el aire. Por otra parte, la persona que bajó el Frisbee no puede anotar un tanto después de bajarlo. Tiene que pasarlo a otro jugador obligatoriamente. Los tantos se ganan cuando se arroja el Frisbee haciéndolo pasar entre los dos postes. Whitey White

ATAQUE CON FRISBEES

Esta es una excitante versión del «corre que te pillo» (también conocido como «la mancha» o «la roña»), pero con Frisbees. Necesitarás un campo de juego con un radio de unos doce metros. El juego se juega mejor con entre cinco y diez participantes. Se elige a una persona para ser «el atacante» y a otra para ser el lanzador del Frisbee. El atacante es libre de moverse, mientras que el lanzador debe estar de pie en el centro del área, preferentemente sobre una silla o una mesa. Necesitarás al menos tres Frisbees (o cualquier otro disco volador).

El objetivo del juego es que «el atacante»

derribe al resto de los jugadores, golpeándolos con un Frisbee. Al comienzo del juego, el atacante tiene todos los Frisbees en su posesión e intenta darle con ellos al resto de los participantes. Si logra tocar con el Frisbee a un jugador, este jugador queda congelado (no puede moverse más). Si el atacante falla, el Frisbee puede ser capturado por cualquiera que desee correr a buscarlo. Cuando un Frisbee es capturado, el jugador que lo atrapó puede intentar alcanzárselo al lanzador que está ubicado en el medio del campo de juego, ya sea corriendo hasta allí o lanzándoselo. Esto es importante porque solo el lanzador puede descongelar a los jugadores que han sido congelados por el atacante. El lanzador descongela a los participantes de la siguiente manera: debe arrojarle el Frisbee al que está congelado y esta persona tiene que atraparlo antes de que toque el suelo. El jugador congelado puede mover un solo pie en su intento por atrapar el Frisbee. Si mueve ambos pies, el tiro se considera no válido. Si el jugador logra descongelarse con éxito, puede devolverle el Frisbee al lanzador para que este pueda liberar a algún otro jugador que esté congelado.

Mientras tanto, el atacante estará tratando de ingeniárselas para congelar a los jugadores con los Frisbees, interceptar los Frisbees que fueron capturados, etc. El juego termina cuando el atacante logra congelar a todo el mundo y el lanzador no tiene ningún Frisbee para descongelarlos. Si agregas más jugadores, puedes también añadir más atacantes. No es muy difícil encontrar el balance adecuado de manera que la competencia resulte pareja.

Permite que todo el mundo tenga una oportunidad de ser el atacante, y entrégale un premio a aquel que pueda congelar a todo el mundo en el menor tiempo. Tal vez desees establecer un tiempo límite para cada atacante para que todos puedan tener su turno. Harold Atterlei y Dan Young

BOLOS CON FRISBEES

Este juego puede jugarse entre muchos y se requiere muy poca habilidad a fin de participar. Todo lo que necesitas preparar para el juego es una mesa, diez vasos de papel, y tres Frisbees u otros discos voladores. Los vasos estarán apilados en una pirámide, alejados varios centímetros del otro extremo de la mesa.

Desde una distancia de unos seis metros, cada jugador tiene tres intentos para voltear tantos vasos como le sea posible, golpeándolos con el Frisbee de manera que caigan al suelo.

Cada vaso vale un punto. Puedes llamarle «entrada» a cada ronda del juego, tal como en los bolos clásicos, y un juego consistirá en tantas entradas como tú desees. Si hay más de cinco personas jugando, ten lápiz y papel a mano para registrar los puntajes.

Para que el juego resulte ágil, los jugadores pueden ocuparse por turnos de devolver a su origen los Frisbees que son lanzados, apilar de nuevo los vasos de papel y otros detalles.

Deborah Cusson y Sean Mahar

DALE AL BLANCO

Agrega esta idea a tu tarde de Frisbeemanía. Este juego en dos partes funciona mejor con treinta chicos o más. Divídelos en tres o cuatro equipos, y luego anuncia la primera parte: una competencia en un juego dado (no importa de qué juego se trate), la cual servirá para ganar Frisbees.

El que ocupe el primer lugar se ganará cinco Frisbees; el que ocupe el segundo lugar ganará tres Frisbees; el tercero, dos; y el cuarto lugar, uno.

Ahora viene la segunda parte: Cada equipo elige un lanzador, al que se le encomendará la tarea de hacer volar los Frisbees de su equipo hasta un blanco horizontal, desde detrás de una línea ubicada a unos seis metros de distancia de ese objetivo.

El blanco pueden ser simplemente tres círculos concéntricos dibujados en el suelo: el lanzador gana diez puntos para su equipo si el Frisbee aterriza dentro del círculo más pequeño, cinco puntos si aterriza en el mediano, y un punto si aterriza en el círculo mayor.

Los equipos pueden jugar tantas rondas como

quieran, dándole a la mayor cantidad posible de jugadores de cada equipo la oportunidad de ser lanzadores. Randy Hausler

GOLF CON FRISBEES

Prepara un campo de golf al aire libre usando postes de teléfono, postes de luz, partes de la cerca, troncos de árboles, etc., como si fueran los hoyos. Puedes marcar lugares para los tees o designar una cierta distancia (como unos tres metros) desde el hoyo para el lanzamiento inicial. Cada jugador necesitará un Frisbee. El objetivo del juego es tocar todos los agujeros con la menor cantidad posible de lanzamientos. Cada persona realiza su primer tiro desde el tee y luego debe pararse donde aterrizó su Frisbee a fin de realizar su siguiente lanzamiento, y así hasta darle al hoyo. Por supuesto, deben usar su criterio cuando un Frisbee aterriza sobre un arbusto o en la rama de un árbol. Como penalidad, se agrega un lanzamiento al total del participante cuando el Frisbee no puede lanzarse desde el lugar donde aterrizó.

El campo de golf puede hacerse más simple o más complicado, según lo permita la habilidad de los participantes. Cosas como curvas cerradas, puertas, arcos y caminos angostos le agregan diversión al campo de juego. Lleva contigo previamente a tres o cuatro buenos lanzadores de Frisbee para recorrer el campo de juego y fijar el par para cada hoyo. Este juego es bueno para poner a prueba la habilidad de cada uno, pero todo el mundo puede jugarlo y disfrutar.

Otros dos juegos para una noche de Frisbees podrían ser un lanzamiento a distancia y un lanzamiento de puntería (como por ejemplo intentar que el Frisbee pase a través de un aro de hula-hula desde una distancia de unos nueve metros).

- **Golf nocturno con Frisbees.** ¡Si puedes conseguir los elementos necesarios, aquí tienes una genial variación del juego de golf con Frisbees! Para empezar, necesitarás dos o tres Frisbees que brillen en la oscuridad. Puedes conseguirlos en alguna tienda de deportes, juguetería o tal vez por la Internet. A fin de preparar el campo de golf, recorta cartones en forma de anillos (un círculo dentro del otro) que sean lo suficiente grandes como para que un Frisbee pueda pasarle por dentro. Pinta líneas sobre estos anillos con pintura de esas que brillan en la oscuridad. Pinta números en otros trozos de cartón para señalar cada hoyo, y adjudícale a cada uno un par apropiado. Divide al grupo en equipos y compitan para ver qué equipo logra obtener el puntaje total más bajo.

- **Minigolf de interiores con Frisbees.** En algún sector apropiado del edificio de la iglesia (que no sea cerca de ventanas de vidrio ni vitrales) prepara un campo de golf de interiores, señalizando como los hoyos algunos cestos de basura, estrados, sillas, puertas, etc. También puedes utilizar cajas de zapatos u hojas de papel tamaño carta para que sean los hoyos.

Haz copias de la tarjeta de puntajes con las reglas y una lista de los dieciocho hoyos. Aquí en el libro tienes una de muestra. Completa la tuya con los hoyos que hayas elegido, por ejemplo:

Hoyo 1 – El cesto de papeles que está junto al teléfono.
Hoyo 2 – La puerta de la sala de música.
Hoyo 3 – La biblioteca.
Hoyo 4 – La puerta de la clase de niños.
Hoyo 5 – La puerta de la guardería.
Hoyo 6 – La puerta del aula de los adolescentes.

Luego haz fotocopias de modo que puedas tener suficientes tarjetas de puntaje para todos tus golfistas de Frisbee.

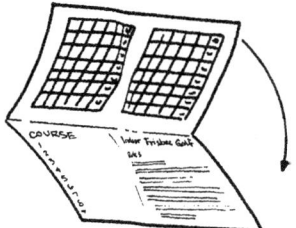

Consigue unas treinta (o más) tapas de envases que tengan unos quince centímetros de diámetro para usarlas como Frisbees. Si son de este tamaño serán lo suficiente pequeñas como para no romper nada, pero lo bastante grandes como para poder lanzarlas con al menos un poco de precisión. Numera las tapas de modo que cada chico pueda saber cuál es la suya. Explica las reglas que están impresas en la hoja de puntajes y haz que cada equipo empiece en un punto distinto y vaya rotando por el circuito, de modo que todos puedan comenzar y finalizar más o menos a la misma hora.

Una vez que hayas recolectado todos los

REGLAS PARA EL MINIGOLF DE INTERIORES CON FRISBEES

- Los equipos de golf tendrán entre dos y cuatro jugadores cada uno.
- Permanece junto a tu grupo y no andes corriendo por ahí.
- En cada hoyo, vayan lanzando su primer tiro por turnos. El jugador cuyo Frisbee haya caído más cerca del hoyo terminará su turno primero, seguido del jugador cuyo Frisbee haya caído en el segundo lugar más cercano al hoyo, y así sucesivamente.
- Vayan registrando (con honestidad) cuántos lanzamientos les toma lograr su tiro. Anoten ese número en el casillero apropiado. (El puntaje más bajo será el ganador).
- Deben ubicarse a un metro (o menos) del hoyo anterior para comenzar a lanzar hacia el siguiente hoyo.
- No se puede detener un Frisbee que está en movimiento (ya sea volando o rodando).
- Excepto por el lanzamiento inicial, cada vez que un participante lance el Frisbee debe tener un pie sobre el lugar en que este aterrizó la última vez.
- Cada equipo debe decidir al principio del juego si utilizará el Reglamento para Profesionales (el Frisbee debe aterrizar dentro del cesto de basura) o el Reglamento para Principiantes (es suficiente con que el Frisbee toque el cesto).
- Es una norma de cortesía que si un equipo está jugando más lento, permita que un equipo más rápido lo pase. Es de mala educación que un equipo más rápido interfiera en el juego de un equipo más lento.
- Todos los hoyos son cestos de basura, excepto cuando se indique lo contrario.
- El par es cuatro en todos los hoyos (lo cual da un total de setenta y dos).
- Diviértanse, pero no destruyan el edificio en el proceso.

Hoyo

1

2

3

4

5

6

7

8

9

10

11

12

13

14

15

16

17

18

materiales para este juego, guárdalos a mano para esos momentos en que el reproductor de DVD se niega repentinamente a pasar la película que tenías programada para la reunión de esa noche. ¡Es un gran salvavidas! Jim Berkley, Leif A. Ford, y Kevin Bueltmann

LOCURA DE FRISBEES

Divide a tu grupo en tres equipos e indícales que se coloquen formando un círculo, con una distancia de unos sesenta o noventa centímetros entre un jugador y otro. Cada chico debe tener a los costados a un miembro de cada uno de los otros dos equipos, tal como muestra el diagrama. Entrégale a cada equipo un Frisbee. Los jugadores solo pueden arrojarles su Frisbee a otros participantes de su mismo equipo, pero está prohibido arrojárselo al jugador más cercano a la derecha y a la izquierda. A la señal, todos los equipos comenzarán a lanzar los Frisbees simultáneamente, intentando lograr tantas atrapadas exitosas como les sea posible en un lapso de dos minutos. El equipo que más consiga, será el ganador.

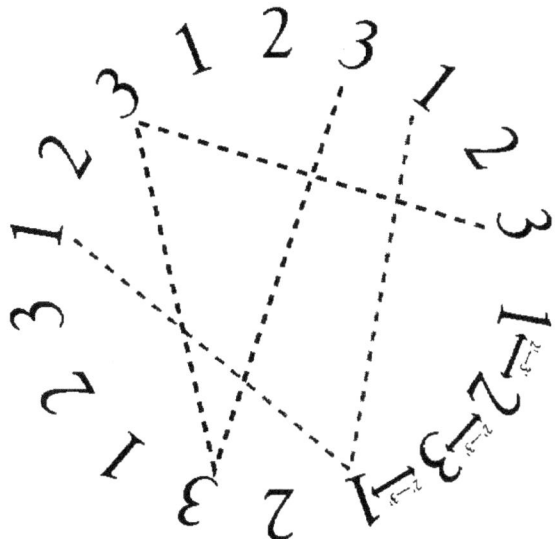

Para variar el juego puedes entregarle dos Frisbees a cada grupo, o colocar a un miembro de cada equipo dentro del círculo para desviar los lanzamientos de los bandos contrarios, o ambas cosas.

Los Frisbees blandos son los que funcionan mejor. Vuelan de forma maravillosa y prácticamente anulan cualquier posibilidad de lastimarse. Jeff Crosby

RUGBY CON FRISBEES

Divide a tu grupo en dos equipos (el juego se juega mejor con veinticinco jugadores o menos). Marca zonas de gol en los extremos opuestos del campo de juego. El equipo A intentará avanzar con el Frisbee hasta pasarlo por una de las líneas de gol, mientras que el equipo B intentará avanzar con el Frisbee hasta hacerlo pasar por la línea de gol opuesta. El Frisbee solo puede avanzar lanzándoselo a un compañero de equipo. Cuando alguien lo recibe, solo puede dar tres pasos antes de estar obligado a lanzárselo a otro jugador. Si avanza más de tres pasos, automáticamente debe entregarle el Frisbee al equipo contrario. A cada persona se le conceden cinco segundos para lanzar el Frisbee sin ser molestada; si espera más tiempo, sus oponentes pueden atacarla. Si a un jugador se le cae el Frisbee, o si aterriza en el suelo antes de ser atrapado, el equipo que lo tenía en su poder debe entregárselo al equipo contrario.

- **Fútbolfris.** También puedes intentar esta variante. Forma de tres a siete equipos con tu grupo que contengan entre cinco y quince jugadores cada uno. Cada equipo deberá tener algún tipo de marca que lo identifique, como una pulsera o brazalete de color. Luego haz que cada equipo marque en el suelo su blanco: un círculo de unos dos metros y medio de diámetro. Cada círculo deberá estar a unos dieciocho metros del centro del campo de juego y deberán ser equidistantes entre sí.

El objetivo del juego para cada equipo es hacer aterrizar en su propio círculo tantos Frisbees como le sea posible, e impedir que los demás Frisbees alcancen los otros círculos. El árbitro da inicio a la acción arrojando un Frisbee hacia el grupo, y los jugadores continúan a partir de allí. Pueden agregarse más Frisbees cuando los jugadores se familiaricen con el juego. Mientras más discos estén volando simultáneamente, mejor. Una vez que un Frisbee cae dentro de un círculo, se considera muerto y se quedará allí hasta que se hayan usado todos los que haya disponibles, momento en el cual termina esa ronda.

Aquí están las reglas:
- Los Frisbees pueden lanzarse, patearse o hacerse rodar. No pueden llevarse de un lugar a otro. Solo puedes caminar un paso desde que atrapas un Frisbee hasta que lo lanzas.

- No se puede tocar a un jugador que tiene un Frisbee en su poder. Solo se le puede custodiar.
- No se le puede arrancar el Frisbee de la mano a nadie.
- Si dos personas atrapan un Frisbee al mismo tiempo, el varón debe cedérselo a la mujer, o la persona más alta debe cedérselo a la persona más baja.
- Aquellos jugadores que rompan una de estas reglas deberán sentarse fuera del juego durante tres minutos. Marshall Shelley y Alan C. Wilder

DOBLE JUEGO

Lo que precisarás para este activo juego son dos (o más) Frisbees, dos sillas, dos conos (o botellas de plástico de un litro), dos equipos y un periódico enrollado para cada jugador. En cada uno de los dos extremos del área de juego coloca una silla con un cono sobre ella. El objetivo de cada equipo es voltear el cono del equipo contrario con un Frisbee (de manera que caiga de la silla). Se otorgarán puntos por cada vez que logren voltearlo.

Los miembros de cada equipo se irán pasando el Frisbee a medida que avanzan por el campo de juego. Nadie puede correr con el Frisbee; solo está permitido pasarlo. Los jugadores tendrán en una mano el periódico enrollado, el cual utilizarán para hacer caer el Frisbee del adversario, y emplearán su mano libre a fin de atrapar y lanzar el Frisbee de su propio equipo. Durante el juego los equipos deben ser ofensivos y defensivos a la vez, intentando anotar tantos con su propio Frisbee al mismo tiempo que tratan de hacer caer el Frisbee del equipo contrario. Ed Martinez

FRISBEE POR TIEMPO

En un campo de juego grande y llano con límites claramente marcados, divide a los jugadores en dos equipos. Los miembros de cada equipo decidirán cuánto tiempo creen que pueden mantener el Frisbee en su poder.

Luego los equipos se reunirán cerca del centro para el lanzamiento inicial: El árbitro-cronometrador arrojará el Frisbee a cualquier parte del campo de juego para dar inicio a la competencia. El reloj comienza a correr cuando un jugador atrapa el Frisbee y continúa corriendo hasta que el jugador con el Frisbee es tocado por un miembro del equipo contrario o el Frisbee cae al suelo. Los jugadores pueden correr con el Frisbee o arrojárselo a algún compañero de equipo. El capitán del equipo ofensivo gritará el tiempo estimado y se mantendrá al tanto de los puntos.

Puntajes: Un equipo recibe puntos cuando logra mantener en su poder el Frisbee durante la cantidad de segundos que sus miembros estimaron. Los puntos que se reciben son iguales a la cantidad de segundos que los miembros de ese equipo estimaron que podían mantener la posesión del Frisbee.

Traspasos: Un equipo debe cederle de inmediato la posesión del Frisbee al otro cuando:
- El Frisbee toca el suelo.
- El Frisbee o el jugador que lo tiene en su mano se sale de los límites del campo de juego.
- El jugador que tiene el Frisbee es tocado por un oponente.

Después de un tiempo de juego, permíteles a los equipos que realicen nuevas estimaciones sobre sus tiempos de posesión, y luego reanuden la diversión. Greg Miller

FRISBEE MATADOR

Forma un círculo, separando a los participantes de manera tal que haya espacio suficiente como para moverse dentro del círculo, pero no tanto que los chicos que se encuentran en el centro puedan permanecer allí indefinidamente. El objetivo del juego es intentar mantenerse dentro del círculo mientras los otros jugadores (los que están fuera) tratan de darle con el Frisbee a aquellos que están dentro. Deben darle solo por debajo de los hombros y utilizar un Frisbee liviano y blando. Cuando un jugador le da a otro, estos dos participantes intercambian sus lugares. (Es decir, el que estaba afuera pasa a estar adentro, y el que estaba dentro sale). Con grupos pequeños (de unas diez personas) un Frisbee es suficiente, pero puedes emplear dos o tres Frisbees con grupos más grandes a fin de lograr un mayor dinamismo en el juego. Bob Stover

FRISBEES HELADOS

A la hora de realizar este juego, mientras más jugadores haya mejor. Además de jugadores, necesitarás conseguir un montón de palitos de helado (¡para tan solo veinte chicos, requerirás un total de doscientos cuarenta palitos!). En una habitación grande, o un gimnasio, marca un campo de juego dividido en dos mitades (separadas por una línea central), y un área de meta en cada extremo (el área de meta debería ocupar alrededor de un cuarto de la mitad del campo de juego que le corresponde a cada equipo).

Entrégale a cada jugador una docena de palitos de helado y luego divide al grupo en dos equipos. Cuando comience a correr el reloj:
• El objetivo ofensivo de cada jugador es armar rápidamente un par de Frisbees con los palitos de

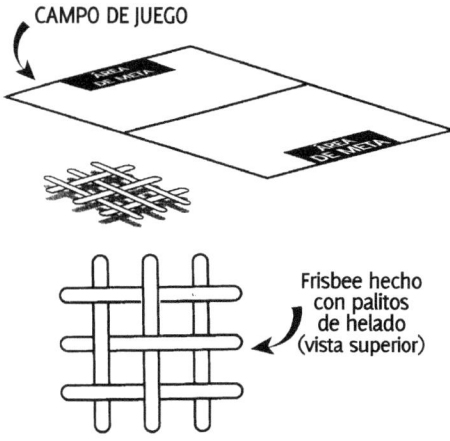

helado y luego intentar que aterricen ambos, o al menos uno, en el área de meta del equipo contrario.
• El objetivo defensivo es bloquear los Frisbees de los oponentes para impedir que entren en el área de meta del propio equipo.

Reglas:
• Los jugadores pueden bloquear los Frisbees que estén volando (o deslizándose) de cualquier forma que lo deseen (con sus cuerpos).
• Los palitos rotos deben retirarse del juego.
• Los Frisbees que aterrizan en un área de meta deben quedarse allí; pero los Frisbees que aterrizan en otra parte del campo de juego pueden recogerse y utilizarse de nuevo.
• Cada equipo puede decidir designar algunos jugadores para que jueguen ofensivamente, otros para que jueguen defensivamente, y otros para que construyan los Frisbees. O pueden jugar todos los chicos en todas las posiciones.

El juego continúa por un lapso predeterminado de tiempo o hasta que todos los Frisbees de palitos de helado hayan aterrizado en alguna de las dos áreas de meta. Len Cuthbert

DEFIENDE TU BANDERA CON FRISBEES

Este juego es similar al juego llamado «Toma esa bandera» (lo encontrarás en otra parte de este libro). Dos equipos se ubican dentro de un gran campo de juego, con una línea que divide el área en dos mitades. A cada equipo se le entrega una bandera, la cual deben colocar en un lugar visible para luego dedicarse a protegerla. Si un equipo logra capturar la bandera del equipo contrario y llevársela a su propia mitad del campo de juego, será el ganador. Los jugadores que son tocados por un contrincante mientras están en el territorio enemigo se consideran capturados y deben ir a prisión. La prisión es un área especial, marcada a unos dieciocho metros de la zona de las banderas.

Se le entregan Frisbees a aproximadamente un cuarto de los jugadores. Cualquier jugador al que lo toque un Frisbee (ya sea que un jugador contrario se lo lance o lo sostenga en la mano para tocarlo) debe ir a la prisión, sin importar en qué mitad del campo de juego se encuentre.

Las reglas adicionales incluyen las siguientes:
• Los jugadores que van a prisión deben permanecer allí por cien segundos. Cada uno debe contar hasta cien y luego regresar al juego. No hay forma de rescatar a los prisioneros antes de este tiempo como en el «Toma esa bandera» común.
• Un Frisbee debe estar muerto (en el suelo) para que alguien pueda agarrarlo. Cualquiera puede recoger y usar un Frisbee muerto, sin importar quién lo haya lanzado antes.
• Los jugadores que tengan que ir a prisión deberán entregarle sus Frisbees al jugador más cercano.

Dennis James Henn

GOLF
JUEGOS

JUEGOS DE GOLF

Céspedes impecablemente cortados, carritos motorizados, una variedad de palos para elegir y camisetas con cuello… ¿Quién necesita todo esto? Lo que sí necesitas son jóvenes dispuestos a jugar al golf con banditas elásticas, aros de hula-hula y limones. ¡Y ese es solo el comienzo! Aquí encontrarás muchas variantes del golf tradicional, además de algunas ideas para fabricar tu propio golfito (o minigolf, como prefieras llamarlo).

GOLF CON GLOBOS

Este juego resulta genial si dispones de un salón pequeño, y también puede jugarse afuera un día que no haya viento. Primero, coloca una moneda o una piedra pequeña dentro de cada globo. Luego ínflalos hasta que tengan unos doce o quince centímetros de diámetro. Los palos de golf pueden fabricarse enrollando un periódico abierto alrededor de un palo de madera. Como hoyos se utilizan cajas de cartón con el par de cada hoyo escrito en uno de sus lados. El peso que colocaste dentro de los globos crea un efecto al golpearlos que produce tanto dificultades como risas entre los participantes.

- **Minigolf con globos.** Aquí tienes otra buena variante del golf que puedes organizar en tu iglesia.

En esta ocasión también es posible fabricar los palos de golf con periódicos enrollados. Las pelotas serán globos inflados de diez centímetros de diámetro. Los hoyos serán cajas y recipientes de diversos tamaños.

Simplemente numera las cajas y recipientes y dispón el campo de golf de manera que abarque toda la iglesia: dentro y fuera de los salones, en los pasillos, por las escaleras, sobre el agua (el baptisterio), etc. Incluso puedes preparar algunas situaciones climáticas adversas, por ejemplo, colocando un ventilador en alguno de los pasillos. Pídele a alguien que pruebe el campo de golf con anterioridad a fin de establecer el par de cada hoyo. Como los globos son un poquito difíciles de controlar, el juego puede volverse bastante impredecible… ¡aunque eso solo lo hace más divertido! Wayne Mathias y Mark Boughan

CROQUET GOLF

Este es en realidad un juego de minigolf realizado en un escenario de croquet. Se utilizan los aros en lugar de hoyos en el suelo. Prepara tu propio campo de golf de «nueve hoyos» ubicando los aros de croquet en distintas partes del jardín de la iglesia. Colócale el número correspondiente a cada aro y también

pequeños letreros en cada punto de salida, es decir, en el lugar desde el cual los jugadores deben comenzar cada hoyo. Determina cuántos golpes serán par para cada hoyo e indica este dato en el letrero del punto de salida, junto con el número del hoyo al que corresponde.

Intenta que cada hoyo resulte distinto al hacer que los participantes tengan que pasar por encima de arbustos, atravesar latas y neumáticos regados por el suelo, subir rampas y lomas de tierra, etc. Algunos escenarios de croquet incluyen etiquetas para los aros y letreros para jugar croquet-golf.

Art Volz

GOLF ECLESIÁSTICO

El éxito de este juego depende de cuán creativo seas. Si el piso de tu iglesia está cubierto con una de esas alfombras de pelo corto como las que habitualmente se ven en los comercios u oficinas… ¡cuentas con una excelente superficie para jugar golf! Diseña un campo de golf de nueve o dieciocho hoyos utilizando todo el edificio (sillas, bancos, escaleras, etc.). Marca los «hoyos» (cuadrados de unos treinta centímetros de lado) con cinta de enmascarar. Mientras más grande el hoyo, más fácil el juego. Una tira de cinta señalizará el tee. Utilicen verdaderos palos y pelotas de golf.

Aquí tienes algunas reglas simples:
• La pelota debe colocarse sobre la tira de cinta (el tee) y desde allí se le debe dar el primer golpe.
• La pelota debe detenerse por completo dentro del espacio marcado con cinta para que se considere que entró en el hoyo. Ninguna parte de la pelota puede estar tocando la cinta.
• Las pelotas que se detengan contra o cerca de cualquier objeto o pared pueden ser colocadas, sin que el jugador sufra ninguna penalidad, a una distancia equivalente a una cabeza de palo de golf de ese objeto o pared, pero no más cerca del hoyo.
• Cualquier pelota que sea imposible de golpear puede moverse la distancia correspondiente a la cabeza de un palo de golf desde donde está ubicada, pero no acercándola al hoyo. O es posible regresarla a la posición que ocupaba antes del tiro. Los jugadores sufren una penalidad de un tiro.

Ten preparadas tarjetas de puntuación para grupos de dos, tres o cuatro jugadores, dependiendo del total de jóvenes en tu grupo. Si quieres hacerlo en grande, organiza un torneo con una pizarra para anotar los puntajes de cada jugador y otórgales premios a los ganadores. Este juego pueden llevarlo a cabo personas de cualquier edad, pero mientras más jóvenes sean los participantes, más supervisión se necesitará para evitar daños provocados por los palos o las pelotas. (¡Y se trata de un excelente juego para los adultos de tu iglesia también!) Thomas Hopewell

OPEN CON NEUMÁTICOS

Esta competencia pueden ganarla «de pura casualidad» los jugadores inexpertos, así que… ¡cuidado, profesionales del golf! Necesitarás uno o dos palos de golf número nueve; una docena de

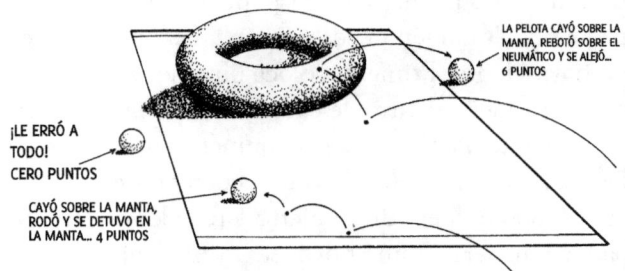

pelotas de tenis (seis amarillas y seis anaranjadas); una sábana, manta o lona grande, y un neumático inflado.

Marca una línea a unos tres metros o tres metros y medio del extremo de la manta. Los jugadores realizarán sus tiros desde detrás de esta línea. Coloca el neumático en el otro extremo de la manta.

Cada jugador cuenta con seis tiros para ganar puntos de la siguiente manera:

La pelota toca la manta	1 punto
La pelota queda sobre la manta	3 puntos
La pelota toca el neumático	5 puntos
La pelota queda dentro del neumático	20 puntos

Los puntos se van acumulando. Es decir, si una pelota rebota sobre el neumático (cinco puntos), rueda por la manta (un punto) y se detiene sobre la manta (tres puntos), el jugador gana nueve puntos en total. En cambio, si una pelota toca el neumático, pero rebota cayendo fuera de la manta (sin tocarla), entonces ese jugador gana solo cinco puntos.

Aquel que tenga más puntos al finalizar será el ganador. Jueguen por equipos o de forma individual. Neil Zobel

GOLF PATEADO

No hay ningún hoyo de verdad en este juego. Prepara tu propio campo de juego para una competencia «de nueve hoyos» de la siguiente manera: nueve aros de hula-hula serán los greens, nueve palitos de helado serán las banderas, y varias pelotas de goma pequeñas serán las pelotas de golf. Si la pelota rueda y toca el palito de helado, se considera como si hubiera entrado en el hoyo.

Haz una marca en el suelo para señalar el tee de cada hoyo, desde donde los participantes le pegarán a la pelota. Y no te olvides de indicar el par de cada hoyo: emplea lomas u otros obstáculos para variar la dificultad de cada tiro. Distribuye tarjetas de puntaje y jueguen por equipos si así lo desean.
Tammy Larkey y Julie D. Anderson

GOLF ÁCIDO

Entrégales a tus chicos una escoba y un limón. Deberán golpear el limón con la escoba, en dirección a una hoja de papel colocada a una cierta distancia. El limón debe detenerse sobre el trozo de papel. Cuenten los golpes como en el golf tradicional. Richard Reynolds

GOLF CON BANDITAS ELÁSTICAS

Numera nueve o dieciocho platos de papel. Pégalos en algunas paredes, puertas, estantes, luces, o sobre cualquier otro objeto que tengas a mano, de tal manera que uno conduzca hacia el otro. Estos serán tus hoyos de golf. Empleando una cinta de enmascarar ancha, prepara un tee para cada hoyo y márcalo con el número correspondiente. Varía las distancias entre los tees y los hoyos. El campo de juego puede incluir pasillos, escaleras y obstáculos (como por ejemplo puertas), y te será posible moverte de una habitación a otra o desde el interior del edificio hasta afuera. ¡Sé creativo!

Utiliza banditas elásticas de esas que son más bien gruesas, de modo que los adolescentes puedan escribir sus nombres en ellas. Los grupos de jóvenes pequeños pueden hacer que todos los equipos (de cuatro jugadores cada uno) salgan uno tras otro desde el primer hoyo; mientras que los grupos más grandes pueden distribuirse por el campo de golf, comenzar en cualquier hoyo, e ir avanzando por los distintos hoyos hasta llegar de regreso al primero que jugaron.

Otra opción es agregarle al juego tarjetas de puntaje y establecer pares para los distintos hoyos. Inevitablemente en algún momento los jóvenes comenzarán a dispararse entre ellos con las banditas… ¡pero eso constituye la mitad de la diversión! Lance Allen

GOLF CON PELOTAS DE TENIS

Prepara un campo de golf colocando cajas (grandes para los amateurs, pequeñas para los profesionales) en un parque o algún otro lugar al aire libre. Los golfistas arrojarán una pelota de tenis, intentando hacerla caer dentro de la caja (la cual funcionará como si fuera un hoyo). Las cajas deben estar numeradas del uno al nueve (o al dieciocho).

Es posible hacer que este juego sea tan fácil o difícil como desees, en dependencia de la ubicación de las cajas y la forma en que les indiques a los participantes que deben arrojar la pelota. Puedes pedir que todos los lanzamientos se realicen sin levantar el brazo por encima de la altura del hombro, o que todos sean a través de las piernas o hacia atrás por encima del hombro, o que tengan que hacer que la pelota rebote una vez antes de entrar… cualquier cosa que se te ocurra. ¡Además, muchas veces un jugador logrará hacer entrar la pelota en la caja solo para verla rebotar hacia fuera medio segundo más tarde! Dave Mahoney

JUEGOS DE EXTERIORES PARA GRUPOS GRANDES

JUEGOS DE EXTERIORES PARA GRUPOS GRANDES

Estos juegos están pensados para grupos de treinta o más jugadores en grandes espacios abiertos. Sin embargo, no importa el tamaño de tu grupo ni las limitaciones de espacio que tengas, de seguro aquí encontrarás actividades y competencias que resultarán para ti.

TE ATRAPÉ

Este juego debe jugarse sobre el césped.

Haz que los jugadores se formen en línea, uno junto al otro. Su objetivo será atravesar el campo de juego hasta la otra línea sin ser atrapados por el jugador que se encontrará ubicado en el medio del campo. Para atrapar a alguien correctamente, el jugador en el centro debe sostener a su prisionero en el suelo y decir tres veces: «¡Te atrapé!». Los jugadores que logran llegar hasta la línea al otro lado del campo de juego deben entonces intentar retornar hasta la primera línea sin ser agarrados, pero ahora en el centro estarán el primer jugador más todos aquellos a quienes logró atrapar. El juego continúa hasta que todos hayan sido atrapados. Entrégale un premio a aquel que haya sido agarrado último. (Puedes colocar banderas para marcar las líneas de partida y llegada si es que no puedes dibujarlas en el suelo).

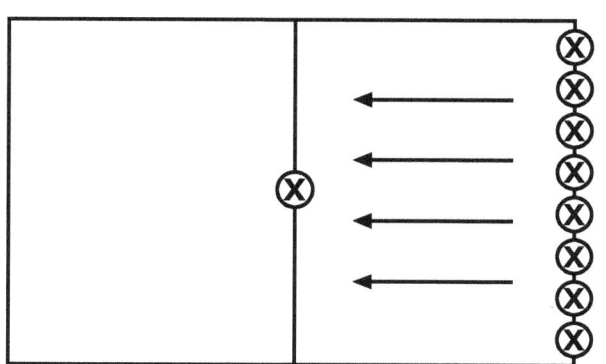

TOMA ESA BANDERA

Prepara el campo de juego tal como indica el diagrama:

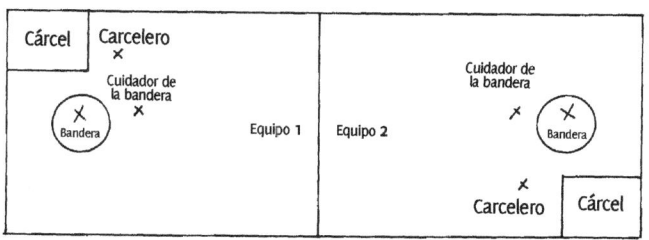

Divide al grupo en dos equipos y haz que se formen en línea en los lados opuestos del terreno. El objetivo es capturar la bandera del equipo contrario sin ser tocados (o atrapados) por un oponente. Los jugadores pueden ser tocados solo si cruzan la línea central e ingresan al territorio enemigo. Cuando son atrapados, los jugadores deben ir a la cárcel, la cual estará ubicada cerca de la bandera del equipo contrario. Un compañero puede liberar a un jugador encarcelado si lo toca (siempre y cuando este compañero no sea a su vez tocado por un oponente antes de llegar a la cárcel). En caso de lograr con éxito llegar y tocar a su compañero, ambos jugadores se ganan la posibilidad de caminar libres hasta la zona segura (su mitad de la cancha).

Cada equipo tiene un cuidador, que es el encargado de proteger la bandera, y un carcelero, que cuidará la cárcel. Y cada equipo debe planear su propia estrategia para intentar capturar la bandera del bando contrario.

DESTROZANDO MUEBLES

Entrégale a cada equipo un mueble viejo (una mesa, una silla, una estantería o lo que sea). Debe ser algo que hayas encontrado en la basura o que ya nadie quiera. Cada equipo deberá tener también un trozo de cartón bien duro de unos veinte por veinticinco centímetros con un gran agujero recortado en el centro. El equipo que primero logre romper su mueble y pasarlo en pedacitos a través del agujero será el ganador. O entrégale a cada equipo una caja pequeña y un rollo de cinta adhesiva. Los trozos de mueble deberán colocarse dentro de la caja y luego esta debe ser cerrada con cinta a fin de ganar.

CORTADORAS DE CÉSPED HUMANAS

Este juego funciona bien en un jardín grande o un parque. Entrégale a cada equipo una bolsa para residuos y a cada jugador un par de tijeras para niños (de esas que no tienen mucho filo). Los jugadores deberán cortar el césped con sus tijeras y llenar la bolsa de su equipo con la mayor cantidad posible de césped en un lapso de cinco o diez minutos. No está permitido arrancar el césped con la mano. El equipo con más césped en su bolsa una vez transcurrido el tiempo determinado será el ganador.

JUSTAS

Este es un excelente juego para campamentos o actividades al aire libre. Construye las lanzas uniendo dos palos de escoba y colocando algo acolchado en uno de los extremos. Debes cuidar que el acolchado sea lo suficiente grande y esté firmemente adherido al extremo del palo de manera que no vaya a soltarse. Por ejemplo, la goma espuma cubierta con toallas y cintas de tela funciona muy bien. Dos adolescentes se enfrentarán en un desafío (en la época medieval a este tipo de combate se le llamaba «justa»), y para ello cada uno tomará una lanza. Estarán de pie sobre un banco de madera, o sobre un tablón atravesado sobre una piscina de natación, y cada uno intentará derribar al oponente con golpes de lanza. No se puede balancear la lanza para darle más fuerza (como si fuera una raqueta de tenis). Solo se permite tocar o empujar al contrincante con ella. Von Trutschler

GORROS DE PINTOR

¿Has probado ya todas las formas posibles de distinguir a un equipo del otro (cintas en la cabeza, brazaletes, globos atados a la muñeca, etc., etc.)? Inténtalo con gorros de pintor teñidos de diferentes colores. Puedes guardarlos para las actividades futuras o regalárselos a los chicos como recuerdo.

La mayoría de las tiendas de pintura venden gorros de tela para pintores que no suelen ser demasiado caros. Sumérgelos en tintes para telas (lee las instrucciones del envase a fin de saber cómo hacerlo bien) y luego pon a secar cada color por separado. Mientras más brillantes sean los colores, mejor se distinguirán los equipos cuando estén jugando. Tom Lytle

ZAPATOS EN VUELO

Haz que cada participante se quite un zapato y lo coloque colgando sobre la punta de su pie. Luego

vean quién puede patear su zapato más lejos. Se sorprenderán al ver cuántos jugadores terminan lanzando los zapatos por sobre sus cabezas, hacia atrás o hacia arriba.

ATRAPANDO PAÑUELOS

Divide al grupo en una cantidad (cualquiera) de cadenas iguales. Una cadena es una fila de personas en la que cada chico se toma de la muñeca del que se encuentra delante. La última persona de la cadena tendrá una cola (un pañuelo) saliendo de la parte de atrás de su pantalón. El primer jugador de cada fila intentará agarrar el pañuelo del último jugador de algún otro equipo. Lo divertido es intentar maniobrar para atrapar la cola de otro grupo mientras intentas mantener la tuya a salvo.

LA MASA DEVORADORA

Demarca claramente los límites del campo de juego y coloca observadores (jueces) en las esquinas. Durante el transcurso del juego, cualquiera que se salga de los límites se convertirá en parte de la Masa.

Una persona comienza siendo la Masa. La Masa intenta atrapar o tocar a otros jugadores. Cuando un jugador es alcanzado o corre fuera de los límites del área de juego, el mismo se convierte en parte de la Masa. Estos dos jugadores ahora se toman de las manos y van en busca de una tercera persona, quien al ser alcanzada se unirá a ellos y ayudará a atrapar a un cuarto jugador, y así la Masa seguirá creciendo… La única restricción es que estos jugadores no pueden soltarse las manos. Por consiguiente, solo aquellos que estén en las puntas pueden tocar a otros. Si la Masa se divide para tocar a alguien, esa atrapada no es válida.

El juego continuará hasta que todo el mundo sea parte de la Masa. Para ser más eficiente, los chicos que la integran deben trabajar como un equipo. Es conveniente que una persona actúe como el cerebro y controle a la Masa. Una vez que se haga lo bastante grande, la Masa puede estirarse lo suficiente como para ir «barriendo» el campo de juego y así atrapar a todo el mundo. Glenn Davis

EN CÁMARA LENTA

Aquí tienes otra versión disparatada del más famoso de todos los juegos. Simplemente consiste en jugar un juego normal de «corre que te pillo» (también conocido como «la mancha» o «la roña»), solo que al sonar el silbato todo el mundo (incluida «la mancha») debe comenzar a moverse en cámara lenta, como si fuera una de esas repeticiones que muestran en televisión de las mejores jugadas deportivas. Enseguida tus adolescentes captarán la idea y comenzarán a exagerar mucho cada movimiento, lo cual producirá más de una carcajada.

Asegúrate de que tus chicos hagan todo en cámara lenta, incluso hablar o gritar. Puede jugarse el juego entero en cámara lenta, o puedes ir alternando períodos normales de juego con períodos lentos, indicando el cambio con el sonido de un silbato. Limita el tamaño del área de juego de manera que varios jugadores tengan la oportunidad de ser tocados y convertirse en «la mancha».
Mark A. Simone

SAMURÁIS AL ATAQUE

Los únicos materiales que necesitarás para este juego son dos pedazos de aislamiento para cañerías de espuma de poliuretano (de aproximadamente 1 metro de largo cada uno), dos pelotas «Nerf» (o cualquier pelota de espuma blanda) y dos bates «Nerf» (o cualquier cosa que se parezca a un bate de béisbol, pero sea blanda y liviana). Puedes jugar por todo el jardín de la iglesia.

Escoge a dos personas para que sean los samuráis. Entrégales las espadas (el aislamiento para cañerías). Cualquier persona que sea tocada por la espada de un samurái quedará congelada en el lugar. Otros dos chicos tendrán los bates, con los cuales podrán descongelar a cualquier jugador una vez que lo toquen con ellos. Si un jugador de los que tienen un bate es tocado por la espada de un samurái, entonces queda congelado, pero puede entregarle su bate a otro chico a fin de que siga descongelando a las personas. El jugador que recibe el bate debe descongelar al menos a una persona antes de poder salvar al que le entregó el bate. Otros dos participantes recibirán las pelotas «Nerf» e irán tras los samuráis. Si un samurái es alcanzado por una pelota, debe intercambiar objetos con su atacante (quien pasará a ser el nuevo samurái). El antiguo samurái que recibe la pelota debe contar hasta diez antes de poder moverse, a fin de permitir que el nuevo samurái se escape. Si la espada de un samurái toca a uno de los participantes que llevan pelotas, este debe quedarse congelado, pero puede hacer lo que quiera con la bola. ¡El juego termina cuando todos estén completamente exhaustos! Jeffrey Crosby

GALLOS Y GRULLAS

Divide al grupo en dos equipos: los gallos y las grullas. Los equipos deben pararse en línea, uno frente al otro, separados por una distancia de aproximadamente un metro y medio. El líder lanza una moneda (cara: gallos; cruz, grullas) y grita el nombre del equipo que la moneda indica. Si grita, por ejemplo, «gallos», entonces los gallos deben darse media vuelta y comenzar a correr, con las grullas persiguiéndolos. Si alguna grulla tiene éxito y consigue tocar a uno o varios miembros del equipo de los gallos antes de que puedan cruzar una línea ubicada a unos diez o veinte metros de distancia, estos se considerarán prisioneros y deberán trabajar para las grullas cuando se reanude el juego (al lanzar el líder nuevamente la moneda). El equipo que logre capturar a todos los miembros del equipo contrario será el ganador. David Parke

BURBUJAS GIGANTES

Aquí tienes una genial receta para fabricar burbujas gigantes, las cuales puedes utilizar en una gran cantidad de juegos y actividades. En un gran recipiente, mezcla cantidades iguales de detergente (del que se utiliza para lavar los platos) y agua. Agrega más detergente o más agua dependiendo de cuán grandes desees tus burbujas y cuán rápido desees que se exploten. Puedes fabricar tu propio aro para hacer burbujas pasando un cordel a través de dos pajitas de plástico y anudando los extremos. Es posible hacerlo tan grande como desees. Luego sumérgelo en el recipiente con la mezcla que preparaste. Antes de sacarlo del líquido, coloca las pajitas una junto a la otra. A medida que lo vayas levantando, separa lentamente las pajitas. Tal vez

debas caminar unos pasos hacia atrás para que tu burbuja se forme. También puedes emplear una lata, quitándole previamente ambos extremos (las partes circulares). De todos modos, recuerda que en un día ventoso te resultará imposible fabricar burbujas. Steve Illum

SARDINAS

Este juego es bastante parecido al juego de las escondidas. El grupo elige a una persona para que se esconda mientras el resto del grupo cuenta hasta cien (o hasta que el líder dé la señal). Luego el grupo se dispersa para intentar encontrarla. Cada chico debe buscar al que se escondió de forma individual, aunque puede permitirse la búsqueda en pequeños grupos de dos o tres personas. Cuando alguien encuentra al jugador que estaba escondido, en lugar de anunciárselo al resto del grupo debe pasar a esconderse junto con él. El lugar para esconderse puede variar tantas veces como lo deseen a lo largo del juego. La última persona en encontrar al grupo escondido (que cada vez se parecerá más a un grupo de sardinas enlatadas) será el perdedor, o actuará como la primera sardina el siguiente juego.

- **Sardinas inalámbricas.** Para esta variante del juego de las sardinas se emplea un micrófono inalámbrico. La primera sardina toma el micrófono y lo esconde dentro del radio de alcance del sistema de sonido. El resto del grupo espera a que la sardina les dé pistas con respecto a dónde está escondida.

Si alguien del grupo sospecha de la ubicación de la sardina, puede ir a buscarla (pero sin decirle al resto del grupo a qué lugar se dirige). Si falla en encontrarla, debe regresar y esperar otra pista. La sardina debe facilitar una nueva pista cada treinta o cuarenta segundos. Cualquiera que encuentre a la sardina debe pasar a esconderse con ella. El último participante en encontrarla será la primera sardina en la próxima ronda de juego. G. Neale Wirtanen y Scott C. McLeod

TIRA DE LA CUERDA (EN RONDA)

Consigue una cuerda de unos siete metros y medio de largo y ata juntos los dos extremos de manera que formes un círculo. Cuatro equipos deben colocarse en los cuatro lados de un gran cuadrado. En el centro del cuadrado se coloca la soga sobre el suelo, formando un círculo. Los equipos deben ser todos de igual tamaño y a cada integrante de los mismos se le designará un número (comenzando por el uno). El líder gritará entonces una cifra y los cuatro jugadores (uno de cada equipo) que tienen ese número deberán tomar la soga e intentar correr de regreso hasta pasar la línea de su propio equipo. Tan pronto como un jugador logra cruzar la línea (tirando de la soga) es declarado ganador, obteniendo un punto para su equipo. Continúen así hasta que todos hayan jugado al menos una vez. Roger Disque

TIRA DE LA CUERDA (DOBLE)

Atando dos cuerdas por el medio de manera que haya cuatro extremos de igual longitud, puedes organizar un juego de «tira de la cuerda» con cuatro equipos en lugar de dos. Dibuja un círculo en el suelo. Todos los equipos deberán estar fuera del círculo cuando el juego comienza.

Una vez que un equipo es arrastrado hasta cruzar la línea e ingresar al círculo, queda eliminado del juego (mientras los otros tres equipos continúan luchando entre sí). Estos tres equipos jugarán hasta que otro más quede eliminado, y finalmente los dos equipos que quedaron jugarán para determinar el ganador. No obstante, la cuestión es siempre hacer que el otro equipo ingrese al círculo.

Para un «tira de la cuerda» triple, simplemente consigue tres cuerdas y comienza el juego con seis equipos. ¡Funciona! Y la principal ventaja de esta versión de «tira de la cuerda» es que los equipos menos fuertes pueden ponerse de acuerdo y eliminar a los equipos más fuertes al inicio del juego. Lew Worthington

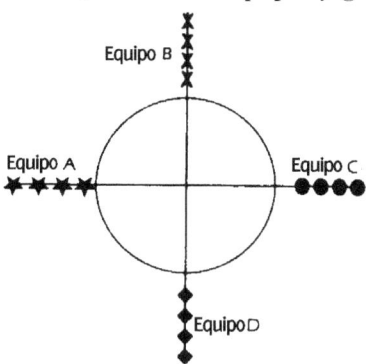

BIENVENIDOS A BABEL

Este es un juego que serviría bien para comenzar un campamento o retiro, dado que pueden participar un par de cientos de chicos divididos en cuatro equipos. En verdad, se trata de una combinación de varios juegos. Incluye fútbol americano, fútbol, baloncesto, Frisbee... ¡y también empujar una pelota gigante! La gracia es que los cuatro equipos deben jugar los cinco juegos al mismo tiempo y en el mismo lugar.

Necesitarás cuatro arcos del tipo de los que se usan en el juego de fútbol. Puedes fabricarlos con tuberías de PVC (tal como indica el diagrama) si así lo deseas.

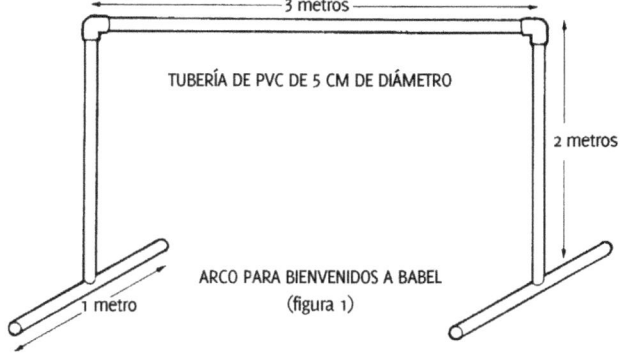

Coloca estos arcos en el campo de juego, equidistantes del centro. Marca en el suelo una zona defensiva. Esta zona debe abarcar cinco metros a cada lado del arco y diez metros desde el arco hacia el centro del campo de juego. En el centro del campo de juego coloca una pelota gigante (conocida como «push ball»), diez pelotas de fútbol americano, diez pelotas de baloncesto, veinte Frisbees y diez pelotas de fútbol. (Puedes colocar una cantidad mayor o menor que la indicada dependiendo del tamaño de tu grupo).

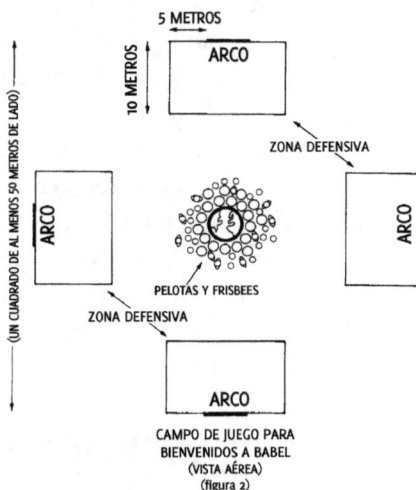

CAMPO DE JUEGO PARA BIENVENIDOS A BABEL (VISTA AÉREA) (figura 2)

El objetivo de «Bienvenidos a Babel» es ser el equipo al que menos tantos le anoten (el arco menos vencido). Así que cada equipo deberá designar un grupo defensivo para cuidar su arco. Además, en un sentido ofensivo, cada equipo tendrá que anotar tantos puntos como le sea posible en cualquiera de los otros tres arcos.

Dado que el área de juego será un caos, debe haber algo que ayude a distinguir los equipos. Inténtalo con globos (inflados hasta los veinticinco centímetros de diámetro) y banditas elásticas. Los globos (cada equipo deberá tener un color diferente) serán distribuidos antes de comenzar el juego. Cada persona deberá inflar su propio globo, atarlo con la bandita elástica, y colocárselo sobre la cabeza de manera que quede derecho. (Esto luce muy cómico). No está permitido explotar los globos de otros jugadores. Son solo para distinguir los equipos.

Para anotar los puntajes, coloca varios líderes junto a cada arco, con papel y lápiz. Ellos registrarán los puntajes y también vigilarán que no se infrinjan las reglas. Además estarán equipados con silbatos y linternas.

El juego se desarrollará en cuatro cuartos de cinco minutos cada uno. Para comenzar cada cuarto, los equipos se reúnen alrededor de su propio arco. Cuando el líder da la señal, todos corren hacia el centro (donde están las pelotas y los Frisbees) y comienzan a jugar. Entre un cuarto y el otro todas las pelotas y Frisbees se colocan de nuevo en el centro del campo de juego, mientras los equipos se reagrupan, descansan y planifican sus estrategias.

Si se juega de noche, el último cuarto puede jugarse con todas las luces apagadas. En este caso, no está permitido correr. Designa a dos personas que lleven reflectores y vayan iluminando el campo de juego (como barriéndolo) a la búsqueda de infractores que estén corriendo.

Durante el juego, haz sonar «La Cabalgata de las Valquirias» (de Wagner, pero más conocida por la película «Apocalypse Now») en los parlantes más grandes que puedas conseguir. Cualquier otra melodía de ese estilo, o cualquier música alocada, pueden ser un buen sustituto. Reglas adicionales:

• Todo el mundo debe tener su globo sobre la cabeza en todo momento. (Ten preparados algunos globos de repuesto).
• Con las pelotas de fútbol americano se puede correr o está permitido hacer pases. La única forma de anotar un tanto es corriendo con una a través del arco. Se consiguen siete puntos así. Si el jugador que la tiene en su poder es tocado, debe entregársela a su adversario.
• Con las pelotas de baloncesto se puede driblear o realizar pases, pero no se puede correr. La única manera de anotar un tanto es arrojándolas desde fuera de la zona defensiva de manera que pasen por sobre el arco. Se obtienen dos puntos.
• Las pelotas de fútbol solo pueden patearse. Esa es la única manera de avanzar y la única manera de anotar tantos con ellas. La patada para anotar un tanto debe efectuarse desde fuera de la zona defensiva, y la pelota debe ingresar al arco. Se obtiene un punto.
• Los Frisbees se pueden pasar o se puede correr con ellos. Se anotan tantos haciéndolos volar a través del arco (lanzándolos desde fuera de la zona defensiva). Se obtiene un punto.
• La pelota gigante puede hacerse avanzar de cualquier manera. Debe atravesar el arco para anotar. Se obtienen diez puntos.

INDUMENTARIA PARA BIENVENIDOS A BABEL (figura 3)

• Solo los cinco especialistas en defensa que escoja cada equipo podrán estar ubicados dentro de la zona defensiva de ese equipo.
• En cuanto a la ofensiva, solo alguien con un balón de fútbol americano que está intentando anotar un tanto o un grupo empujando la pelota gigante pueden ingresar en las zonas defensivas de otros equipos. Todo

el resto de los tantos deben anotarse desde afuera de la zona defensiva.

Resulta muy útil tener un equipo de sonido extra potente para controlar el juego una vez que ha comenzado. «Bienvenidos a Babel» siempre es muy bien recibido por los adolescentes, ya que resulta divertido para los jugadores más tímidos y también tiene algo de competencia dura para los chicos más agresivos. Joey Womble

CARRERA DE AUTOMÓVILES

Aquí tienes un juego que combina la creatividad con la habilidad atlética. Comienza dividiendo al grupo en equipos. A cada equipo se le entregará un montón de partes de automóvil, una gran caja de electrodomésticos (vacía), cinta adhesiva, globos, marcadores y latas vacías, a lo cual se sumará cualquier otra cosa que ellos puedan conseguir por su cuenta. Tendrán entre cuarenta y cinco minutos y una hora para construir un automóvil.

En la carrera propiamente dicha (la cual se desarrollará más tarde) habrá dos personas por cada automóvil (un conductor y un pasajero detrás), los cuales harán avanzar el auto con el movimiento de sus piernas. También habrá otra persona (la grúa o remolque) que correrá al costado del automóvil durante todo el recorrido de la carrera. Si alguna parte del automóvil se desprende y cae, el remolque debe levantarla, llevarla consigo y (desde ese momento en adelante) correr agarrado del hombro o el brazo de alguna de las dos personas que van en el automóvil.

Cada cierto tiempo a lo largo de la carrera (ya sea que se trate de un recorrido largo al estilo del Grand Prix o una pista de carreras circular) cada equipo deberá hacer una parada técnica y cambiar su tripulación (así todos tus chicos pueden participar). Es una buena idea solicitar que haya un equipo mixto (un chico y una chica) dentro del automóvil para cada tramo de la carrera. Para una sorpresa adicional, coloca (sin anunciarlo antes) una cabina de peaje en alguna parte del recorrido y exige el cambio exacto a fin de poder pasar. Cada equipo deberá mantenerse detenido un minuto por cada centavo que le falte para completar los siete centavos que les serán requeridos con el propósito de pasar. Las puertas de ingreso a edificios y los lugares estrechos del camino son perfectos para colocar allí tu cabina de peaje.

Cuando la carrera haya terminado, se declararán dos ganadores: el equipo que terminó la carrera antes que todos y el equipo con el auto más hermoso y mejor diseñado (a juzgar por lo que haya quedado de él a estas alturas). Dan LeRoy

A MATAR AL DRAGÓN

Haz que el grupo entero forme un círculo. Elige a cuatro o cinco chicos para integrar el primer equipo. Ellos serán el dragón. Estos jugadores se trasladarán al interior del círculo y formarán una fila, cada uno tomándose de la cintura de la persona que tiene delante. Los chicos restantes que quedaron formando el círculo le arrojarán la pelota al dragón, intentando darle a la última persona por debajo de la cintura. Cuando lo logran, este último jugador regresa a formar parte del círculo y los otros continúan lanzando la pelota para intentar darle al chico que ahora quedó en último lugar, y así sucesivamente hasta que el dragón desaparezca. Cuando esto sucede, se elige a un nuevo equipo para que pase al centro. Debes cronometrar a cada grupo para ver cuál dragón duró más tiempo (y ese será el ganador). Kathie Taylor

CONFUSIÓN EN LA COLINA

Si tienes cerca una colina o montaña, tal vez tu grupo pueda agregar algo de diversión a algunos de sus juegos favoritos como el béisbol, el voleibol, el fútbol, el juego llamado «Toma esa bandera» y muchos más. Pueden jugar ya sea arriba, abajo, o perpendicularmente a la pendiente de la montaña,

dependiendo del juego. Si deseas nivelar las posibilidades de dos equipos disparejos en una competencia, utiliza la pendiente para darle ventaja a uno de ellos. Si ambos equipos son igual de habilidosos, jueguen los juegos en dos tiempos, intercambiando lugares entre un tiempo y el otro. ¡Esto realmente le agrega una nueva dimensión a la diversión.
Alan Overland

NEUMATICOMANÍA

Aquí tienes un juego que es físicamente agotador y puede resultar muy, pero muy divertido. Es posible que funcione mejor si juegan varones contra varones y chicas contra chicas.

Marca un gran cuadrado en el campo de juego y coloca una pila de entre siete y diez neumáticos de automóvil en el centro del cuadrado. Divide al grupo en cuatro equipos iguales y haz que cada uno se coloque sobre su lado del cuadrado. Numera a los jugadores de cada equipo.

El objetivo del juego es lograr que la mayor cantidad posible de neumáticos atraviesen la línea de tu equipo. El líder gritará varios números. Los jugadores de cada equipo que tengan tales números correrán hacia el centro y comenzarán a arrastrar los neumáticos hasta sus líneas respectivas. Puede haber varios jugadores arrastrando el mismo neumático. Cada neumático que se logra pasar con éxito a través de la línea de un equipo gana un punto para ese bando.

Una vez que los chicos se hayan acostumbrado a este juego, agrégale una pelota de fútbol a la ecuación. Si los demás jugadores logran hacer que la pelota cruce la línea de uno de los bandos, a ese equipo se le restará un punto. Los miembros del equipo que están parados sobre la línea actuarán de guardametas. Una vez que la pelota toca el suelo que está detrás de esa línea, se anota un punto en contra a ese equipo.

Para complicar aun más el juego puedes agregar una pelota gigante (de entre un metro y dos de diámetro). El equipo que consiga pasar esta pelota a través de su propia línea ganará tres puntos adicionales. Rob Yonan

NAIPES Y BANDERAS

¿Qué surge si se cruza el juego «Toma esa bandera» (búscalo en este libro si no lo conoces) con algunos naipes de póquer? ¡Esta divertidísima competencia! Necesitarás los mismos implementos que para jugar «Toma esa bandera» (dos banderas y un gran espacio abierto con muchos lugares donde esconderse) más un par de paquetes de naipes de póquer.

Luego de formar los dos equipos y que cada equipo esconda su bandera, entrégale a cada jugador un naipe (los de corazón o diamante al equipo rojo, y los de trébol o pica al equipo negro). La carta recibida determinará el rango de un jugador. El rey es el de más alto rango, y el uno (el as) es el de rango más bajo, pero sin embargo el único que puede ganarle a un rey.

Una vez que comienza el juego, ambos equipos intentan capturar la bandera enemiga siguiendo las reglas habituales de «Toma esa bandera». No obstante, cuando un jugador toca a otro para capturarlo, ambos jugadores deben mostrar sus cartas. La carta con el rango más alto gana y ese participante continúa jugando, pero el jugador con la carta más baja debe ir al «centro de cambios» (algún punto central en el área de juego) para cambiar su carta por una nueva (del mismo color). Recién entonces puede retornar al juego. Si ambos jugadores resultaran tener del mismo rango, ambos deben ir al «centro de cambios» para obtener nuevas cartas.

El equipo ganador será el que primero logre capturar la bandera del equipo contrario y llevarla hasta su propio territorio.

Para variar el juego, puedes hacer que todos los números diez sean bombas, las cuales puedan matar a cualquier otra carta que se les cruce. Y todos los números cinco pueden ser miembros del escuadrón antibombas, siendo de esta manera los únicos que pueden ganarle a los números diez.
Rauel Feldheizer

RAYOS Y CENTELLAS

Para este juego necesitarás una noche bien oscura, un lugar abierto bien grande (como un campo de juego de fútbol o tal vez un aparcamiento vacío), algunas sábanas viejas y una pelota bien brillante. (Puedes conseguir una pelota que brille en la oscuridad o fabricar la tuya pegándole esas cositas con luces que titilan y esos brazaletes y accesorios fluorescentes que se usan para las celebraciones y se compran en las tiendas de fiestas).

Divide al grupo en dos equipos y entrégales una sábana por cada tres (o hasta ocho, dependiendo del tamaño de tu grupo y la cantidad de sábanas que hayas conseguido) chicos. Ubícalos a lo largo del campo de juego tal como indica el diagrama

Sosteniendo los extremos de la sábana, cada subgrupo puede estirarla rápidamente y así hacer volar la pelota en dirección a la meta ubicada al otro extremo del campo de juego. Si cae sobre una

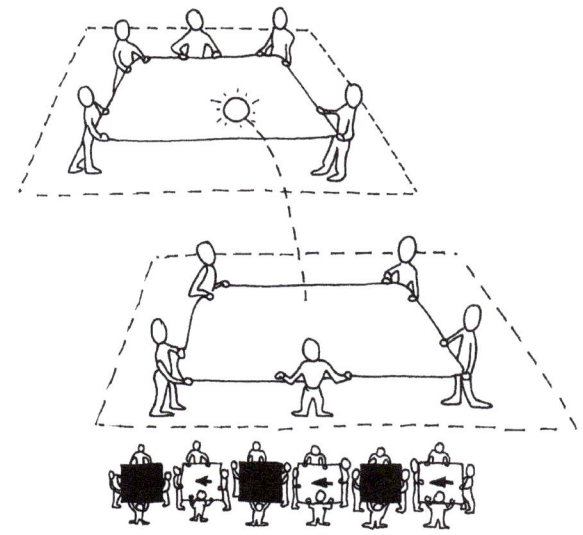

sábana del equipo contrario, ahora ese equipo tiene «la posesión del balón» y lo hará volar en sentido contrario. Las metas están ubicadas en los extremos opuestos del campo de juego, tal como en el fútbol, y cada gol que un equipo logre convertir valdrá (¿por qué ser tacaños?... ¡los puntos son gratis!) diez mil puntos. Si alguien toca la pelota con la mano, se le suman diez mil puntos al equipo contrario.

El efecto visual de este juego en la noche es muy agradable: la pelota se mueve de un lado a otro dejando una estela brillante en la oscuridad. Si tienes muchos chicos en tu grupo, tal vez quieras usar más de una pelota a la vez.

David Washburn

MISIONEROS EN PELIGRO

En este juego cada equipo debe guiar a su misionero para que atraviese a salvo una selva llena de cazadores de cabezas (los miembros del otro equipo). Necesitarás dividir al grupo en dos bandos de igual tamaño.

El primer equipo (los misioneros) elegirá a uno de sus integrantes para que viaje a través de un territorio muy peligroso. Ese jugador se colocará una bolsa de papel sobre la cabeza y se irá moviendo a través del campo de juego (desde la línea de partida hasta la línea de llegada) intentando evitar ser tocado por alguno de los cazadores de cabezas. Sus compañeros lo guiarán gritándole instrucciones, pero deben coordinar sus directivas y gritarlas al unísono para evitar la confusión. Estos compañeros no pueden caminar junto al misionero. Él debe ir solo.

Mientras tanto el otro equipo (los cazadores de cabezas) se dispersa por todo el campo de juego. Ellos intentarán impedir el avance del misionero, lo cual solo se puede conseguir tocándolo. Sin embargo, estos jugadores no pueden moverse de sus ubicaciones originales, salvo una vez durante cada ronda de juego, momento en el cual podrán dar tres pasos gigantes en cualquier dirección que deseen. Cualquier contacto con el misionero deberá hacerse cuando un cazador de cabezas esté quieto, así es que estos tres pasos deben ser planeados cuidadosamente. Los cazadores también pueden gritarle falsas instrucciones al misionero, pero el silencio a menudo resulta ser una mejor estrategia.

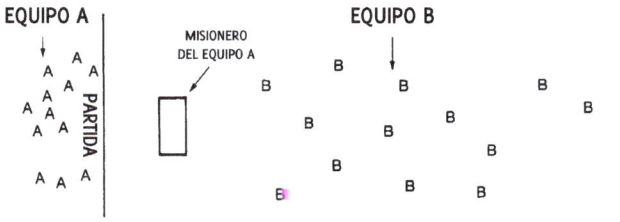

Cada equipo tendrá una oportunidad de guiar a un misionero y una oportunidad de ser los cazadores de cabezas. Se registrará el tiempo que cada misionero tarda en atravesar el campo desde la línea de partida hasta la línea de llegada, adicionándole una penalidad de veinte segundos por cada contacto que tenga con un cazador de cabezas. El equipo con el menor tiempo total será el ganador. Ray Wilson

PINBALL HUMANO

En este veloz y divertido juego que puede jugarse tanto en interiores como al aire libre, mientras más participen, mejor. Entrégale una pelota blanda (como las que usan los niños) a un grupo de al menos diez jugadores, luego explícales las siguientes reglas:

• El objetivo es ser el último jugador de pie. Los jugadores que son alcanzados por la pelota y no logran atraparla deben arrodillarse. Si alguien atrapa una pelota que le lanzaron, entonces el lanzador debe arrodillarse.

• Cuando los jugadores atrapan la pelota, no pueden correr ni caminar con ella, sino precisan lanzarla desde el punto donde la recibieron.

• Aunque no pueden moverse, los jugadores que están arrodillados aun pueden jugar (siempre en esa posición). Y se les permite volver a pararse si tocan a alguien que pasa cerca o si logran darle a alguien con la pelota. Thud Gudnason

ELIMINACIÓN FINAL

Si tienes treinta o más chicos y un área extensa para jugar, este juego puede continuar por un largo tiempo sin que se apague la diversión. Los chicos deberán formar parejas y cada pareja se atará un brazo para mantenerse unidos. Arroja a la marea humana varios Frisbees, pelotas «Nerf», pelotas blandas de goma o una combinación de todo esto… y luego comiencen un «todos contra todos». Cuando un integrante de la pareja es alcanzado por un Frisbee o pelota que le lanzan, esa persona ya no puede lanzar, pero sí puede defender a su compañero. Cuando su compañero también es alcanzado por un proyectil, esa pareja queda fuera del juego… pero solo hasta que sea excluida la pareja que produjo su eliminación final (la que le disparó al último sobreviviente). Cuando eso sucede, la primera pareja puede reincorporarse al juego.

Justo cuando pienses que el juego está decayendo, quedará eliminada alguna pareja letal (una que había expulsado del juego a muchos otros)… y entonces aumentarán la acción y la diversión, ya que todas esas parejas eliminadas podrán volver a jugar. Randy Hausler

A-B-C

Este juego es bueno para grupos grandes, de cuarenta chicos o más. Se divide a los adolescentes en equipos. El líder debe ubicarse en un lugar alto, como sobre un techo o una colina, de manera que pueda ver a todos los participantes desde arriba. Entonces gritará una letra del alfabeto y cada equipo deberá formar esa letra sobre el suelo tan rápido como les sea posible. El equipo que primero logre formar la letra será el ganador de esa ronda. En caso de empate, ganará el equipo que haya formado la letra más prolija o más bonita.

PELOTA GIGANTE

Compra una pelota gigante en alguna tienda de artículos deportivos o algún otro lugar donde sepas que las venden (puedes conseguirlas también por Internet). Deberá medir aproximadamente unos dos metros de diámetro y tal vez pese como unos cuarenta y cinco kilos. De modo habitual vienen cubiertas de lona y tienen garantía de por vida.

Un juego típico con una de estas pelotas gigantes se desarrolla de la siguiente manera: Los equipos se alinean en los extremos opuestos de un campo de juego. La pelota se coloca en el medio. Cuando el líder da la señal, ambos equipos corren hasta la pelota e intentan pasarla a través de los arcos (marcados con banderas) que estarán ubicados en los extremos del campo.

También pueden jugar cuatro equipos a la vez. Simplemente coloca arcos en los cuatro lados del campo de juego. El arco puede abarcar todo el largo de cada lado del campo de juego si lo deseas.

JUEGOS DE EXTERIORES PARA GRUPOS PEQUEÑOS

JUEGOS DE EXTERIORES PARA GRUPOS PEQUEÑOS

La clave aquí es la flexibilidad. Aunque estos juegos funcionan mejor con equipos de menos de treinta jóvenes, la mayoría de ellos pueden adaptarse para jugarlos con grupos más numerosos también. Y aunque la mayoría requieren un área de juego extensa, muchos pueden llevarse a cabo en un jardín o patio pequeño.

HUEVOS EN LA NIEVE

Esconde huevos en la nieve (huevos blancos, por supuesto) y entrégale a cada equipo una sola linterna. Luego envíalos a intentar encontrar los huevos. Lynne Hartke

CAMIONES CARGADOS

Divide a tus chicos en dos equipos y pídeles que se coloquen un equipo frente al otro separados por una distancia de unos cuatro metros y medio. Consigue dos pelotas de goma (de unos seis o siete centímetros de diámetro) y dale una a cada equipo. Luego elige a dos adolescentes y entrégale a cada uno un camión de juguete con huevos cargados en la parte trasera. Átale una cuerda a cada camión de modo que los chicos puedan hacerlo avanzar por el punto medio entre ambas líneas jalando la cuerda. Luego ambos equipos comenzarán a lanzar sus respectivas pelotas en un intento por romper los huevos. Si un camión se vuelca sin que los huevos se rompan, los jugadores deben esperar hasta que esté colocado correctamente y con su carga de nuevo a cuestas para continuar disparándole. Los dos jóvenes que estarán caminando por entre las filas de equipos (uno detrás del otro) avanzarán lentamente, pero pueden variar un poco las velocidades. Los líderes también pueden modificar la velocidad de los jugadores o la distancia entre equipo y equipo según consideren necesario. Es posible mantener las pelotas en movimiento continuamente debido al fuego cruzado. Los puntos se otorgarán de la siguiente forma: Un punto por cada huevo que un equipo logre romper y dos puntos por cada huevo que los dos chicos logren pasar intacto sobre su camión a través del camino. Entrégale un premio al equipo ganador. Robert Vogel

FUERA

Aquí tienes un juego bien antiguo, pero que puede resultarles nuevo a tus chicos. Se le asigna un número a cada jugador. Hay dos números misteriosos (nadie sabe cuáles son) que no se le asignan a nadie. La persona que tiene la pelota la arroja hacia arriba en el aire y grita un número. Todo el mundo se aleja corriendo excepto el que tiene ese número. Cuando ese jugador atrapa la pelota, grita: «¡Alto!», y luego intenta darle a alguien con la pelota.

Si lo logra, entonces la persona alcanzada con la pelota recibe una letra (F, U, E, R, o A). Si el lanzador falla, entonces él mismo recibe una letra. Además, si un jugador grita el número misterioso (el cual solo conoce el líder que lo escogió), todo el mundo recibe una letra. Cuando un participante recibe la quinta letra de F-U-E-R-A, queda eliminado del juego. Glen Richardson

GUERRA DE COMETAS Y GLOBOS

Aquí tienes una genial idea para una tarde soleada en el parque o un picnic de la iglesia, o para que forme parte de un evento especial más grande. Pídeles a tus chicos que traigan un barrilete y una aguja. Proporciónales cinta de enmascarar. No les digas lo que va a ocurrir. Asegúrate de que el lugar sea un espacio abierto bien grande.

Ata varios «globos meteorológicos» o globos comunes rellenos con helio a cuerdas largas y fuertes ancladas al suelo. Haz que cada participante adhiera firmemente con cinta la aguja a su cometa y que luego la haga levantar el vuelo. La primera persona que logre hacer explotar un globo en el aire será la ganadora. Dick Baugh

BATALLA A CABALLO

Este es un juego salvaje que debe jugarse en un área con césped. Cada equipo está integrado por un caballo y un jinete. El jinete montará sobre su caballo (el cual correrá en dos patas, no en cuatro) saltando sobre la espalda de su compañero y rodeándole el cuello con sus brazos. El líder pegará un trozo de cinta de enmascarar en la espalda de cada jinete, de manera que sea fácilmente visible y alcanzable. Cuando se dé la señal de «¡Montén!», los jinetes deberán montar sus caballos y así comenzará la batalla. Cada jinete intentará quitarles la cinta de la espalda a los demás. El último jinete que conserve la cinta en su espalda será el ganador. Solo los jinetes pueden quitarles la cinta a otros jinetes. Los caballos son simplemente caballos. Si un caballo se cae, entonces tanto el caballo como el jinete quedan fuera del juego. Carl Campbell

CALCETINES CON HARINA

Pueden inventarse muchos juegos empleando tan solo dos elementos muy fáciles de conseguir: calcetines largos (de esos que llegan hasta las rodillas) y harina común. Coloca aproximadamente una taza de harina en la punta del calcetín (cuanto más fino sea este, mejor) y haz un nudo en el extremo. Ahora el calcetín puede ser balanceado, lanzado o arrojado con una honda o resortera con el mismo resultado: quedará una marca de harina en cualquier superficie sobre la cual aterrice. Toda clase de juego del tipo «corre que te pillo» puede ser realizado con este dispositivo (ya sea en su versión común, por equipos, etc.).

Un buen juego para intentar es el siguiente: Haz que todo el mundo se forme en una línea sobre uno de los bordes del campo de juego y coloca a un jugador en el medio del terreno, pertrechado con uno de estos calcetines. Cuando suene el silbato, todos deben intentar correr hasta el extremo opuesto del campo sin ser tocados por el calcetín. Cualquiera que quede manchado con harina quedará eliminado del juego. Si tienes un grupo grande, coloca más de un jugador en el centro.

Estos calcetines pueden ser empleados en muchos juegos en lugar de bombas de agua, y pueden usarse una y otra vez. Una medida de harina durará bastante tiempo. Si pones a volar tu imaginación, este sencillo invento traerá horas de diversión a tu grupo. Greg Thomas

HUYE DEL SOMBRERO

He aquí un juego que combina lo mejor del «corre que te pillo» con lo mejor del juego de las escondidas. Una persona tendrá puesto un sombrero viejo.

Se cubrirá los ojos y le concederá al resto del grupo un minuto para correr y esconderse. Luego, la persona con el sombrero comenzará a buscarlos. (Debe llevar el sombrero puesto, no en la mano). Cuando encuentra y toca a alguien, ese otro jugador debe colocarse el sombrero, cubrir sus ojos mientras cuenta hasta veinte, y continuar la búsqueda. Cada persona deberá llevar la cuenta de cuántas veces le toca llevar el sombrero sobre su cabeza. Al final del juego, aquel que lo haya usado la menor cantidad de veces será el ganador. Rusty Zeigler

ESCONDIDAS CON AROS

A fin de hacer que un juego común a las escondidas sea más memorable, entrégale a cada adolescente un aro de hula-hula para que lo lleve puesto durante todo el juego. Los aros de hula-hula hacen ruido y además limitan la cantidad de escondites posibles. Este juego nivela a los buenos corredores con aquellos jugadores más lentos. Keith Curran

CROQUET HUMANO

Este juego es bastante parecido a la versión habitual del croquet, solo que se emplean personas en lugar de aros y pelotas. Elige de cinco a nueve personas para que sean los aros de croquet y ubícalas sobre

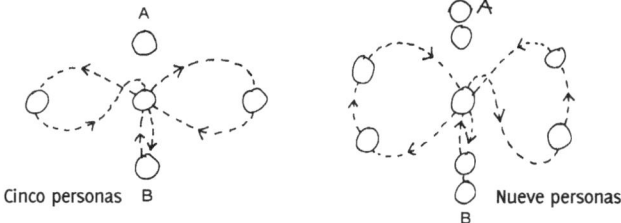

el terreno de juego en las posiciones que indica el diagrama (de pie y con las piernas abiertas).

Divide al resto del grupo en dos equipos y coloca a un grupo en cada extremo (puntos A y B en el diagrama). El objetivo de cada uno de los participantes de esta carrera de relevos es arrastrarse por el suelo (apoyados en las manos y rodillas) por entre las piernas de los «aros», atravesándolos todos y regresando al punto de partida. Cada participante hará esto una vez, hasta que todos en el equipo hayan pasado. El equipo que primero termine será el ganador. Derek McAleer

APILADORES Y DESTRUCTORES

Seis latas de gaseosa vacías, el manto negro de una noche oscura, muchos lugares donde esconderse y un gran espacio abierto para jugar son los únicos requerimientos para un juego que puede durar horas y horas. A menudo lo más difícil es elegir quién será el primer «apilador».

Para comenzar el juego se apilan las seis latas (es una buena idea tener algunas de más por si estas se pierden o se rompen), colocando tres en la base, luego dos sobre ellas, y al final una encima de todo. Alguien pateará la pila de latas para dar inicio al juego, y mientras el apilador junta las latas del suelo

y vuelve a construir la pirámide, todo el resto de los participantes corren a esconderse.

El objetivo del juego es simple: Intentar escabullirse hasta donde está la pila y patear las latas antes de que el apilador pueda verte y gritar tu nombre. El apilador no puede simplemente quedarse parado junto a las latas, sino que debe ir en busca de los jugadores que están escondidos. El apilador puede ir a donde quiera y gritar el nombre de una persona con solo verla (siempre y cuando las latas estén apiladas). Si logra encontrar y nombrar a todos los jugadores, entonces el jugador que fue hallado último se convierte en el apilador. Sin embargo, si alguien patea y derriba las latas, todos los jugadores que habían sido capturados quedan en libertad. Puede ser aconsejable limitar la cantidad de veces que un jugador puede patear la pila de latas, o de otro modo puede darse el caso de que el mismo jugador sea el apilador toda la noche. También puedes indicarles que si por ejemplo pasan quince minutos sin que el apilador logre atrapar a todo el mundo, entonces algún otro participante deberá ofrecerse como voluntario y tomar su lugar (preferentemente alguien que todavía no haya sido apilador). A los grupos de entre diez y doce chicos rara vez se les presenta esta dificultad. Sin embargo, obviamente es más difícil atrapar a todo el mundo si el grupo es más grande. Randy White

NO ROMPAS EL ANILLO

Esta idea es genial para un día de excursión o de actividades en el parque. Corta una sandía en rodajas finas (como si fuera un pan) y entrégale uno de estos círculos a cada participante. Explícales que cada uno debe comer su pedazo de sandía sin que sus manos toquen otra cosa que no sea la cáscara (la parte verde) y sin romper el trozo de sandía. Cuando terminen, solo debe quedar un gran anillo de color verde. El objetivo del juego es ser la primera persona en terminar de comer el interior de la rodaja de sandía. Puedes darle un premio al ganador... ¡una toalla para limpiarse la cara! Marshall Shelley

CAMINATA DESORGANIZADA

Este es un buen juego para cuando tienes que dar largas caminatas con tu grupo. Diles a tus chicos que se coloquen en parejas y formen así una fila (de a dos en fondo). La primera pareja de la fila (pareja 1) puede dirigirse hasta cualquier otra pareja de la fila (para lo que concierne a nuestro ejemplo, la pareja 2) y decirle algo como: «Muévanse cinco parejas hacia adelante». (Pueden elegir ir hacia delante o hacia atrás, e indicar cualquier número lógico que deseen). La pareja 2 se moverá entonces hasta su nueva ubicación, mientras que la pareja 1 los remplazará en su antiguo lugar. Sigan así hasta llegar a destino. Si tienes un grupo grande, tal vez desees pedirle a dos o tres parejas que comiencen con los cambios. Esto crea mucha confusión, y habrá personas corriendo de un lado al otro, pero esa es la gracia del juego. Jan Schaible

BILLAR GIGANTE

En un terreno liso, delimita con cuerdas un área de unos seis por nueve metros. Esta será tu mesa de billar. Como troneras, coloca conos de entrenamiento, baldes pequeños o algo similar.

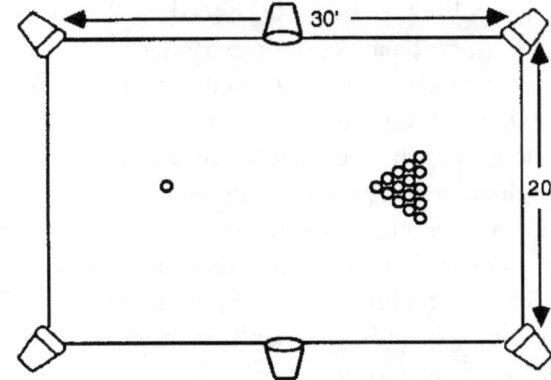

Ubícalos apoyados sobre un lado en las esquinas y los puntos medios de cada uno de los lados más largos del rectángulo, tal como si fuera una verdadera mesa de billar. Consigue suficientes pelotas de croquet (en el billar se utilizan quince), designa a una como la bola blanca, y comiencen el juego rompiendo el triángulo.

De ahí en adelante, el juego se desarrolla igual que en el billar común: El primer jugador (o equipo) en meter todas sus pelotas en las troneras será el ganador. Marca las pelotas con colores, líneas, etc. ¡Y no se olviden de dejar la bola ocho para el final! Michael W. Capps

CROQUET EXTREMO

Para esta variante del croquet, mientras más grande e irregular sea el terreno, mejor. A diferencia de su distinguido y elegante primo, el croquet común, para este «croquet extremo» se dispone el campo de juego con tantos obstáculos como puedas encontrar (o fabricar). Por ejemplo, puedes colocar aros:
• En la orilla de una zanja.
• Debajo de un auto que esté aparcado.
• De modo que los jugadores deban hacer rebotar sus pelotas en un bloque de cemento o una pared.

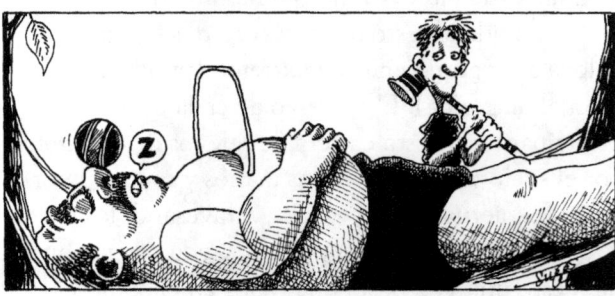

• De modo que los jugadores tengan que atravesar ramas caídas.

En resumen, prepara un recorrido similar en su forma al del croquet normal, pero lleno de obstáculos que haya que atravesar (por arriba, por abajo, por alrededor y a través). Coloca los dos extremos del recorrido tan lejos el uno del otro como sea posible. Si estás confinado a jugar dentro de una casa o el terreno de la iglesia, al menos dispón el recorrido alrededor del edificio, pasando tanto por el jardín delantero como por el terreno trasero. Dale Shackley

CONTORSIONES CON COLCHONES

Para este juego necesitarás unos de esos colchones delgados y llenos de pequeños bultos que son tan comunes en la mayoría de los lugares para acampar. También necesitarás recortar un agujero en una tabla de madera del tamaño de un aro de baloncesto. O puedes usar directamente un aro de baloncesto.

El agujero deberá estar más o menos a la altura de la cadera. Dos personas tendrán que hacer pasar el colchón a través del agujero sin usar para nada sus manos ni sus brazos. Esto requiere trabajo en equipo y resulta muy gracioso de observar. Si tienes varios equipos, prepara varios colchones y varios agujeros para usarlos simultáneamente en una competencia al estilo carrera de relevos. Dave Gilliam

ESPANTAPÁJAROS

Este juego es perfecto si tienes mucha paja o heno a tu disposición. Divide a los chicos en dos equipos (o más, dependiendo del tamaño del grupo). Los equipos tendrán junto a ellos pilas iguales de heno, y cada uno elegirá a una persona para que sea el espantapájaros. Los espantapájaros vestirán overoles extra grandes y se colocarán de pie frente a sus equipos, todos a la misma distancia. El objetivo de cada equipo será utilizar todo su heno rellenando el overol de su espantapájaros. Para provocar más risas todavía, haz que la carrera termine con los espantapájaros teniendo que correr hasta una línea de meta fijada previamente. Donald Thorington

BUSCANDO PINGÜINOS

Este es un sencillo juego que pueden jugar la próxima vez que lleves a tu grupo de paseo a un parque de diversiones, al zoológico, o a cualquier otro lugar en el que se separen en pequeños grupos y cada grupo se mueva por su cuenta. Entrégale a cada equipo diez fichas para comenzar. Cuando algún grupo divise a otro caminando por el parque, deberá gritarle: «¡Congélense, pingüinos!». Ese equipo le entregará entonces una de sus fichas al grupo que lo encontró. Al final del día, los que regresen al punto de encuentro con la mayor cantidad de fichas serán acreedores de un premio, o podrá elegir los mejores asientos en el autobús de regreso a la iglesia, o lo que sea. Esto resulta muy divertido y hace que los jóvenes estén durante todo el día tratando de encontrarse. Rob Moritz

A COMER SANDÍA

Esta competencia es un desafío a comer la mayor cantidad posible de sandía (no a comerla en el menor tiempo posible). Necesitarás varias sandías, una o más balanzas, un gran recipiente para cada concursante, y jueces que registren los pesos.

Corta la sandía, pesa cada trozo y colócales pequeñas banderas (hechas con palillos y cuadrados de papel) indicando su peso. Esto puede realizarse como un proceso continuo a medida que se desarrolla la competencia.

Divide a tu grupo en equipos, o haz que varios chicos compitan individualmente. Cada participante deberá tener un recipiente debajo de su mentón para que caigan allí el jugo y las semillas. Limita la competencia a diez minutos o menos.

A medida que los concursantes van comiendo los trozos de sandía, se registra el peso total de cada ración. Una vez que terminan de comer cada pedazo, también debe registrarse el peso de la cáscara que dejaron. Y transcurrido el tiempo prefijado, las semillas y el jugo que quedaron en los recipientes se pesarán también. Suma el total de todas las porciones de sandía que comió cada participante, réstale el peso de las cáscaras, el jugo y las semillas, y el resultado será el puntaje que obtendrá ese equipo o chico en particular. El equipo o participante que haya comido más sandía será el ganador.

Len Cuthbert

FÚTBOL AMERICANO CON NEUMÁTICOS

Organiza este juego cuando quieras poner a los genios de las matemáticas que hay en tu grupo al mismo nivel competitivo de los mejores atletas que tengas. Todo lo que necesitas es un neumático de automóvil y un gran campo de juego con líneas de meta marcadas en cada extremo.

Un equipo anota un tanto cuando logra hacer pasar el neumático a través de la línea de meta de su adversario. (¡Se puede lanzar un Frisbee bastante lejos, pero un neumático es un asunto diferente!). Las reglas del juego son similares a las del fútbol americano, excepto por el hecho de que los jugadores solo pueden correr tres pasos llevando el neumático antes de pasárselo a un compañero. La defensa intentará derribarlo o atraparlo, y ambas cosas resultarán en un cambio en la posesión del neumático y la dirección del juego. *Joseph Pent II*

BOLOS CON NEUMÁTICOS

Casi cualquier estación de servicio o taller de reparaciones podrá regalarte algunos neumáticos viejos (consigue una variedad de tamaños y permíteles a los chicos escoger cuál usar). Necesitarás doce o veinte adolescentes para cada partido que puedas organizar. Divide al grupo a la mitad, y mientras seis (o diez de ellos) juegan bolos, el resto hará las veces de pinos. Los jugadores deben colocarse a una distancia fija de los pinos, digamos a unos diez o doce metros.

Los pinos humanos deben acomodarse igual que los pinos de verdad (en triángulo), dejando un espacio de unos sesenta o noventa centímetros entre uno y otro. Les está permitido intentar esquivar el neumático cuando viene hacia ellos, pero deben mantener ambos pies plantados en el suelo. Si mueven aunque sea un solo pie, se considera como si los hubieran volteado. Lo mejor es marcar el punto donde debe pararse cada pino con algún objeto pequeño, como una roca.

Cuando haya terminado de jugar una mitad del equipo, cambien de lugar y que juegue la mitad que estuvo haciendo de pinos. El puntaje será la cantidad de pinos volteados en cada tiro.

El truco para darle a la mayor cantidad posible de pinos es hacer que el neumático ruede, pero bamboleándose, de manera que caiga en el medio de los pinos y golpee a varios de ellos en su caída. Los neumáticos estarán sucios, así que usen ropas viejas y ten agua y jabón a mano para cuando terminen de jugar. *Dave Bransby*

PINBALL GIGANTE

Aquí tienes otro juego para exteriores que se juega mejor en una ladera o barranca con césped. En la parte inferior del terreno coloca varios neumáticos de automóvil. Si es posible, clávalos con estacas al suelo y asígnale a cada uno una cantidad de puntos. Necesitarás también una o más pelotas grandes.

Los jugadores se ubicarán más arriba en la pendiente. Cada uno tomará por turno la pelota y la empujará para echarla a rodar en dirección a los neumáticos. Los chicos obtendrán puntos por cada neumático que la pelota toque antes de llegar abajo.

El participante debe seguir a la pelota hasta la parte inferior de la ladera (sin tocarla) y luego llevarla de regreso a la cima para que el siguiente jugador pueda usarla.

Es posible hacer que este juego se parezca aun más a una máquina de pinball si formas equipos. Cuando sea el turno de un jugador, sus compañeros de equipo se pararán entre los neumáticos, y si la pelota pasa cerca suyo, podrán (sin moverse de su lugar) patearla a fin de obtener más puntos (como las paletas en las máquinas de pinball). ¡Inténtalo! *Ronald Allchin*

INVENTA TU PROPIO JUEGO

La creatividad para este juego provendrá de los jóvenes. Tú solo les proporcionarás los siguientes materiales básicos:

- 4 pelotas de tenis
- 2 botes de basura
- 2 pelotas de fútbol
- 2 pajitas
- 2 vasos llenos de agua
- 2 escobas

Divide al grupo en dos equipos y luego entrégale a cada uno la mitad de los materiales. Dales cinco minutos para inventar un juego empleando todos los elementos. Debe ser un juego en el que todos puedan participar. Luego de que hayan definido las reglas, cada equipo le enseña al otro grupo el juego que inventó.

Como una variante, coloca grupos de tres elementos distintos en diversas bolsas de papel (un par de calcetines, una pelota y una jarra; una pala, una pelota y un palo; sujetapapeles, un plato hondo y un poco de algodón; entre otras cosas). Luego de dividir al grupo en equipos, entrégale a cada equipo una de las bolsas y concédeles cinco minutos para inventar un juego en el que se utilicen los tres elementos… ¡y la bolsa también si lo prefieres!

A tus chicos les fascinará el proceso de pensarlos tanto como los juegos mismos. En realidad, la noche de «Inventa tu propio juego» tendrá tanto éxito que te pedirán repetirla una y otra vez.

Brian Schulenburg y Valerie Stoop

¡DESCIFRA EL CÓDIGO!

Preséntales a tus chicos una caja fuerte (puede ser también un baúl) cerrada con un candado… del tipo de candados que tienen treinta y nueve números. El objetivo es descifrar el código para poder sacar el premio de adentro de la caja fuerte (un cupón de descuento para el próximo retiro de la iglesia, un libro devocional

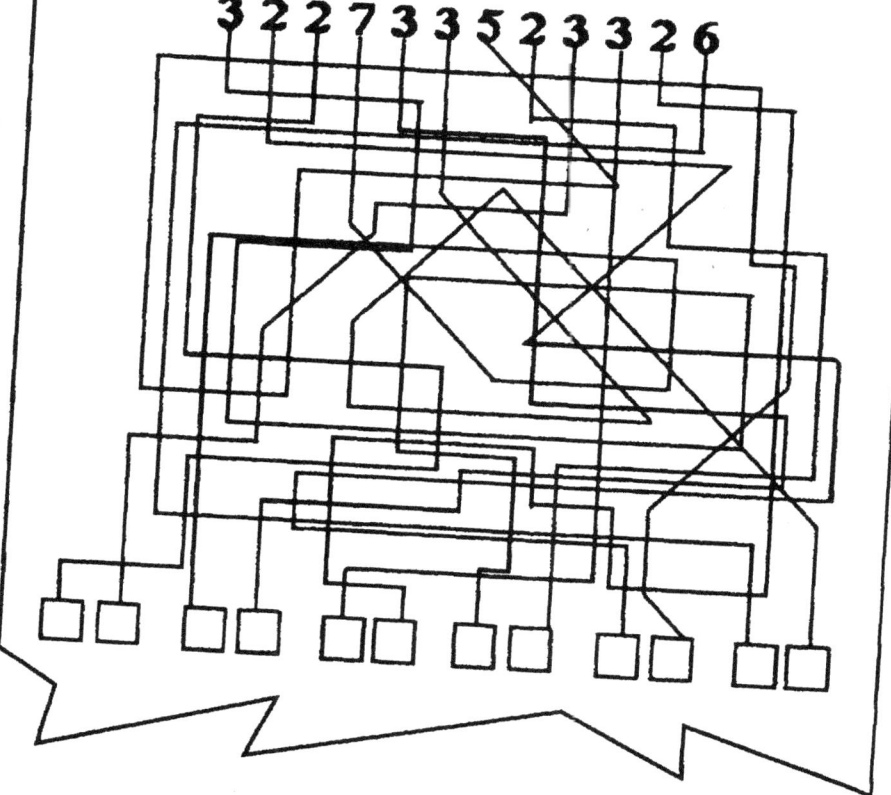

DESCIFRA EL CÓDIGO

Instrucciones: A fin de descubrir la combinación que abre el candado, primero elimina los números incorrectos. Luego de encontrar la respuesta a cada una de las pistas que aparecen más abajo, tacha ese número de la lista. Los números que queden sin tachar serán los que abran la combinación (pero todavía tendrás que descubrir en qué orden).

1 2 3 4 5 6 7 8 9 10 11 12 13 14 15 16 17 18 19 20 21 22 23 24 25 26 27 28 29 30 31 32 33 34 35 36 37 38 39

*Cantidad de números en el letrero al frente de la iglesia.
Cantidad de árboles en el jardín de la iglesia.
Cantidad de puertas para ingresar al templo.
Cantidad de letras escritas en el costado derecho del autobús de la iglesia.
Cantidad de lugares en el estacionamiento de la iglesia.
Cantidad de escalones para subir al altar.
Cantidad de trofeos en la vitrina de la oficina del pastor de jóvenes.
Cantidad de luces en el techo del salón principal.
Cantidad de capítulos en el Evangelio de Mateo.
Cantidad de días en el mes de febrero del año 2013.
Cantidad de años que dura la escuela primaria.
¿En qué día cayó el domingo de Pascua en el año 2011?
¿Cuántos domingos hubo en el mes de agosto del año 2012?
¿En qué día caerá Navidad en el año 2015?*

¿Todavía te quedan algunos números por tachar? Perfecto… resuelve el laberinto llevando cada número hasta el casillero que le corresponde abajo, y luego tacha de tu lista los números resultantes.

de regalo para adolescentes, boletos para un concierto de música cristiana, o lo que sea).

A fin de descubrir la combinación, los jóvenes deberán registrar el edificio o el campo de juego buscando la cantidad de objetos listados en la hoja que les entregarás, y luego eliminar esos números. Para eliminar los últimos números deberán

utilizar el laberinto. (Fíjate en la hoja que aparece aquí como ejemplo). John McLendon

LUCHA LIBRE

Pegajoso, desagradable y terriblemente divertido… Cada joven deberá traer una caja o dos de gelatina de colores, y entre todos las mezclarán en una pileta de plástico para niños (de un metro y medio o dos de diámetro). Luego se organizarán desafíos de dos minutos de duración, varones contra varones y mujeres contra mujeres. Ten una manguera a mano para limpiar a tus coloridos adolescentes luego de finalizado el juego. Dick Read

LANZAMIENTO CON SÁBANAS

Este juego puede fomentar el trabajo en equipo dentro de tu grupo. Necesitarás dos sábanas para cada equipo (los cuales estarán compuestos de cuatro personas) y grandes trozos de gelatina de colores.

Cada equipo se dividirá en dos partes (de dos jugadores cada una). Entrégale a cada pareja una sábana, la cual deberán doblar hasta formar un rectángulo de sesenta centímetros por dos metros. Luego deberán sostener este rectángulo por las esquinas de los lados más cortos. Haz que ambas parejas se paren una junto a la otra, separadas por una distancia de unos sesenta centímetros, y coloca un trozo de gelatina en el centro de una de las sábanas del equipo. Cada equipo intentará lanzar la gelatina de modo que caiga sobre la sábana de la otra pareja. Para que vuele, deberán primero dejar descender el centro de la sábana y luego tirar cada uno hacia su lado de manera que se extienda de repente, provocando así el envión que hará volar la gelatina.

Si lo deseas puedes organizar una competencia con esto, retando a los participantes a ver cuál es el equipo que puede lanzar y atrapar la gelatina con la mayor distancia de separación entre ambas parejas. O puedes colocar un trozo de gelatina de distinto color en cada una de las dos sábanas y desafiar a los equipos a que intenten coordinar un intercambio en el aire. Len Cuthbert

GUERRA DE NIEVE CON REYES Y DOCTORAS

Aquí tienes una nueva versión de uno de los juegos más antiguos que existen: la guerra con bolas de nieve. Divide al grupo en dos equipos y jueguen siguiendo estas reglas:
• Cualquiera que golpee al oponente en la cabeza queda automáticamente fuera del juego, incluso si lo hizo por accidente.
• Si un soldado es alcanzado por una bola de nieve, debe dejarse caer al suelo y permanecer allí hasta que la doctora venga y lo cure.
• Cada equipo puede tener una doctora (debe ser obligatoriamente mujer). La doctora viajará siempre a caballo. El caballo debe ser un varón.
• La doctora debe permanecer sobre su caballo en todo momento. Solo puede bajarse cuando debe curar a un soldado. La forma de curar a un soldado varón es dándole un beso en la frente. Una soldado mujer debe ser curada con un beso en la frente, pero debe ser el caballo de la doctora quien se lo dé. (Si lo deseas puedes remplazar el dar besos por cubrir la zona de la herida con papel higiénico).
• Los jugadores solo pueden ser curados por la doctora de su propio equipo.
• Cualquiera que golpee con una bola de nieve a la doctora o su caballo queda automáticamente fuera del juego, incluso si lo hizo por accidente.
• Cada equipo debe elegir un rey.

- La guerra se gana asesinando al rey del equipo contrario, y esto se logra golpeándolo con una bola de nieve en el cuerpo (no en las extremidades ni en la cabeza). Si el rey es golpeado en un brazo o una pierna, debe dejarse caer al suelo y necesita ser curado por la doctora. El rey puede ser asesinado mientras se encuentra herido.

Cualquiera que golpee al rey en la cabeza queda automáticamente fuera del juego, incluso si lo hizo por accidente. Ron White

ESCULTURAS EN LA NIEVE

Este juego es genial para jugarlo cualquier día mientras haya nieve en el suelo. Cada equipo elige para sí una zona de mucha nieve, y luego se dedica a esculpir cualquier cosa que se le ocurra dentro del límite de tiempo prefijado. Aliéntalos a ser tan creativos como puedan. No se permite fabricar un muñeco de nieve tradicional. Pueden, en cambio, esculpir automóviles, animales, celebridades, edificios, personajes de dibujos animados, etc.

Entrega premios a los equipos en distintas categorías, tales como la escultura más creativa, la más difícil de construir, etc.

DUELOS CON PAÑUELOS

Este es un buen juego para campamentos o actividades al aire libre. Divide al grupo en dos equipos, cada uno formado a lo largo de su línea de meta, las cuales estarán separadas por unos seis o nueve metros. Coloca un pañuelo en el suelo, en un punto a mitad de camino entre estas dos líneas.

Numera a los jugadores (los equipos comienzan a numerarse desde los extremos opuestos). Luego el líder grita un número. Los dos jugadores (uno de cada equipo) que tienen ese número deben correr hasta el centro e intentar tomar el pañuelo. Aquel que logre agarrarlo debe tratar entonces de correr de regreso hasta cruzar la línea de su equipo sin ser tocado por el otro jugador. Si lo consigue, su equipo gana un punto. Si en cambio el jugador del otro equipo lo toca antes de cruzar la línea, el equipo contrario gana un punto.

Los jugadores más diestros correrán hasta el centro y luego esperarán junto al pañuelo hasta el momento en que puedan tomarlo y correr tranquilos (cuando el oponente se distraiga por un segundo).

Luego de cada punto, el pañuelo se devuelve al centro y el líder grita otro número. Jueguen hasta que algún equipo alcance una cantidad de puntos predeterminada. El líder debe crear suspenso cuando grita los números. Haz que todos los números participen al menos una vez y repite algunos de vez en cuando de manera que todos los jugadores se mantengan alertas. También puedes avivar el interés gritando dos o más números de manera simultánea, provocando así una lucha entre dos o más jugadores.

- **Duelos sobre zancos.** Este juego funciona mejor si lo juegan cuatro equipos. Haz que los equipos se ubiquen formando un cuadrado (cada equipo formará un lado del cuadrado). Debe haber igual cantidad de jugadores en cada bando y sus integrantes deben numerarse. Se le entregará un par de zancos a cada equipo, los cuales estarán ubicados a unos dos metros de distancia de cada grupo (hacia el centro). Una pelota de voleibol se colocará en el centro y tomará ahora el lugar del pañuelo. Cuando el líder grite un número, aquellos jugadores que tengan ese número correrán hasta el par de zancos, se subirán sobre ellos e intentarán tomar la pelota antes que sus contrincantes (y traerla hasta cruzar la línea de su propio equipo). El equipo con más puntos al finalizar el tiempo de juego será el ganador.

- **Duelo con ronda.** Para esta variante del juego debes dibujar un gran círculo (de aproximadamente cuatro metros y medio de diámetro) con líneas para formar los equipos afuera del círculo. Si dibujas estas líneas curvas en lugar de rectas (tal como se muestra en el diagrama), todos los chicos podrán ver la actividad sin interferir en la acción. Coloca el pañuelo en el centro. Al sonar el silbato, el primer jugador en la línea de cada equipo deberá correr hasta el centro y tomar el pañuelo, y luego correr hasta salir del círculo (por cualquier punto de la circunferencia). Si su contrincante logra tocarlo antes de que cruce la línea, entonces será el equipo

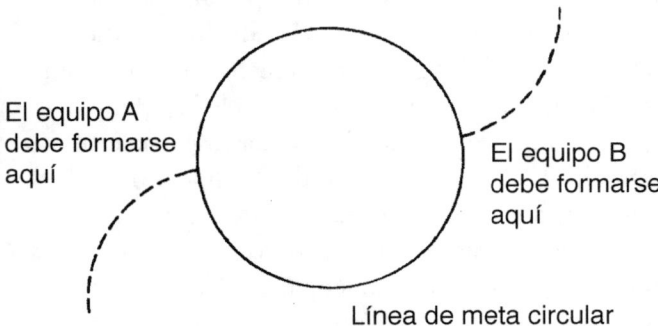

El equipo A debe formarse aquí

El equipo B debe formarse aquí

Línea de meta circular

contrario el que gane el punto. Si luego de un tiempo predefinido (por ejemplo, treinta segundos) nadie ha recogido el pañuelo, haz sonar el silbato de nuevo para que los siguientes dos jugadores se agreguen a la disputa. Cuando hay dos jugadores de un mismo equipo dentro del círculo, pueden pasarse el pañuelo entre sí para evitar ser tocados por los oponentes antes de alcanzar la línea.

Las ventajas de esta variante son:
• El campo de juego en forma de círculo permite que los competidores puedan correr en cualquier dirección para ganar el punto.
• No es necesario que los equipos tengan la misma cantidad de integrantes. De hecho, es mejor si no la tienen, ya que entonces los jugadores no competirán dos veces con la misma persona.
• No es necesario numerar a los jugadores ni gritar números.
• Puede participar una gran cantidad de jugadores, y todos tendrán su turno.

• **Jalando una sábana.** En esta variante lo que se coloca en el centro es una sábana. El líder grita un número y las dos personas de cada equipo que tienen ese número (sí, se numeran doble: dos 1, dos 2, y así sucesivamente) deben correr e intentar jalar la sábana hasta cruzar con ella su propia línea de meta.

Glen Richardson

• **Duelo a ciegas.** Esta variante funciona mejor si se juega en ronda. Dos equipos con la misma cantidad de jugadores en cada uno se numeran. Cuando el líder grita un número, el jugador de cada equipo que tenga ese número se coloca un pañuelo cubriéndose los ojos. Luego, al sonar un silbato, ambos jugadores se dirigen hacia el centro del círculo y, por medio de las instrucciones que sus compañeros le darán a gritos, cada uno intentará encontrar una pistola de agua que estará ubicada en el centro de la ronda. Cuando un jugador encuentre la pistola, debe tratar de dispararle al jugador indefenso antes de que este pueda escapar fuera del círculo, detrás de sus compañeros de equipo. Si el jugador con la pistola logra dispararle con éxito a su contrincante, gana un punto para su equipo. Si su contrincante logra escapar ileso, el punto va para el equipo contrario. El juego se vuelve más emocionante si luego de que los jugadores se colocan las vendas en los ojos, el líder mueve la pistola de agua, haciendo que resulte más difícil encontrarla.

Roger Disque, Norman Jones, y David Rasmussen

DAVID Y GOLIAT

Divide al grupo en dos equipos, con la misma cantidad de varones y chicas en cada uno. A cada equipo se le entregará un calcetín viejo (de nylon) y una pelota muy liviana para que la coloquen en la punta del calcetín. Por turnos, una persona de cada equipo (ambas del mismo sexo) se acercará a la línea de lanzamiento. Harán girar el calcetín sobre sus cabezas o al costado de su cuerpo, y luego competirán para ver quién puede arrojarlo más lejos. El ganador o la ganadora de esa ronda obtienen un punto para su equipo. El equipo con más puntos al final de la competencia será el ganador.

Luego puedes repetir la competencia, pero midiendo la puntería. Coloca un «Goliat» (una persona, una silla u otro objeto) a unos diez metros de la línea de lanzamiento. El jugador que más se acerque al objetivo ganará un punto para su equipo. Si logra darle a «Goliat» gana un punto adicional. Los chicos pronto aprenderán que le debe haber llevado mucha práctica a David convertirse en un tirador tan habilidoso.

Asegúrate de que los equipos estén alejados unos diez metros (en todas las direcciones) del jugador, porque las hondas pueden volar hacia cualquier parte si hay amateurs manejándolas.

Samuel Hoyt

JUEGOS DE PINGÜINOS

Entrégale a cada persona un trozo de tela de unos diez centímetros de ancho y unos sesenta centímetros de largo (sábanas viejas cortadas en tiras funcionan bien para esto). Los jugadores deberán entonces atar sus rodillas con estas tiras de tela, de manera que les resultará imposible correr. Ellos solo podrán moverse arrastrando sus pies.

Divide al grupo en equipos y jueguen fútbol americano empleando una pelota blanda y liviana.

El juego alcanza una dimensión hilarante cuando los jugadores deben caminar, correr, lanzar y patear, todo con sus rodillas juntas (atadas). ¡Por supuesto, este mismo método te ofrece la posibilidad de jugar béisbol de pingüinos, voleibol de pingüinos, fútbol de pingüinos, y una infinidad de juegos más!

Susan DeWyngaert

CATAPULTA

Este juego podría instalarse de manera permanente en el jardín de la iglesia y convertirse en un desafío para cualquier momento del año en el que las cosas se pongan aburridas. Fabrica una catapulta (tal como se ve en el diagrama) y dibuja un círculo en el piso a una distancia apropiada. Los jóvenes utilizarán

una pelota liviana (como las que usan para jugar los niños) e intentarán catapultarla hasta el centro del círculo. Si ninguno logra que aterrice dentro, aquel que haya conseguido arrojar la pelota más cerca del círculo será el ganador. Paul Warder

DUELO CON ALMOHADAS

Divide al grupo en dos equipos y haz que los jugadores se formen en líneas paralelas, pero mirando hacia afuera (no mirándose entre ellos). Numera a los chicos de un equipo. Luego, comenzando en el extremo opuesto, numera a los chicos del otro bando.

Coloca dos almohadas entre ambos equipos. Grita un número. Los jugadores con ese número deben tomar cada uno una almohada y batirse a duelo hasta que un chico haya golpeado al otro

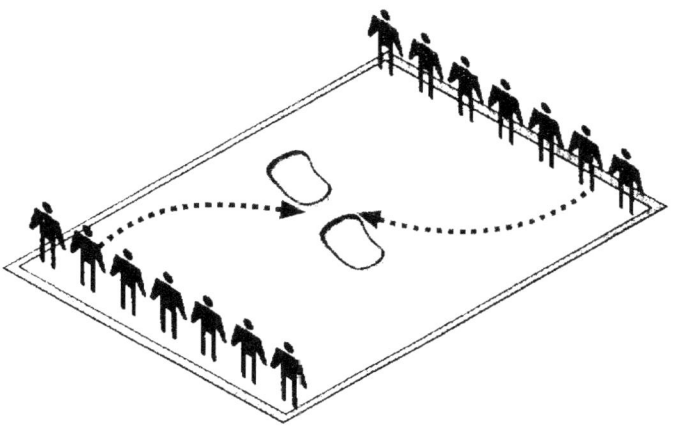

cinco veces o tú hagas sonar el silbato. Otórgale un punto al equipo cuyo integrante haya dominado el juego.

Puedes variar este juego permitiéndoles a los chicos alinearse en cualquier orden que deseen (sin importar los números), o añadiendo más almohadas y gritando más de un número a la vez. Jim Ramos

CARRERAS Y POSTAS

CARRERAS Y POSTAS

No hay nada como una carrera de relevos para promover el trabajo en equipo, la camaradería y en general también el alboroto. Las carreras de relevos, también llamadas postas, requieren que los miembros de un equipo realicen una tarea determinada, uno tras otro, tan rápido como sea posible. Para las carreras de relevos se necesitan dos o más equipos con igual cantidad de integrantes, y pueden jugarse al aire libre o en interiores con grupos de casi cualquier tamaño.

CONTRA EL RELOJ

Enfrentémoslo… probablemente sea más divertido ver a tus amigos correr como desesperados en una carrera de relevos que correr tú mismo. Así que, para variar un poco, intenten jugar sus carreras favoritas, pero no directamente un equipo contra otro, sino un equipo a la vez… contra el reloj. ¡Y disfruten las risas que de seguro esto provocará! Marti Lambert

POSTA DE EMPUJONES

Los equipos (de unos diez integrantes cada uno) estarán sentados en sillas, formando una fila. Cuando se da la señal de inicio el primero en la fila deja su silla, corre hasta el final de la fila y luego, con un hábil movimiento de cadera, empuja a su compañero fuera de la silla (hacia la derecha) tomando él mismo su lugar. El participante que perdió su silla corre entonces hasta la siguiente silla y empuja a su compañero hacia la izquierda (como se ve en el diagrama).

El juego continúa así hasta llegar al primer participante sentado, quien al ser empujado fuera de su silla correrá hasta el final para comenzar el proceso nuevamente. El primer equipo que logren regresar todos a sus sillas originales será el ganador wins. James C. Lutes

POSTA CON GOMA DE MASCAR

Esta es una carrera de relevos para dos o más equipos en la que necesitarás goma de mascar, guantes de trabajo y bolsas de compras. Los trozos individuales de goma de mascar (debes comprar los que vengan con envoltorio de papel o plástico, o envolverlos tú mismo) se colocan dentro de las bolsas de compras y se le entrega a cada equipo un par de guantes de trabajo. El primer jugador de cada equipo deberá colocarse los guantes, correr hasta la bolsa, sacar un trozo de goma de mascar, quitarle el envoltorio, ponérselo en la boca y masticarlo (todo con los guantes puestos). Luego correrá de regreso hasta la fila de su equipo y le entregará los guantes al siguiente jugador. El equipo que termine primero será el ganador. Jeffrey Collins

PALAS Y PATATAS

Pala en mano, el primer jugador de cada equipo usará una patineta para correr hasta el otro extremo del campo de juego, donde habrá una gran pila de patatas (compartida por todos los equipos). Tomará una patata con su pala y regresará en su patineta hasta donde están sus compañeros. Depositará la patata en la caja o cesto de su equipo, y luego le pasará la patineta y la pala al siguiente participante, quien procederá del mismo modo.

El juego continúa hasta que no queden más patatas en la pila. Entonces, cada equipo contará lo que ha recolectado. El equipo que tenga más patatas será el ganador. Las palas que tienen mangos largos funcionan mejor, pero las que tienen mangos cortos presentan un desafío mayor. Michael W. Capps

NARICES POSTIZAS

¿Presenciaste alguna vez una competencia que terminó en un caos porque los jóvenes, que se suponía emplearan solo sus narices para mover un objeto, comenzaron a emplear cualquier cosa que pudieran con tal de ganar? Estas narices postizas son simplemente extensiones de la propia nariz que impedirán que tus chicos hagan trampa (porque hacen que los juegos resulten más fáciles) al tiempo que servirán para obtener unas muy divertidas fotografías de tus chicos en acción.

Compra algunos vasos desechables y hazles un agujero en cada lado. Luego ata los extremos de una banda elástica en los agujeros, de modo que tus chicos puedan colocarse estas narices postizas como si fueran una máscara (tal como muestra el dibujo). Es posible emplear las narices postizas en postas con pelotas de golf, pelotitas de ping-pong... o incluso con cucarachas muertas.

Rob Marin

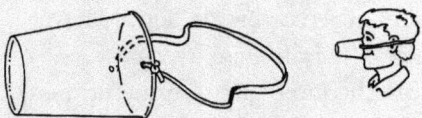

POSTA CON PASTEL

Cada participante corre un tramo diferente en esta carrera de postas, pero los corredores de cada equipo no se irán pasando un testigo, sino un pastel (puede ser un pastel que hayas comprado en una tienda, o incluso es posible utilizar un plato con confites, melones o lo que desees).

El primer tramo podría ser una pista con obstáculos de cualquier tipo; el segundo, una carrera caminando (el que corra será penalizado a quedarse inmóvil durante quince segundos); el tercero, una carrera a nado a través de la piscina, de modo tal que el pastel deba quedar siempre fuera del agua; el cuarto tramo, una carrera con los ojos vendados y con la guía verbal de un compañero; el quinto, una carrera de 400 metros llanos, o algo así.

Después que el último jugador cruce la línea de llegada, cada equipo debe comer su pastel y recién entonces finaliza la carrera. Es decir, el equipo ganador será aquel que termine todo el recorrido primero, incluido comerse el pastel. Luego de todo el trajín que habrá tenido ese pastel (caídas, mojadas, manoseos) tal final resulta hilarante. Este juego es genial para reforzar los lazos dentro del grupo y fomentar el trabajo en equipo, y puede ser adaptado a cualquier situación. Jon Davis

DESCUBRE TU SABOR

Para esta carrera de relevos necesitarás un surtido de dulces o golosinas de distintos sabores, ya que cada jugador deberá adivinar de qué sabor es el dulce que tiene en la boca.

Divide al grupo en equipos de entre cinco y ocho jugadores. Cada equipo escogerá a uno de sus integrantes para que distribuya los dulces. Para estos jugadores habrás preparado varias bolsas de papel con dulces de distintos sabores, debidamente identificadas, pero de manera que solo ellos lo sepan. Los equipos se formarán en filas y el que tiene las bolsas se coloca de pie a unos tres metros de distancia frente a la fila de su equipo. A la señal de inicio, el primero en la fila corre hasta su compañero, recibe un dulce y corre de regreso hasta su equipo. Allí coloca el dulce dentro de la boca del segundo en la fila, quien no deberá ver el color de la golosina que va a degustar. Tan pronto como este jugador piense que reconoce de qué sabor se trata, le susurrará el nombre de ese sabor al corredor, quien regresará hasta el chico que le entregó el dulce y a su vez le susurrará lo que le dijo su compañero. (Si todos los encargados de entregar los dulces entregan los mismos sabores al mismo tiempo, un equipo podría escuchar las respuestas de otros y hacer trampa… por eso es que deben hablar susurrando).

Si el degustador adivinó correctamente, el corredor irá hasta el final de la línea y el degustador se convertirá en el nuevo corredor. El juego continuará de esta manera hasta el final.

Si el degustador se equivocó, el mismo corredor regresará a pedir que le entreguen otro dulce (que tendrá un sabor distinto) y repetirá el proceso con el mismo degustador hasta que logre responder correctamente. Recién entonces el primer corredor se irá al final y la fila avanzará.

El primer equipo en dar toda la vuelta y lograr que el primer corredor regrese al comienzo de la fila será el ganador. Greg Miller

POSTAS TRANSPORTANDO ALIMENTOS

Estas dos carreras de relevos involucran llevar alimentos desde una mesa cercana, colocada junto a la fila de cada equipo, hasta una mesa lejana… todo sin usar para nada las manos. Los resultados son un delicioso desorden.

- **Desparramo de harina.** En la mesa cercana a cada equipo habrá un gran recipiente lleno de harina. En la mesa lejana habrá un recipiente similar, solo que vacío. Cada jugador recibirá un vaso desechable. Uno a la vez, y sosteniendo el vaso solo con sus dientes (no se permite tocarlo con las manos), los participantes deberán llenar el vaso con harina, correr hasta la otra mesa y (aun sin usar las manos) volcar tanta harina como les sea posible en el recipiente vacío de su equipo. Cuando cada jugador haya corrido una vez, el equipo con más harina en el recipiente que comenzó vacío será el ganador.

- **Posta con arroz inflado.** En cada una de las mesas cercanas a cada equipo habrá un recipiente con agua o leche y un recipiente de arroz inflado (ese cereal que algunos toman dentro de su leche).

CÓMO FORMAR EQUIPOS

El desafío que todo líder enfrenta a la hora de organizar juegos es cómo dividir al grupo en equipos de manera tal que la competencia sea relativamente pareja. El viejo método del «uno-dos, uno-dos» en realidad no funciona bien, ya que no garantiza que los grupos queden balanceados, y además los chicos pueden armar los equipos como deseen con solo cambiarse de lugares mientras los numeras. O tal vez termines con un equipo de quince jugadores y otro de nueve, aunque todos te juran y perjuran que ese es el equipo donde los colocaste.

¿Qué puede hacer un líder, entonces? ¿Tratar de dominarlos? ¡No! Sé más astuto que esos jovencitos empleando estas tácticas sencillas.

Haz que los varones se coloquen en fila de menor a mayor, y haz que las chicas se organicen de igual forma. Bastante simple, ¿no? Ahora utiliza dos marcadores de colores diferentes (por ejemplo, rojo y negro). Pídele a los varones que extiendan sus manos derechas y hazle a cada uno una marca (roja a uno, negra al siguiente) en el dorso de la mano. Haz lo mismo con las chicas. Si ves que alguien se cambia de lugar en la fila antes de que lo marques, entonces haz dos marcas seguidas de color rojo y luego dos seguidas de color negro.

Si prefieres no escribir sobre tus chicos, entonces numéralos 1, 2, 3, 4, 1, 2, 3, 4, y así sucesivamente. Luego diles que los unos y los dos estarán en el mismo equipo, y los tres y los cuatros estarán en el otro equipo. Este método te dará una garantía contra la manipulación juvenil en lo que respecta a la formación de los equipos, y te asegurará la mejor mezcla posible de individuos, una cantidad igual de varones y chicas en cada equipo, y una distribución pareja de acuerdo al tamaño. Samuel Hoyt

Habrá también un recipiente vacío en cada una de las mesas lejanas. A la señal de inicio, el primer jugador de cada fila introducirá su cara en el recipiente con agua o leche, y luego en el recipiente con cereal (la avena u otro tipo de cereales funcionan bien también). El objetivo es conseguir que se le pegue la mayor cantidad posible de cereal a la cara. Como siempre, no se permite usar las manos para nada. Luego el jugador con la cara llena de cereal correrá hasta la mesa lejana y allí intentará quitarse el arroz del rostro e introducirlo en el recipiente vacío… pero aun sin usar sus manos. Cuando todos los jugadores hayan corrido una vez, el equipo que tenga más cereal en el recipiente de su mesa lejana será el ganador. Bret Luallen

CHOCOLATE CON GUANTES

Prepara varios pares de guantes (los de goma y los de esquiar, por ejemplo, funcionan muy bien) y varias barritas pequeñas de chocolate o bombones. Coloca los chocolates en una bolsa grande. Un jugador de cada equipo deberá correr hasta la bolsa, colocarse un par de guantes, tomar un chocolate, quitarle el envoltorio, comérselo, y luego despojarse de los guantes antes de regresar a la fila de su equipo para que pueda salir corriendo el siguiente participante.
Duane Steiner

CARRERA DE AGUA CON GAS

Esta carrera provoca muchos eructos y por lo tanto resulta ideal para los adolescentes. Prepara suficientes pajitas dobles (una pajita insertada en un extremo de la otra para formar una superlarga) como para que cada participante tenga una. Entrégale a cada equipo una botella bien grande de soda o agua con gas, y organiza una carrera para ver qué equipo puede tomarse toda la soda primero. He aquí lo gracioso: las pajitas dobles no dejan pasar solo la soda, sino también aire (a través de la junta).

El equipo que más rápido logre tomarse todo el contenido de su botella será el ganador. Y después de esta carrera… organiza una competencia de eructos. Duane Steiner

CUCHARAS Y AXILAS

Divide al grupo en equipos y coloca a una mitad de cada equipo contra una pared y a la otra mitad contra la pared de enfrente. Una persona tomará una cuchara con la boca y colocará sobre la cuchara un huevo (crudo). Entonces correrá hasta el otro extremo de la habitación. Su compañero se colocará el huevo debajo de la axila, tomará la cuchara con una mano, y correrá hasta el lugar de donde salió el primer jugador.

El siguiente participante tomará la cuchara y la sostendrá con la boca mientras su compañero deja caer el huevo de su axila a la cuchara (nadie puede tocar el huevo con las manos). La carrera continúa así hasta que un equipo logre que todos sus integrantes hayan corrido con éxito.

CARRERA DE HUEVOS Y CUCHARAS

Divide al grupo en equipos y entrégale una cuchara a cada jugador. Los participantes de los equipos deben formarse en fila uno junto al otro, mirando todos hacia un costado, no hacia el frente. En uno de los extremos habrá una docena de huevos crudos colocados sobre el suelo. El primer jugador tomará un huevo, lo pondrá en su cuchara y se lo pasará al siguiente jugador, quien a su vez se lo pasará al siguiente, y así hasta el final, todos empleando solo sus cucharas. El equipo ganador será el que logre pasar la mayor cantidad de huevos hasta el final de la línea sin romperlos y en el menor tiempo posible. Si no quieres desperdiciar tantos huevos, puedes utilizar canicas o alguna otra cosa similar.

CARRERA DE GALLINAS

Esta es una carrera de relevos en parejas. Una chica debe subirse sobre la espalda de un chico que tendrá los ojos vendados y lo guiará a través de una pista con obstáculos dándole indicaciones verbales. Para hacerlo un poquito más difícil, ella irá sosteniendo un huevo crudo con la boca. Si el huevo se rompe, los embarrará a los dos.
Larry Houseman

PASA ESE LIMÓN

En esta carrera de postas los equipos van pasando un limón a lo largo de la fila empleando solamente sus pies descalzos. Deben estar acostados sobre sus espaldas e ir agarrando el limón con los dedos y el arco de los pies. El primer equipo en pasar el limón hasta el otro extremo de la fila será el ganador.

CARRERA DE SALVAVIDAS

Divide a tu grupo en equipos (de al menos siete jugadores cada uno) y haz que se formen en fila uno junto al otro. Cada jugador sostendrá un escarbadientes en su boca y lo usará para ir pasando de un extremo al otro un dulce o golosina con forma de salvavidas (es decir, redondo y con un agujero en el medio). Si el dulce se cae, deben pasarlo con las manos rápidamente de regreso hasta el primer jugador y comenzar el proceso de nuevo. El equipo ganador será aquel cuyo dulce llegue primero al otro extremo de la fila.

- **Carrera de espaguetis.** Para variar un poco, utiliza espaguetis (crudos) en lugar de dulces y pajitas en vez de escarbadientes.

Divide a tu grupo en equipos de cualquier tamaño y entrégale a cada jugador una pajita. Los jugadores deben doblar el extremo de la pajita que se introducirán en la boca de manera que no se traguen el espagueti ni lo mojen con saliva. Luego sostendrán la pajita con los dientes.

Comienza la carrera colocando un espagueti crudo dentro de la pajita del primero en la fila. Sin usar sus manos, ese jugador deberá hacer que el espagueti se deslice dentro de la pajita del segundo participante. Irán repitiendo esta acción a todo lo largo de la fila hasta que el espagueti llegue al final de la línea. Entonces el último participante deberá correr hasta el comienzo de la fila tan rápido como le sea posible. Si el espagueti se cae al suelo, la primera persona de la fila deberá tomar otro y comenzar todo el proceso de nuevo. Greg Miller

GRAN CARRERA DE FIDEOS

Divide al grupo en dos o más equipos. A cada persona se le entregará una patata frita (mientras más grande, mejor). Los equipos se formarán en fila y la primera persona de cada línea tomará su patata frita con la boca. Sobre la patata frita se colocará un fideo mojado, y entonces la persona deberá correr hasta un lugar determinado y de vuelta. Al regresar, le pasará el fideo al siguiente jugador en la fila, quien hará lo mismo, y así sucesivamente.

Las reglas:
- No se permite tocar los fideos ni las patatas con las manos.
- Si el fideo se cae o la patata frita se rompe, el jugador debe regresar al inicio para obtener uno nuevo, y entonces volver a intentarlo.
- El juego continúa hasta que todos hayan corrido una vez y el primer equipo en terminar será el ganador. Keith Geckeler

POSTA CON MERMELADA

Divide al grupo en equipos con igual cantidad de jugadores e indícales que se formen en fila. Luego coloca una cucharada de mermelada (o dulce, o cualquier cosa igual de pegajosa) sobre la nariz del primer jugador de cada equipo. Este jugador deberá pasar la mermelada a la nariz del siguiente participante, y así sucesivamente hasta el final. Deberás entregar premios al equipo más rápido y al que haya conseguido hacer llegar la mayor cantidad de mermelada hasta el último jugador. Este juego es solo para grupos con estómagos fuertes. Dave Phillips

CARRERA DE MOSCAS

En este juego cada equipo tendrá dos cestas, una llena de frutas (en un extremo de la habitación) y la otra vacía (en el otro extremo). Los equipos deberán competir para ver quién es el primero en pasar todas las frutas de una canasta a la otra. El truco, sin embargo, está en que las frutas solo podrán transportarlas unos jugadores especiales que serán «las moscas de la fruta» (si puedes conseguirles unas antenitas, mejor). Estos jugadores volarán (serán cargados por un par de compañeros) y deberán atravesar una barrera de sillas o mesas que habrás dispuesto en el medio de la habitación.

Cada equipo se dividirá en dos grupos iguales. Una mitad del equipo se ubicará en el extremo de la habitación donde se encuentra la cesta llena de frutas y la otra mitad junto a la cesta vacía. Cuando des la señal, un jugador de cada equipo (de los que integran los grupos que están junto a la cesta llena) se convertirá en una mosca de la fruta.

Este participante se colocará una fruta debajo del mentón, extenderá sus brazos como si fueran alas, y será transportado por dos de sus compañeros hasta una fila de sillas o mesas que los separará del otro lado. Allí los dos jugadores que la sostienen les pasarán la mosca a otros dos jugadores de su mismo equipo que estarán esperando al otro lado de la barrera.

Estos jugadores cargarán a la mosca hasta la cesta vacía, en donde ella depositará la fruta que lleva debajo del mentón. Entonces los participantes harán que la mosca «aterrice» y de inmediato la otra mitad del equipo escogerá una nueva mosca para transportar otra fruta a lo largo del mismo recorrido.

Continuarán así hasta que hayan pasado toda la fruta a la canasta que estaba vacía. De ser necesario, una vez que todos los participantes hayan hecho de moscas, algunos volarán por segunda vez. Si una fruta se cae en el camino, la mosca deberá aterrizar, levantarla, colocársela debajo del mentón, y despegar de nuevo para continuar su ruta. El equipo que primero transporte toda su fruta será el ganador. Lee Strawhun

GRAN CARRERA DE BANCOS

Si tu iglesia tiene esos bancos antiguos de madera, aquí tienes una forma de ponerlos en uso para realizar un juego.

Divide a tu grupo en equipos pequeños, de tres o cuatro chicos cada uno. Haz que todos se reúnan en el frente de la iglesia (o en la parte de atrás, dondequiera que haya más espacio). A la señal de inicio, todos los chicos deben

agacharse y comenzar a arrastrarse por debajo de los bancos hasta llegar al otro extremo del templo, y luego de regreso.

El primer equipo en tener a todos sus jugadores de vuelta será el ganador. Tracey Werner

CARRERA DE OBSTÁCULOS EN INTERIORES

Esta carrera de relevos se juega mejor con más de dos equipos. Dado el tiempo necesario para recorrer los obstáculos, lo mejor es limitar cada equipo a seis jugadores o menos. Dispón un recorrido tal como indica el diagrama. A cada jugador se le entregará una pajita.

A la señal de inicio, el primer jugador de cada equipo correrá al lugar de partida y tomará uno de los cinco granos de maíz que habrás colocado en un plato. La única manera en que pueden mover el grano de maíz es aspirando a través de la pajita y creando un vacío que hará que el grano se sostenga en el otro extremo de la pajita mientras ellos caminan hasta un vaso desechable colocado sobre una mesa a un metro y medio de distancia. Cuando lleguen al vaso, deben dejar caer el grano de maíz dentro y regresar a buscar otro grano hasta que los cinco estén dentro del vaso. Si se les cae un granito de maíz en el camino, deben levantarlo usando el método del vacío (no las manos) y continuar el recorrido.

Una vez que los cinco granos estén dentro del vaso, los jugadores deben emplear sus pajitas para soplar y así empujar el vaso a todo lo ancho de la mesa (mientras más ancha sea, mejor) hasta que aterrice dentro de una caja que estará ubicada en el suelo (en el otro extremo) junto al borde de la mesa. Si el vaso o alguno de los granos de maíz caen fuera de la caja, un ayudante del equipo del participante los colocará de nuevo en el lado más alejado de la caja y el participante lo intentará otra vez. Esto se repetirá hasta que tanto el vaso como los cinco granos de maíz caigan (todos en un mismo intento) dentro de la caja.

A continuación el jugador se arrastrará por debajo de la mesa, tomará una cuerda de saltar que lo estará esperando del otro lado, y avanzará saltando con la cuerda hasta un punto ubicado a unos seis metros de distancia.

En ese punto lo estará aguardando una pila de globos desinflados.

El participante deberá inflar uno de los globos hasta que explote, y luego correr hasta un punto marcado con cinta en el suelo, aproximadamente a un metro y medio de distancia de allí.

En ese lugar deberá tomar dos aros de plástico del suelo y arrojarlos intentando embocar sobre una lata que estará ubicada a un metro y medio de distancia. Cuando el jugador logre introducir con éxito sus dos aros, correrá y se arrastrará de nuevo por debajo de la mesa hasta llegar al inicio y tocar al siguiente en la fila (y probablemente también desmayarse). El primer equipo en completar la carrera de relevos será el ganador.

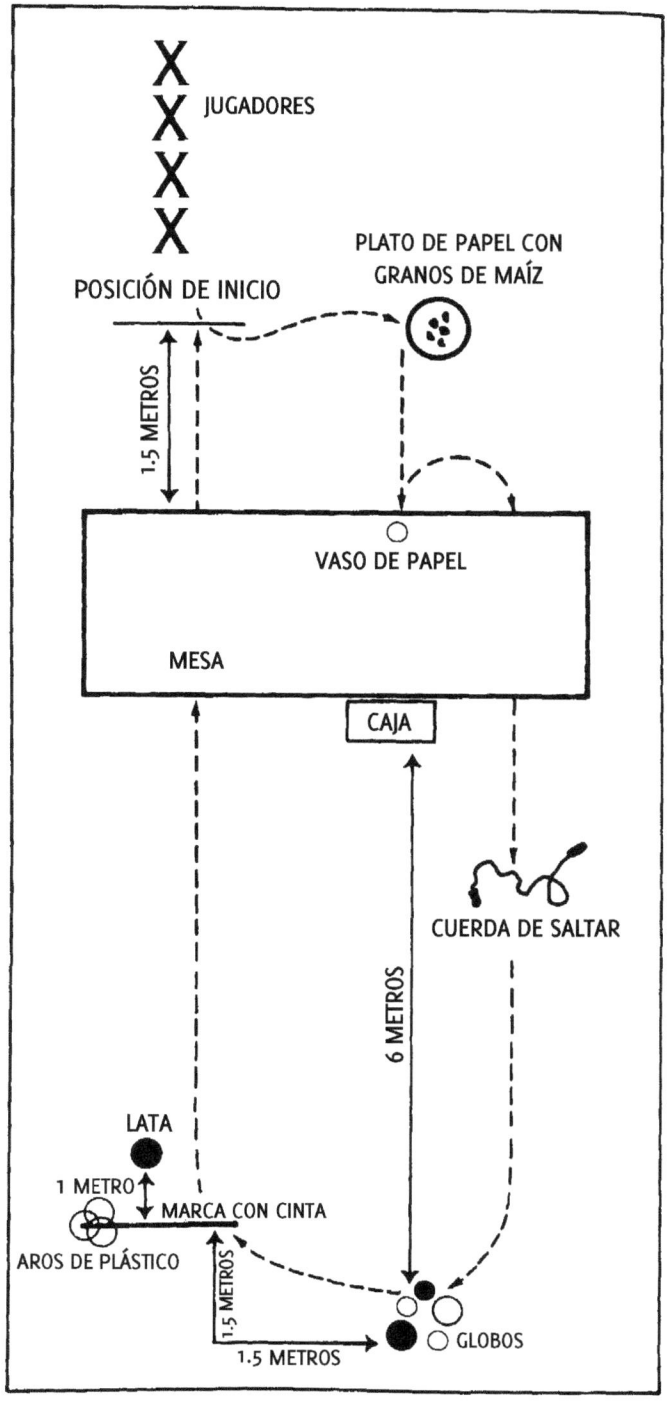

Este juego es mucho más divertido de mirar que de jugar, así que los chicos que no deseen participar pueden disfrutar haciendo de asistentes.

Además de ayudar con los intentos fallidos de soplar el vaso con granos de maíz, los asistentes también deberán remplazar el vaso de la mesa y los granos en el plato luego de que cada jugador atraviese esa parte del recorrido. Como variante, puedes utilizar un cronómetro y hacer que los participantes compitan individualmente contra el reloj. June L. Becker

CARRERA CON OBSTÁCULOS HUMANOS

Para esta carrera de relevos cada equipo formará una fila detrás de la línea de salida. Necesitarás diez participantes adicionales para utilizarlos como obstáculos: un mástil alrededor del cual girar, un túnel de piernas por debajo del cual pasar, un banco de cuatro patas sobre el cual saltar, alguien sentado con las piernas extendidas entre las cuales hay que pisar, etc. A la señal de inicio, el primer jugador de la fila dará una vuelta completa alrededor del mástil, pasará por debajo del túnel, por encima del banco, por entre las piernas extendidas (sin saltarse ningún espacio al pisar), y así hasta atravesar todos los obstáculos que hayas dispuesto. Luego regresará al lugar de partida y comenzará a correr el siguiente en la fila.

Si un jugador se salta un obstáculo o lo atraviesa de manera incorrecta, debe repetir esa parte de nuevo hasta hacerlo bien. Una variante es permitirle a cada «obstáculo» decidir cómo quiere que los participantes lo atraviesen.

Cuando el primer jugador se acerque, por ejemplo, el obstáculo puede decir «Corre alrededor mío tres veces», o «Pasa por debajo de mis piernas caminando como un gato», etc. También puedes dejarlos inventar obstáculos en parejas a fin de tener mayor variedad. Norman "Beetle" Bailey y Ruth Staal

GRAND PRIX CON NEUMÁTICOS

Prepara una pista de carreras alrededor del edificio de la iglesia o en alguna calle cercana que esté cerrada al tráfico, y entrégale a cada participante un neumático viejo. Puedes pedirlos prestados en algún taller mecánico o una estación de gasolina. Organiza una carrera empujando los neumáticos a lo largo de la pista. Si tu grupo es grande, prepáralo todo como una carrera de relevos, con los chicos parados cada 50 metros por todo el recorrido. Luego, el neumático se irá pasando de un «conductor» a otro en cada uno de estos puntos.

El primer jugador (o el primer equipo) en completar el recorrido será el ganador. Para más diversión, permíteles a los participantes golpear, hacer caer o impedir de cualquier otra manera el avance del neumático de sus oponentes.

Gene Poppino, Jr.

POSTA DE SALTO LARGO

Divide a los participantes en equipos de seis u ocho integrantes cada uno. Marca en el suelo una línea de partida y dile a los equipos que formen cada uno una fila detrás de ella.

A la señal, el primero en la fila da un salto (lo más largo posible) hacia adelante, con los dos pies juntos. El siguiente en la fila camina hasta donde aterrizó su compañero, coloca sus pies exactamente en el mismo lugar, y da otro salto (lo más largo posible). El tercer jugador corre entonces hasta donde aterrizó el segundo y repite este proceso. Así, cada jugador en la fila correrá hasta donde llegó el anterior y saltará partiendo de ese punto.

Luego de que haya saltado el último jugador de cada fila se mide la distancia total del equipo, y el que haya llegado más lejos será el ganador.

James C. Lutes

CARRERA DE MOMIAS

Esta carrera de relevos requiere que los equipos envuelvan completamente a uno de sus integrantes con tiras de tela y luego lo lleven cargado hasta una línea y de regreso. Más tarde deben quitarle las vestiduras a esa momia y envolver a otro compañero, y así sucesivamente hasta que todos los miembros del equipo hayan sido envueltos y acarreados, ida y vuelta. La primera cripta de momias que termine esta tarea sepulcral será la ganadora. Tom Jackson

UN DÍA COMÚN Y CORRIENTE

Aquí tienes una disparatada carrera de obstáculos para jugar en interiores, en la que ganará el equipo con el menor tiempo combinado. Puedes hacer que juegue un participante a la vez, o preparar dos habitaciones y hacer que dos chicos de equipos contrarios jueguen simultáneamente.

Necesitarás los siguientes objetos en la habitación:
• Una «cama» con sábanas, frazada y almohada.
• Una mesa con una palangana para lavarse, toalla, peine, plato hondo, caja de cereales, leche y cuchara.
• Un par de pantalones extra grandes, una camisa también extra grande, un saco del mismo tamaño, un par de zapatos enormes, entre cinco y diez bolsas de basura, unos cinco libros, un paraguas y un lapicero... todo esto desparramado por el suelo.

Unos metros más allá, o en una habitación contigua, prepara un salón de clases: una mesa detrás de la cual estará sentada una «maestra», y frente a ella una silla vacía para el participante. La maestra tendrá una hoja llena de preguntas como las que siguen, con las cuales interrogará oralmente a cada jugador:

1. Resuelva el siguiente problema: Multiplique doce por doce, luego divida ese número por doce, réstele doce a lo que le quedó, y luego súmele doce al resultado. Ahora dígame la respuesta a tres por cuatro. (Respuesta: Doce).

2. ¿De qué color es el color azul? (Respuesta: Azul).

3. ¿Cómo se deletrea el apellido de Juan Pérez? (Respuesta: P-E-R-E-Z).

4. Si tu madre tiene el doble de tu edad, y tu padre es dos veces mayor que tú, y tu hermana Carla tiene tan solo la mitad de años que tú, y resulta que tu hermana tiene 5 años de edad... entonces, ¿cómo se llama tu hermana? (Respuesta: Carla).

5. Si estás mirando al sur y giras noventa grados hacia la derecha, ¿hacia donde estarás mirando ahora? (Respuesta: Oeste).

Cada jugador comenzará su turno acostado en la cama. Todos los elementos estarán dispuestos en su sitio como se explicó más arriba, y se acomodarán de nuevo en su sitio antes de que comience el siguiente jugador. Cuando suena la alarma del despertador, comienza a correr el tiempo… ¡y el jugador debe comenzar a correr también! Su rutina será la siguiente (cada equipo puede tener un líder a cargo para asegurarse de que los participantes hagan las cosas correctamente y en el orden correcto):

1. Levantarse de un salto de la cama.
2. Arreglar las sábanas y dejar la cama tendida prolijamente.
3. Vestirse.
4. Recoger la basura.
5. Lavarse la cara y peinarse.
6. Tomar el desayuno.
7. Organizar sus libros y su lapicera para ir a la escuela.
8. Ponerse el saco.
9. Abrir el paraguas.
10. Correr hasta la escuela y responder el examen oral.

Una vez que el jugador logra responder correctamente el 100% de las preguntas de la maestra, se detiene el reloj, se anota el tiempo, y comienza el recorrido el siguiente jugador. Cuando todos hayan jugado, el equipo con el menor puntaje total será declarado ganador. Puedes cerrar este juego con un estudio bíblico acerca de la coexistencia pacífica con los padres y las reglas del hogar. Mark Ziehr

PASTELES VOLADORES

Para este juego deberás conseguir seis vallas altas, como las que se utilizan en las competencias

de atletismo. Si no puedes conseguir vallas reales, simplemente improvísalas. Luego disponlas a lo largo de la pista como en una carrera de verdad.

Los participantes correrán con una bandeja para pasteles llena de espuma de afeitar. Cuando lleguen a una valla, deberán arrojar el supuesto pastel por el aire, pasar por debajo de la valla, atrapar el pastel del otro lado, y continuar así hasta que hayan pasado bajo las seis vallas. Entonces deben correr de regreso por un costado de la pista hasta tocar al siguiente miembro de su equipo, quien repetirá la hazaña. Se continuará del mismo modo hasta que todos los integrantes del equipo hayan corrido.

El tiempo de cada equipo se medirá, y el que lo haya hecho más rápido resultará el ganador. Si a un corredor se le cae el pastel, debe regresar a la línea de partida e intentarlo de nuevo. Linda Thompson

DE REGRESO A CLASES

Esta carrera de relevos resulta genial para incluirla en una fiesta de regreso a clases al inicio del año escolar. Dos equipos competirán a lo largo de un conjunto de actividades relacionadas con la escuela, siendo cada

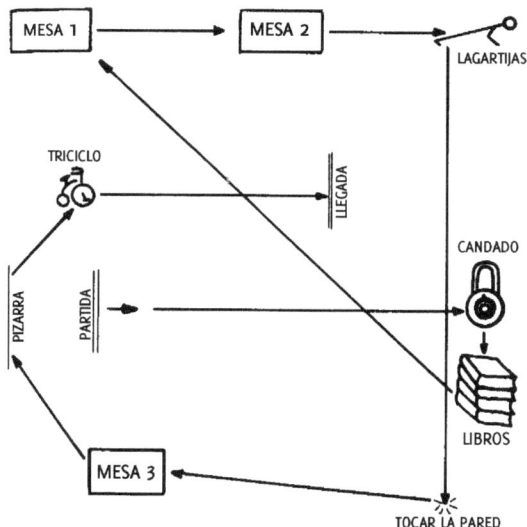

participante responsable de un tramo de la carrera. Prepara una habitación grande con el equipamiento y los muebles necesarios (tal como indica el diagrama).

1. Al oír la campana que marca el inicio de la competencia, el primer integrante del equipo atraviesa la habitación corriendo, abre un candado con combinación (la combinación está escrita en un trozo de papel atado al candado), y luego toca al segundo participante.

2. Este participante toma una gran pila de libros (hazlo desafiante, pero no provoques ninguna

hernia) y deteniéndose a recoger los que se le caigan se encamina tambaleándose hasta la mesa 1.

3. Una vez que su compañero apoyó los libros, el participante número tres puede darle vuelta la hoja que tiene delante, la cual resultará ser un laberinto. Cuando termine de resolver el laberinto,

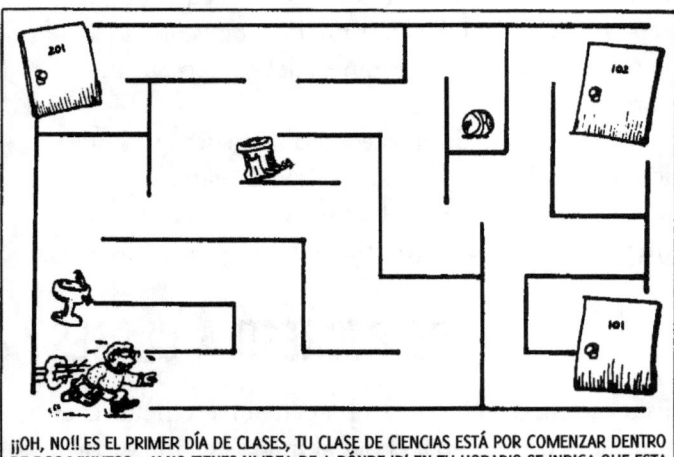

¡¡OH, NO!! ES EL PRIMER DÍA DE CLASES, TU CLASE DE CIENCIAS ESTÁ POR COMENZAR DENTRO DE DOS MINUTOS... ¡Y NO TIENES NI IDEA DE A DÓNDE IR! EN TU HORARIO SE INDICA QUE ESTA CLASE SE DICTA EN EL AULA 102... ¡ENCUENTRA EL CAMINO MÁS CORTO PARA LLEGAR ALLÍ!

este jugador lo lleva hasta la mesa 2, donde un profesor (un líder) se lo corrige.

4. Si el laberinto pasa el escrutinio del profesor, entonces el siguiente jugador hace cinco lagartijas y luego corre a tocar la pared opuesta antes de dirigirse a toda velocidad hasta la mesa 3. (Esta fue la clase de Educación Física).

5. Ahora es la hora del almuerzo. Cuando su compañero llega a la mesa 3, el quinto integrante del equipo, que estará esperando allí, deberá comerse una hamburguesa grande y tomar un vaso de gaseosa antes de ir corriendo hasta la pizarra y tocar al participante número seis.

6. En la pizarra, primero este jugador resolverá un problema de matemáticas (que estaba escrito desde antes, pero había permanecido cubierto hasta este momento) y luego escribirá dos veces una frase corta (como «Quiero que me den más tareas» o «Prometo no copiar en el examen») antes de correr hasta el siguiente y último compañero, quien lo estará esperando montado sobre un triciclo.

7. Es hora de ir a casa. Cuando su compañero lo toca, el ciclista comienza a pedalear como loco hasta cruzar la línea de llegada que está marcada sobre el suelo. Roger J. Rome

CARRERA DE BOTONES

El objetivo de esta carrera de relevos es (¿no lo has adivinado ya?) correr hasta una camisa y desabotonarla. El siguiente jugador debe correr y

abotonarla, y así sucesivamente hasta que se termine la fila y cada miembro del equipo haya corrido una vez. Tom Jackson

CARRERA DE CINTURONES

Para este juego necesitarás un asiento para tres personas por cada equipo (del tipo que tienen las camionetas o furgonetas, con cinturones de seguridad y todo). Si no logras conseguirlo, puedes intentar fabricar algo parecido. Coloca los asientos en la línea de partida. Unos metros más allá, marca una línea de llegada. Divide a tus chicos en dos (o más) grupos. Coloca una mitad de cada grupo en la línea de partida, y la otra mitad en la línea de llegada.

Los tres primeros participantes de cada equipo deberán sentarse y atarse los cinturones. A la señal de inicio, los tres jugadores de cada equipo tendrán que pararse y avanzar tan rápido como puedan hasta la línea de llegada, cargando consigo el asiento.

Al llegar deberán sentarse, desabrocharse los cinturones, y dejarle el lugar a los siguientes tres participantes de su equipo, quienes se abrocharán los cinturones y correrán hasta la línea de partida, donde los estarán esperando otros tres miembros de su equipo, y así sucesivamente. El juego continúa hasta que uno de los equipos resulte ganador, lo que sucederá cuando sus tres últimos miembros terminen de correr y se desabrochen los cinturones. Jerry Meadows

POSTA DE CIEMPIÉS

Arma equipos iguales de entre seis y ocho jugadores cada uno, e indícales que se formen en fila alternando varones y mujeres. Luego diles que retrocedan hasta la pared en uno de los extremos de la habitación, dejando aproximadamente un metro libre entre la última persona y la pared.

Cuando des la señal, cada equipo dará tres pasos cortos hacia adelante. Tan pronto como el equipo haya dado el último de estos tres pasos, el primer jugador deberá abandonar la fila y correr hacia la derecha, dando tres vueltas alrededor de su equipo tan rápido como le sea posible y colocándose luego en el último lugar de la fila. Una vez que está ubicado en su sitio, este corredor gritará «¡Vámonos!». Y entonces el proceso se repetirá, comenzando con tres pasos hacia adelante y otro corredor. La posta continúa así hasta que toda la fila llega a donde está ubicado el líder de jóvenes, al otro extremo de la habitación, o hasta que crucen una línea marcada en el suelo.

No es necesario que la habitación sea muy grande, ya que los equipos no necesitan demasiado espacio para avanzar. Por cada tres pasos que dan hacia adelante, el equipo pierde una persona al frente, ya que el corredor se ubicará detrás. Básicamente, lo que necesitan es espacio a los costados de la fila para poder correr alrededor sin chocar con los competidores.

Como en una verdadera prueba de velocidad y habilidad, cada uno intentará correr alrededor de su equipo lo más rápido posible. Sin embargo, la clave para ganar esta carrera está en que todos se acerquen lo más posible, pegándose al jugador que tienen delante y al que tienen detrás, de manera que el largo total del «ciempiés» sea menor y haya que correr menos. Para evitar que las filas se desparramen demasiado, indícales a los jugadores que deben tomarse de la cintura de la persona que tengan delante. (Hacer esto tal vez les resulte incómodo al principio, pero accederán gustosos tan pronto como vean que su equipo está perdiendo la carrera).

Asegúrate de dejar claro que cada miembro del equipo puede llegar a tener que correr varias veces hasta lograr que todo el equipo alcance la meta al otro extremo de la habitación. También indícales que los tres pasos cortos deben ser cortos. Muéstrales cómo pueden moverse hacia adelante apoyando un pie justo después del otro. Michael W. Capps

CARRERA DE CIEMPIÉS

Todo lo que precisas para este juego son algunos bancos (sin respaldo). Sienta a tantos jóvenes como resulte posible en cada banco, pero no de frente, sino como si estuvieran montando a caballo. Cuando comience la carrera, todo el mundo deberá ponerse de pie, agacharse, levantar con sus brazos la parte del banco que está debajo de sus piernas, y luego echarse a correr como un ciempiés. La línea de llegada debe estar a unos doce o quince metros de distancia. ¡Esta carrera es muy divertida de ver! Alan Overland

CUATRO EN LÍNEA

Para esta posta íntima puedes, ya sea dividir a un grupo grande en equipos de cinco o seis parejas cada uno, o bien pedirle al grupo entero que se formen en parejas y se coloquen en fila. La primera pareja coloca una pelota de goma de tamaño mediano en medio de los dos, a la altura del estómago. Para tratar de impedir que la pelota se caiga, y a fin de ayudarse a mantener el equilibrio, los dos jugadores colocarán cada uno sus manos sobre los hombros del otro. Cuando des la señal, los siguientes dos chicos en la fila intentarán tomar la pelota de la primera pareja, pero no con las manos, sino también con el estómago. Cuando piensen que ya la tienen bien asegurada, los primeros dos participantes la soltarán. El objetivo es pasar la pelota lo más rápido posible de una pareja a la siguiente sin dejar que se caiga. Michael W. Capps

CARRERA DE FONTANEROS

¡Ten la cámara lista para este juego! Divide al grupo en dos equipos y entrégale a cada uno un desatascador (o destapador de caños) y una pelota de golf. Pídele al primer participante de cada equipo que desenrosque el palo de madera del desatascador y coloque en su lugar la pelota de golf.

Los participantes de esta carrera de relevos deberán ahora caminar por un recorrido predeterminado con el desatascador sobre la cabeza y la pelota de golf haciendo equilibrio sobre él. (El recorrido puede ser simple, por ejemplo avanzar unos tres o seis metros, rodear una silla y regresar). Los jugadores que dejen caer la pelota deberán regresar a la línea de partida y comenzar de nuevo. Para hacerlo más desafiante, coloca obstáculos en el camino, pídeles a tus chicos que caminen hacia atrás, etc. Rob Marin

CONCURSO DE MADRES

Cada equipo elegirá a uno de sus integrantes para que sea el bebé, el cual irá a ubicarse al otro extremo de la habitación. Cada uno de los jugadores restantes tendrá una responsabilidad específica. Incorpora algunas de tus propias ideas si tienes más de seis integrantes en cada equipo.

Cada jugador comenzará su turno colocándose las ropas de madre y corriendo hasta el bebé. Y cada uno finalizará su turno regresando a la línea de partida, quitándose el disfraz de mamá y pasándoselo al siguiente jugador.
• Primera mamá: colocarle los pañales al bebé (envolverle esa parte del cuerpo con una sábana o mantel blanco).
• Segunda mamá: sentar al bebé en una silla alta y alimentarlo (darle de comer un frasco entero de papilla).
• Tercera mamá: abrazar al bebé, darle un biberón lleno de leche y hacerlo eructar (o al menos darle dos palmaditas en la espalda).
• Cuarta mamá: sentar al bebé sobre su falda y mecerlo, cantándole una canción de cuna (la que tú le indiques).
• Quinta mamá: el equipo deberá formar un carrito de bebé (con dos jugadores agachados en cuatro patas para hacer de ruedas, etc.), el cual la madre empujará hasta donde está el bebé y una vez allí colocará al niño sobre el carrito.

El primer equipo en empujar al carrito con el bebé a través de la línea de meta será el ganador. Stephen May

CARRERA DE SERPIENTES

Comienza esta carrera de relevos creando dos o más equipos de entre ocho y diez jugadores cada uno. En uno de los extremos de una habitación grande forma a los equipos en fila alternando un varón y una chica, un varón y una chica. Los jugadores de cada línea deberán luego colocarse en el suelo sobre sus manos y rodillas, uno al lado del otro. Cuando des la señal, el jugador de cada equipo que esté más cerca de la pared deberá comenzar a avanzar entre sus compañeros tan rápido como le sea posible, pasando a uno por arriba y a otro por abajo, a uno por arriba y a otro por abajo, y así hasta terminar. Sus compañeros, alternadamente, se acercarán al suelo o arquearán sus espaldas hacia arriba para ayudarlo a pasar más rápido (pero siempre manteniendo las manos y las rodillas pegadas al suelo).

Tan pronto como sea posible luego de que el primer jugador haya pasado por encima o por debajo del segundo participante, este último también puede comenzar su travesía por encima y por debajo de sus compañeros. Cuando un jugador termina de pasar a través de todo el equipo y llega al otro extremo, de inmediato debe colocarse en la fila y ya sea agacharse o arquearse hacia arriba para permitirles a los siguientes jugadores pasar. La carrera continúa hasta que todos hayan pasado por encima y debajo del resto de su equipo y el último jugador se encuentre una vez más en el último lugar. El equipo que primero consiga esto será el ganador.

Si tu grupo es demasiado pequeño como para

formar dos equipos, forma un solo grupo y jueguen varias veces intentando lograr el mejor tiempo posible. Ten una cámara a mano para capturar un poco de la acción.

Es muy poco común que el contacto personal le resulte incómodo a algún jugador, ya que en general los jóvenes están tan concentrados en la carrera que no tienen tiempo para hacer travesuras.

Michael W. Capps

CARRERA CON ROMPECABEZAS

Para esta competencia necesitarás cinco líderes que te ayuden, un gimnasio o campo de juego grande, y dos rompecabezas (o puzles) para niños de veinticinco piezas cada uno (nuevos).
- Marca una de las cajas con una X y escribe también una X en el dorso de cada pieza.
- Marca la otra caja con una Z y también el dorso de cada pieza.
- Toma dieciséis sobres pequeños y márcalos con una X. Luego coloca dentro de cada uno de los sobres una de las piezas del rompecabezas correspondiente y ciérralos. Coloca las nueve piezas restantes de nuevo dentro de la caja.
- Haz lo mismo con las piezas del rompecabezas marcado con la Z.
- Coloca una mesa grande en un lugar central y luego ubica cinco puestos de control a unos treinta metros de distancia de esta base.
- Tendrás preparados treinta y dos sobres, así que escoge cuatro líderes y entrégale cuatro sobres marcados con la X y cuatro marcados con la Z a cada uno.
- Al quinto líder entrégale las dos cajas de rompecabezas.
- Asigna un líder a cada uno de los puestos de control. El líder con las cajas irá al quinto puesto.

Ahora distribuye a tus chicos en un equipo X y un equipo Z. Escoge un capitán para cada equipo y luego divide a cada equipo en cuatro subgrupos de igual número de participantes. Mientras los dos capitanes se quedan en la base, cada subgrupo deberá pasar por todos los puestos de control, solo que en distinto orden:

Grupo A: 1-2-3-4-5
Grupo B: 4-1-2-3-5
Grupo C: 3-4-1-2-5
Grupo D: 2-3-4-1-5

Cada subgrupo debe mantenerse unido en todo momento, incluso cuando se desplazan de un puesto de control a otro. El líder en cada puesto le asignará a cada grupo una tarea que deberá realizar.

Cuando la completen, el líder le dará a ese subgrupo un sobre conteniendo una de las piezas del rompecabezas de su equipo. Aquí tienes, a modo de ejemplo, algunas tareas sencillas que los subgrupos pueden realizar:

Puesto 1: Cantar una estrofa de algún himno conocido.

Puesto 2: Recitar Juan 3:16 pero de atrás hacia adelante.

Puesto 3: Cantar algún corito infantil con ademanes.

Puesto 4: Formar una pirámide humana y recitar la primera estrofa del himno nacional.

Puesto 5: Cantar una canción imitando a Elvis Presley (el capitán solo).

Luego de pasar por cada puesto de control, cada subgrupo debe regresar a la base y entregarle el sobre a su capitán. El capitán irá colocando los sobres cerrados sobre la mesa. Cuando todos los sobres estén allí y el equipo completo (es decir, los cuatro subgrupos) haya retornado a la base, el capitán deberá correr hasta el puesto número cinco, realizar la tarea que le indiquen, y regresar a la base con la caja conteniendo el resto de las piezas del rompecabezas que le ha tocado a su equipo. Entonces entre todos abrirán los sobres y armarán el rompecabezas. El equipo que primero logre completar su rompecabezas será el ganador. Gary Tapley.

PIRÁMIDES EN BRAILE

En esta carrera de relevos, un jugador con los ojos vendados deberá arrastrarse unos cinco o seis metros hasta donde encontrará tirados seis vasos desechables. Tendrá que apilarlos, formando una pirámide, antes de regresar hasta donde está su equipo y pasarle la venda al siguiente participante.

Mientras tanto, tú derribarás la pirámide, dejando así todo listo para el próximo jugador. John Krueger

MOMIAS PEGAJOSAS

¡Ya sea que jueguen este juego como una carrera de relevos o simplemente mirando y alentando a los participantes, resulta comiquísimo! Los jóvenes cubrirán completamente la cabeza de sus compañeros enrollándole alrededor

cinta de enmascarar, con el lado pegajoso hacia afuera. (Obviamente, deben asegurarse de que el jugador pueda respirar). Luego la competencia consiste en que las momias de ambos equipos corran o se arrastren hasta un sector en el que hayas desparramado por el suelo una cantidad de objetos pequeños y livianos. Deberán agachar sus cabezas hasta lograr que los objetos se les «peguen» y llevarlos así de regreso hasta donde están sus respectivos compañeros, quienes despegarán estos objetos y enviarán a las momias en una nueva travesía. La pareja o el equipo cuya momia haya capturado la mayor cantidad de cosas en un tiempo predeterminado será la ganadora.

Esta es una lista de algunos elementos comunes que pueden ser fácilmente recogidos por una momia pegajosa: cartones vacíos de huevos, vasos desechables, recipientes pequeños de plástico, cartones de leche, papel grueso o cartulina, cajas de zapatos livianas, cordeles, clips de metal, banditas elásticas, pompones de algodón, dulces o golosinas, pequeños animales de felpa, lápices, palillos, globos inflados y platos desechables de papel. Steve Bridges

CARRERA SOBRE MANTAS

Esta es una carrera de relevos en la que un jugador viaja montado sobre una manta o cobija jalada por sus compañeros. El jugador se sentará sobre la manta, cruzando las piernas y agarrándose fuerte.

Los otros miembros de su equipo se formarán en fila detrás de la línea de partida. El primer jugador de la fila tomará una esquina de la manta y adoptará una posición como de empezar a jalar. Cuando des la señal, ese jugador comenzará a empujar la manta a lo largo de la habitación, alrededor de una silla, cono o bandera en el otro extremo, y luego de regreso al punto de partida, donde el segundo jugador de la fila tomará su lugar para continuar jalando. La manta debe haber cruzado por entero la línea de llegada antes de que el siguiente jugador pueda comenzar a jalar. El primer equipo en lograr que todos sus integrantes hayan completado este circuito será el ganador. Obviamente, este juego funciona mejor en un piso resbaladizo.

- **Ruta de papel.** En esta variante al jugador

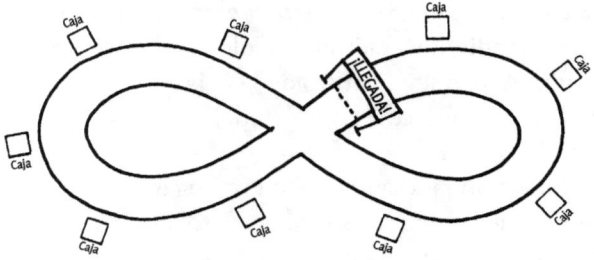

sobre la manta se le provee una cantidad de periódicos para entregar a medida que es jalado por toda la habitación. Pueden emplearse cajas de cartón o botes de basura como si fueran casas a lo largo del recorrido, y los periódicos deben arrojarse con precisión para que caigan dentro de las casas si se quiere sumar puntos.

Una variante es que haya compañeros sentados en sillas a lo largo del recorrido, pero lo suficiente lejos como para que los periódicos tengan que ser arrojados con bastante fuerza. La persona que está sentada deberá atrapar el periódico sin dejar la silla. Si no lo atrapa, el repartidor de periódicos deberá hacer otro recorrido por la ruta prefijada e intentarlo de nuevo. Para hacerlo más divertido, haz que varios equipos compitan al mismo tiempo, con recorridos que se crucen entre sí o avanzando en direcciones opuestas. Norman "Beetle" Bailey y David Washburn

RODEANDO LA ESCOBA

Entrégale a cada equipo una escoba. El capitán sostendrá la escoba mientras su equipo forma una fila a unos seis metros de distancia, detrás de la línea de partida. Uno a uno, los participantes correrán hasta su capitán, tomarán la escoba, y rápidamente darán diez vueltas en círculo alrededor de ella. Luego le entregarán la escoba de nuevo al capitán, regresarán corriendo hasta el punto de partida, y tocarán al siguiente participante, el cual hará lo mismo. El equipo que primero complete la carrera de relevos será el ganador. Es muy divertido ver a los jugadores mareados intentado regresar al punto de partida.

CARRERA CON CAJAS GIGANTES

Entrégale a cada equipo una gran caja de refrigerador vacía y un casco de seguridad. Un jugador de cada equipo deberá colocarse el casco y meterse dentro de la caja de su equipo, con el lado abierto hacia abajo. Luego deberá correr hasta la línea de llegada con la ayuda de sus compañeros, que le gritarán instrucciones. Sus compañeros no pueden correr junto a ellos, sino deben permanecer de pie detrás de la línea de salida. Dado que los jugadores que están dentro de las cajas no pueden ver, chocarán entre ellos, correrán en la dirección opuesta, tropezarán y producirán muchas carcajadas. Aviva la competencia permitiéndoles a los equipos decorar sus cajas con colores, los nombres de los equipos, etc.

RELEVO DE ORUGAS

Divide al grupo en equipos iguales. Haz que un chico de cada equipo se introduzca un saco o bolsa de dormir por la cabeza y corra hasta una línea lejana, y luego de regreso. Dado que los corredores no pueden ver por dónde van, sus compañeros de equipo deberán gritarles instrucciones. Todos los miembros de cada equipo deben correr en esta carrera de relevos. El equipo que termine primero será el ganador.

Si lo prefieres, puedes hacer que los chicos avancen arrastrándose dentro de sus sacos de dormir (como si fueran orugas) en lugar de ir corriendo, lo cual resulta más lento, pero también más seguro. De otro modo, tal vez quieras proporcionarles cascos a los corredores.

CARRERA CON PINZAS

Cuelga un tendedero (una cuerda o soga) cruzando la habitación de un extremo hasta el otro, a la altura del hombro de una persona promedio. Coloca sobre la cuerda pinzas o broches de esos que se utilizan para tender la ropa. Los equipos deberán formarse en filas mirando hacia el tendedero. El objetivo es correr hasta la cuerda, tomar una pinza con los dientes (sin utilizar las manos) y traerla de regreso hasta donde está el equipo. El juego se desarrolla como una carrera de relevos. Todos los miembros de un equipo deben participar una vez, y el equipo que termine primero gana. Sue Broadhurst

LLEVANDO A LOS CERDITOS AL MERCADO

Entrégale a cada equipo un palito (o una regla, o un lápiz o un palo de escoba) y un cerdito (que en realidad será un limón, una botella de gaseosa de plástico, una patata o un huevo crudo). Cada equipo formará una fila en la línea de salida. Cuando des la señal, el primer jugador empujará al cerdito hasta un lugar demarcado a una cierta distancia, y luego de regreso. Ese jugador entonces le pasará el palo al próximo jugador en la fila, y así sucesivamente hasta que todos hayan corrido una vez. El equipo que termine primero gana. Otras variantes son disponer un recorrido con obstáculos, o empujar al cerdito con la nariz en lugar de con un palo.

CAJA DE SORPRESAS

Los equipos se ubican formando filas detrás de una línea. Frente a cada equipo, pero en el extremo opuesto de la habitación, se coloca una silla y sobre ella una pequeña caja o una bolsa de papel conteniendo pequeños artículos comestibles, cada uno envuelto individualmente.

Cuando el líder da la señal, la primera persona de cada fila corre hasta la silla y toma en sus manos la caja, se sienta, introduce una mano en la caja y sin espiar saca un paquetito, lo abre y se lo come.

Una vez que termina de tragar todo el contenido del paquetito que le tocó (un juez lo verifica), el participante corre de regreso hasta la línea de salida y el siguiente jugador de su equipo sale corriendo para hacer exactamente lo mismo.

Cada participante debe comer lo que le toque, sea lo que sea. El primer equipo en terminar de comerse todo lo que había en su caja será el ganador.

Algunas sugerencias de cosas que puedes incluir son:
- pepinillos en vinagre
- 1 barra de cereal
- dulces o golosinas
- 1 pote de papilla para bebés
- 1 lata de gaseosa (caliente)
- 1 emparedado
- aceitunas
- 1 cebolla
- 1 zanahoria
- un poco de cebollino
- 1 naranja
- nueces
- un poco de queso crema (envuelto en papel de cocina)

Norman "Beetle" Bailey y Ed Bender

CARRETILLAS HUMANAS

Para esta carrera de relevos los chicos deben colocarse en parejas. Uno de los dos caminará sobre sus manos, mientras que su compañero le sostiene los pies, como en una carrera de carretillas tradicional. Sin embargo, los participantes deberán maniobrar a través de un recorrido con obstáculos. Sanciónalos si se saltan algún obstáculo. El equipo que primero termine será el ganador.

También puedes intentarlo con este cambio: Consigue para cada pareja una rueda de unos quince centímetros de diámetro y atraviésale por el centro un trozo de tubería de unos treinta centímetros de largo. El jugador A sujetará ambos extremos de la tubería, y el jugador B sostendrá las piernas del jugador A y lo empujará como si fuera una carretilla hasta cruzar la línea de meta. Roger Disque

CARRETILLAS HAMBRIENTAS

Para cada pareja habrás dispuesto en el suelo un camino de cosas que se puedan comer, tales como trozos de pan o uvas. El jugador que está haciendo las veces de carretilla debe ir comiendo todo lo que encuentra a medida que avanza por el camino hasta llegar a la meta. El equipo que llega primero es el ganador.

CARRETILLAS DEPORTISTAS

En esta carrera de carretillas la dificultad agregada es que la carretilla (el jugador A) debe ir empujando una pelota de voleibol con su nariz hasta llegar a la meta. Esto puede hacerse en forma de carrera de relevos, dividiendo a cada equipo en parejas que empujarán la pelota hasta una meta y luego de regreso, a fin de pasársela a la siguiente pareja del equipo y así hasta terminar. Burney Heath

CARRERA DE CARRETILLAS A CIEGAS

Este juego es tan divertido de jugar como de mirar. Necesitarás dos carretillas grandes, dos recorridos con obstáculos (los dos idénticos) y tres participantes por cada equipo. Uno de los participantes viajará dentro de la carretilla y será el piloto. Los otros dos

jugadores tendrán los ojos vendados y serán los motores. Cada uno de los motores tomará uno de los lados de la carretilla y entre los dos la empujarán a través del recorrido, siguiendo las instrucciones del piloto. ¡Prepárense para algunos choques y vuelcos! Pueden jugar simultáneamente para ver quién llega primero, o utilizar un cronómetro a fin de determinar qué equipo obtuvo el mejor tiempo si es que tienes solo una pista con obstáculos preparada. Asegúrate de jugar este juego sobre una superficie blanda, como un campo con césped. Dan Scholten

GLADIADORES EN CARRETILLA

El objetivo de este juego es ser el primer equipo cuyos participantes hayan todos completado las diez estaciones.

Necesitarás tres equipos, tres carretillas (que serán los carruajes de los gladiadores), algo para marcar el recorrido y un campo de juego preparado con actividades en diez estaciones. A fin de preparar los carruajes, decora las carretillas (de las que se utilizan para la construcción) con cabezas de caballos de cartón recortadas y colas de caballos fabricadas con cuerda. Asegura una tabla de madera debajo de los brazos de la carretilla (horizontalmente) para permitir que dos jóvenes puedan levantarla y empujarla a la vez. El tercer participante de cada equipo se sentará dentro de la carretilla, sobre un trozo de alfombra o una manta.

Prepara las estaciones como indica la tabla que aparece aquí (o sustitúyelas por tus propias ideas). A cada grupo de tres jóvenes se le asignará una estación. Allí tomarán la carretilla que les entregará el grupo anterior, y además realizarán las acciones indicadas. Algunas actividades son más apropiadas para grupos solo de chicas, otras para grupos en los que todos son varones, y otras para grupos mixtos.

Cuando des la señal, el primer grupo de tres jugadores de cada uno de los tres equipos tomará

su carretilla y la empujará (con un participante dentro) hasta la primera estación, donde deberán devorarse algunos confites de chocolate. Luego de que completen esta actividad, las tres chicas que han estado esperando en la primera estación tomarán la carretilla y correrán hasta la segunda estación, donde les pondrán pañales y alimentarán a los tres muchachos que están esperando ahí. Cuando hayan terminado, los tres muchachos en pañales tomarán la carretilla y la llevarán hasta la tercera estación, y así sucesivamente. Los tres equipos estarán corriendo de estación en estación al mismo tiempo, lo que provocará un caos y un alboroto considerables. Para aumentar aun más la diversión, prepara parlantes y pasa música como las de las películas de gladiadores, y haz que los jóvenes que van dentro de las carretillas lleven puestas ropas como las de estos luchadores y se la vayan pasando al compañero que los remplace en cada estación. Tim Laycock

CARRERA CON NEUMÁTICOS

Los jugadores se colocarán en parejas (del mismo sexo) y correrán desde la línea de salida hasta una pila de neumáticos ubicada a una cierta distancia. Cada pareja deberá pasar por el neumático (los dos juntos, al mismo tiempo), comenzando con el neumático sobre sus cabezas y moviéndolo hacia abajo. La primera pareja en lograrlo será la ganadora. Los neumáticos

GLADIADORES EN CARRETILLA

Síntesis del juego: Tres jugadores comienzan en la línea de salida y corren hasta la primera estación, donde se comen los confites. Sus compañeros que están esperando en la primera estación corren hasta la segunda y completan su parte de la carrera. La carrera continúa del mismo modo hasta la última estación, que requiere la participación de todos los miembros del equipo.

Estación	Actividad	Materiales necesarios	Participantes
1	**Concurso de confites.** Los tres participantes se devoran diez confites de chocolate.	30 confites de chocolate	3 mujeres
2	**Sala cuna.** Los jugadores que llegan de la estación 1 les colocan pañales a los compañeros que están esperando y hacen que cada uno se tome un biberón de leche.	9 biberones llenos de leche 3 sillas 3 pañales de tela 6 alfileres de gancho para sujetar los pañales	3 varones
3	**Afeitando globos.** Uno de los jugadores infla un globo, el otro lo cubre con espuma de afeitar y el tercero lo afeita. Si el globo explota, deben comenzar la actividad de nuevo.	9 globos 3 maquinillas de afeitar o rasurar 3 sillas 3 baberos 3 envases de espuma de afeitar Toallas de papel Agua - Mesa	3 varones o chicas
4	**Pepinillos en vinagre.** Los tres participantes juntos toman los pepinillos del tarro con sus tenedores y se los devoran.	3 tarros de pepinillos en vinagre 9 tenedores Mesa	3 varones o chicas
5	**Momia de papel higiénico.** Dos jugadores envuelven al tercer jugador con papel higiénico hasta terminar los dos rollos.	6 rollos de papel higiénico	2 varones y 1 chica
6	**Lámelo y pégalo.** Dos de los participantes lamen los dulces y los pegan en la cara del tercer participante. Todos los dulces de envase deben estar pegados simultáneamente sobre la cara de este participante para que el equipo pueda pasar a la siguiente estación.	3 paquetes de dulces o golosinas 3 sillas	3 varones o chicas
7	**Salta la cuerda.** Dos jugadores hacen girar la soga mientras que el tercer jugador salta, arroja un huevo al aire (hacia arriba, más alto que la soga cuando está por sobre su cabeza) y lo atrapa sin que se rompa.	3 sogas para saltar 3 huevos (y varios más de repuesto)	3 varones o chicas
8	**Jugo para rato.** Los tres jugadores juntos deben tomarse todo el jugo empleando las pajitas.	3 vasos de jugo de 3 litros c/u 9 pajitas o popotes	3 varones o chicas
9	**Baloncesto.** Cada uno de los tres participantes debe encestar una vez.	3 pelotas de baloncesto 3 cestos de basura pequeños	3 varones o chicas
10	**Pirámide humana.** Entre todos los miembros del equipo construyen una pirámide humana. Cada miembro del equipo debe estar sobre o debajo de algún otro participante para que se considere válida.	nada	todos los participantes

deben ser del tamaño normal que se usa para un automóvil, no demasiado pequeños ni muy grandes.

RODANDO NEUMÁTICOS

Este desafiante juego puede jugarse tanto en interiores como en exteriores. Divide al grupo en equipos con un número par de jugadores en cada uno. Luego haz que los miembros de cada equipo se coloquen en parejas. Si un equipo no tiene una cantidad par de integrantes, alguien puede participar dos veces. La primera pareja de cada equipo se ubicará de pie detrás de la línea de salida. En el suelo, entre ambos, se colocará un gran neumático (preferentemente uno de autobús o camión). A la señal de inicio, la pareja debe levantar el neumático (para que quede vertical) y juntos empujarlo rodando hasta una silla, darle la vuelta por detrás al asiento, y regresar a la línea de partida… todo sin usar sus manos. Si el neumático se cae en el camino, deben regresar a la línea de partida y comenzar todo de nuevo. No está permitido empujar ni patear el neumático en posición horizontal. Solo puede avanzar rodando.

Cuando la primera pareja complete con éxito su travesía, la segunda pareja deberá apoyar el neumático horizontalmente sobre el suelo y luego, sin usar sus manos, ponerlo de pie nuevamente y continuar así con la carrera de relevos. El primer equipo en lograr que todas sus parejas completen con éxito el recorrido será el ganador. Samuel Hoyt

CARRERA DE RELEVOS CON GLOBOS Y NEUMÁTICOS

Esta carrera de relevos puede jugarse en cualquiera de tres formas, dependiendo de la agilidad de tu grupo:

Versión fácil. Coloca una cantidad de globos en un extremo de la habitación o campo de juego y a los jóvenes (divididos en equipos) en el otro extremo. Coloca varios neumáticos en el suelo entre los jugadores y los globos. Al sonar el silbato, un miembro de cada equipo deberá correr a buscar un globo y regresar a la fila para que salga corriendo el segundo participante de su equipo, y así sucesivamente. Los jugadores deben pisar dentro de los neumáticos tanto a la ida como a la vuelta.

Versión intermedia. Este juego es un poquito más difícil y requiere un trabajo sincronizado. Los participantes de cada equipo se colocan en parejas. Al sonar el silbato, la pareja (tomada de la mano) debe atravesar los neumáticos sin soltarse, luego agarrar un globo y colocarlo entre ambos (sin volver a tomarse de las manos a partir de este punto) y regresar a la línea de partida de nuevo pisando dentro de los neumáticos.

Versión profesional. Esta vez, coloca un globo en el otro extremo de la habitación por cada participante. Al sonar el silbato, el primer participante de cada equipo correrá atravesando los neumáticos, tomará un globo y regresará atravesando los neumáticos hasta el punto de partida. Allí dejará su globo y tomará de la mano a la siguiente persona. Ahora los dos juntos correrán a buscar un segundo globo, siempre a través de los neumáticos. Se repetirá este proceso hasta que todo el equipo salga a buscar el último globo. Los participantes no deben soltarse las manos en ningún momento. Doug Dennee

RODILLAS CONGELADAS

Haz que los equipos se formen en fila. Al primer participante de cada equipo entrégale una botella de gaseosa rellena con agua y congelada. El objetivo es que los jugadores se coloquen la botella entre las rodillas y se la pasen al jugador que tienen detrás sin usar las manos. Este juego funciona mejor en verano, cuando todo el mundo lleva puestos pantalones cortos.

COLCHONES SOBRE RIELES

Se divide al grupo en dos equipos. La mitad de los miembros de un equipo se acuestan con la espalda sobre el suelo, uno junto al otro, y alternando cabezas y pies.

La otra mitad del equipo será transportada, uno a la vez, sobre un colchón que los chicos que están acostados se irán pasando con sus manos y

pies. Cuando el primer participante llega al final de la fila, salta fuera del colchón para que este pueda ser devuelto al punto de inicio y que allí otro participante se suba a fin de ser transportado. Si un jugador se cae del colchón, debe volver a treparse a él allí mismo donde se cayó. El objetivo es ver qué equipo puede transportar más rápidamente a todos sus integrantes desde un extremo al otro.

El juego funciona mejor cuando los chicos que se acuestan en el suelo son los más grandes y fuertes del grupo. Y mientras más livianos sean los que viajan sobre el colchón, mejor. *Jerry Sprout*

CARRERA SOBRE COLCHONES

Divide al grupo en dos equipos. Cada equipo escogerá a una cantidad determinada de «dormilones» de entre sus integrantes (tú determinas cuántos). Esta es una carrera de relevos en la cual los miembros de cada equipo deben trasladar a todos sus dormilones (uno a la vez) sobre un colchón desde la línea de partida hasta la línea de llegada, ubicada a una distancia de aproximadamente treinta metros. El colchón debe trasladarse elevado a la altura de los hombros, o de otro modo el grupo debe comenzar de nuevo ese viaje. El equipo que primero logre llevar a todos sus dormilones hasta la línea de meta será el ganador.

CARRERA CON FÓSFOROS

Empleando solamente sus narices, cada pareja debe pasarle una caja vacía de fósforos o cerillas a la siguiente pareja de su equipo.

CARRERA CON MONÓCULO

Para esta carrera de relevos cada equipo debe formarse en una fila. El primer jugador de cada bando se colocará una moneda sobre un ojo, apretándola con los músculos de su rostro de modo que se quede ahí como si fuera un monóculo.

Este participante correrá hasta un punto determinado y de regreso, y le entregará el monóculo al siguiente en la fila.

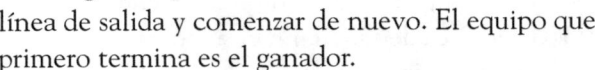

Los jugadores no pueden usar sus manos luego de colocar la moneda en su lugar. Si a un jugador se le cae la moneda, debe regresar a la línea de salida y comenzar de nuevo. El equipo que primero termina es el ganador.

CARRERA DE NOTICIAS

Los equipos se ubicarán en filas en un extremo de la habitación. En el otro extremo deberás colgar la primera página de un periódico, varios recortes o un periódico entero. Prepara con anterioridad una lista de preguntas acerca de las noticias que aparecen allí. Para jugar, simplemente anunciarás una pregunta y una persona de cada equipo correrá hasta el periódico para intentar encontrar la respuesta. El primero en gritar la respuesta correcta ganará un punto para su equipo. Continúa así hasta que todos hayan tenido la oportunidad de pasar una vez. *Don Snider*

CARRERA DE RELEVOS CON HIELO

Este es un buen juego para un picnic o paseo, siempre y cuando haya algún lugar con pendiente y césped. Los equipos se forman en filas. Al primer jugador de cada equipo se le entrega un bloque de doce kilos de hielo a fin de que se monte en él y se deslice por la colina, empujándolo luego de regreso para que salga el siguiente en la fila. Pueden usarse los brazos y las piernas para ir más rápido. A cada miembro del equipo ganador se le entregará como premio un cubito de hielo. *Ralph Moore*

EN LA BARBERÍA

Los jóvenes se dividen en equipos y cada equipo se divide en parejas integradas por un varón y una chica. A cada varón se le entrega un globo. A la primera chica de cada equipo se le entrega un frasco de espuma de afeitar y una rasuradora. Cuando des

la señal, el primer varón inflará su globo, lo anudará y se lo colocará debajo del mentón. La chica lo cubrirá con espuma de afeitar y luego lo afeitará. Cuando termine, le pasará la maquinilla y el frasco de espuma a la siguiente chica. El segundo varón entonces inflará su globo… y el proceso se repetirá así hasta el final. El equipo que termina primero, gana.

O puedes prescindir de los globos. Cada miembro varón del equipo correrá hasta una silla de barbero. Allí se le colocará un delantal y se le afeitará la barba. El equipo que primero logre afeitar a todos sus varones será el ganador. Jerry Summers y Henry Skaggs

CARRERA DE RELEVOS CON ESQUÍS

Construye esquís utilizando tablas de madera y clavándoles zapatos viejos que ya nadie quiera usar. Divide a tu grupo en equipos. Por turnos, los miembros de cada equipo deberán ponerse los esquís, esquiar hasta un poste colocado a una cierta distancia, rodearlo y regresar al punto de salida. Ver a los chicos caminando con esquís es muy divertido, y dar la vuelta alrededor del poste es realmente difícil si los esquís son largos. Von Trutschler

CARRERA CON ESQUÍS Y AGUA

En la línea de partida, coloca un balde lleno de agua para cada equipo. En el extremo opuesto de la habitación, coloca un cono (para darle la vuelta) y un recipiente vacío. Entrégale al primer participante de cada equipo un vaso desechable con un pequeño hoyo en la parte inferior. A la señal de partida, los jugadores deben colocarse sus esquís, llenar sus vasos con agua, «esquiar» hasta el cono y volcar dentro del recipiente el agua que haya quedado en el vaso. Cuando regresen hasta donde están sus equipos, le entregarán los esquís y el vaso al jugador siguiente, y el juego continuará así hasta que algún equipo logre llenar todo su recipiente con agua.

LANZAMIENTO SOBRE ESQUÍS

Sienta a la víctima en un extremo de la habitación y marca en el otro extremo la línea de salida para esta carrera de relevos. El primer jugador de cada equipo se colocará un par de esquís, agarrará por el mango

un desatascador (o destapador de caños), tomará un globo o bomba de agua de un balde ubicado cerca de cada equipo, lo colocará sobre el desatascador, esquiará hasta una línea designada como lugar de disparo, y disparará el globo de agua hacia la víctima (quien, para ser justos con los lanzadores, deberá estar sentada sobre sus propias manos). Cualquier esquiador al que se le caiga el globo de agua en el camino perderá su tiro y deberá regresar a la fila a fin de permitir que salga el siguiente compañero. Puedes determinar el equipo ganador como tú quieras: el primero en mojar a la víctima, el que acierta más tiros en menos tiempo, o lo que se te ocurra.

Este juego resulta apropiado para «honrar» a algún adulto o joven especial. Y con el tiempo descubrirán que la mayoría de los globos no tienen la velocidad suficiente como para explotar cuando tocan a la víctima. Pero no les digas esto a la persona… déjala que transpire por un rato.

CON ESQUÍS Y RAQUETAS

El objetivo de esta carrera de relevos es «esquiar» a todo lo largo del recorrido indicado (ya sea alrededor de un cono y de regreso, o atravesando una pista con obstáculos), pero manteniendo todo el tiempo un globo en el aire con ayuda de una raqueta (de tenis, bádminton, raquetball, o lo que sea). Robert Marin, Jr.

CARRERA CON ESQUÍS EN EQUIPO

Prepara cuatro pares de esquís como los que se muestran en el diagrama. Fabrícalos con tablas de madera de

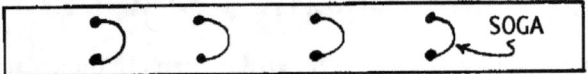

alrededor de un metro y medio de largo. Perfora agujeros a dos centímetros y medio del borde, a intervalos de treinta centímetros. Pasa una cuerda o soga resistente a través de cada par de agujeros y haz un nudo, dejando lugar suficiente como para que los jugadores puedan deslizar sus pies por debajo de la soga. Pueden participar dos equipos a la vez durante cada carrera de relevos (con cuatro participantes por cada par de esquís).

ESQUÍ SOBRE CÉSPED

Para aquellos que quisieran tener montañas nevadas, pero no las tienen, o para los que viven lejos del mar, este es el juego indicado. Compra varios pares de esquís acuáticos y quítales las aletas de la parte inferior. Consigue la cantidad necesaria de cuerdas o cables de remolque, o de alguna soga cualquiera (necesitarás por lo menos doce metros)… ¡y que comiencen las carreras! Un área extensa de césped (recién regado) constituirá una superficie bien resbalosa, y los chicos jalando de las cuerdas aportarán la fuerza motriz. Pueden inventar muchas variantes usando esquís de eslalon, tablas de surf, neumáticos de automóvil, etc., y también pueden encontrar otras superficies adecuadas además del césped. Es posible que las actividades abarquen desde una simple carrera hasta una maratón. Gary Liddle

CARRERA DE RELEVOS ERRÁTICA

Cada miembro del equipo avanzará saltando la cuerda desde la línea de partida hasta un punto designado. Allí dejará la cuerda y tomará un bate. Colocará el extremo más angosto del mismo sobre su frente y la otra punta sobre el suelo, y así dará cinco vueltas alrededor del bate. Entonces dejará el bate y tomará de nuevo la cuerda para regresar saltando hasta la línea de partida (probablemente con un movimiento un tanto errático). Cada jugador de cada equipo irá pasando hasta que todos vuelvan a sus posiciones iniciales en la fila. El equipo que primero termine es el ganador. Bill Flanagan

CARRERA DE RELEVOS EN SEIS ETAPAS

Los equipos se forman en filas y se ubican a unos cinco metros de distancia de un aro de baloncesto. Las reglas son las siguientes:
• Al oír la señal de inicio, los primeros dos participantes de cada equipo avanzan saltando uno por encima del otro alternadamente (con el compañero agachado) hasta un punto señalado.
• El primer jugador continúa solo a partir de allí, haciendo rodar un maní o cacahuate con su nariz hasta el siguiente punto.
• El segundo jugador regresa hasta ubicarse al inicio de la fila de su equipo.
• El primer jugador coloca una pelota de ping-pong sobre una cuchara y camina sin que se caiga hasta el siguiente punto.
• Allí toma una pelota de baloncesto y va corriendo hasta el final de su fila. Sus compañeros se paran derechos y con las piernas separadas. El primer jugador hace rodar la pelota de baloncesto a través del túnel formado por las piernas de todos sus compañeros y luego corre hasta el frente de la fila para atraparla.
• Cuando logra agarrarla, debe encestarla una vez.
• Luego correrá hasta donde estará esperándolo un vaso pequeño de gaseosa. Debe tomarlo y eructar.

Cuando el primer jugador haya finalizado toda esta rutina, comienza a jugar el segundo de la fila. El proceso se repite así hasta el final. El equipo ganador será el primero que logre que la totalidad de sus integrantes completen todo el recorrido. Gary Armes

CARRERA DE CALCETINES

A cada participante se le cubren los ojos con una venda y se le sienta dentro de un círculo pequeño, desde el cual pueda alcanzar una enorme pila de calcetines usados. También se le entrega a cada chico un par de guantes bien gruesos, los cuales debe colocarse antes de comenzar el juego. A la señal de inicio, cada participante intenta ponerse en los pies tantos calcetines como le sea posible dentro del tiempo predeterminado (unos dos minutos estaría bien). William C. Moore

CARRERA A LOS TUMBOS

Dos o más equipos de igual número de jugadores se forman en filas. A cada fila se le entrega un saco de dormir (cerrado). A la señal, el primero en la fila toma el saco de dormir y se lo coloca sobre la cabeza (de manera que no vea nada). Luego un compañero lo hará girar tres veces. Entonces el participante deberá intentar avanzar hasta la línea de llegada (aunque sea tambaleándose y a los tropezones).

El público y sus propios compañeros de equipo pueden alentarlo y darle instrucciones a fin de que avance en la dirección correcta, pero no pueden tocarlo para ayudarlo. Cuando cruza la línea de llegada, debe despojarse del saco de dormir y correr de regreso hasta la fila de su equipo. Entonces será el turno del segundo participante. El juego continúa así hasta que todos hayan corrido una vez. El equipo que primero termine será el ganador.

CARRERA CON DEDALES

Organiza a tus chicos en equipos. Entrégale a cada jugador una pajita, la cual deberán sostener con la boca (en posición vertical). Los jugadores se irán pasando un dedal a lo largo de la fila, usando solo las pajitas. El equipo que logre llevar su dedal hasta el otro extremo de la fila antes que los demás será el ganador.

CARRERA CON TRES PIERNAS

Divide al grupo en equipos y haz que cada equipo se organice en parejas. Entrégale a cada pareja un trozo de cordel. Indícales que se paren uno junto al otro y que aten con el cordel las piernas que se están tocando. Luego realicen una carrera de relevos hasta un punto determinado y de regreso.

ESPALDA CON ESPALDA

En lugar de atar a dos participantes uno al lado del otro, para esta carrera se atan espalda con espalda. Uno de ellos correrá hacia adelante y el otro hacia atrás. Cuando lleguen a la línea ubicada al otro extremo, en lugar de dar la vuelta para regresar, el que corrió hacia atrás pasará a correr hacia adelante, y el que corrió hacia adelante pasará a correr hacia atrás. Los jugadores deben atarse por la cintura con una cuerda o un cinto largo. Cuando una pareja regresa, sale la segunda. El equipo que primero termina es el ganador. Burney Heath

CARRERA CON SIETE PIERNAS

Divide a tus chicos en dos equipos. Haz que cada equipo se organice en parejas y que cada pareja se coloque sobre sus manos y pies con la espalda hacia abajo (en posición de cangrejo). Luego ata con tiras de tela el brazo derecho de un miembro de cada pareja con el brazo izquierdo de su compañero. Haz que corran así, una pareja a la vez, en una carrera de relevos hasta un lugar determinado y de regreso. El primer equipo en terminar será el ganador. Jim Walton

CARRERA DE RELEVOS CON PAPEL HIGIÉNICO

Cada equipo se forma en una fila y los jugadores van desenrollando un rollo de papel higiénico por sobre sus cabezas a lo largo de toda la fila, hacia adelante y hacia atrás. El equipo al que le haya quedado menos papel en el rollo luego de un límite de tiempo predeterminado será el ganador. O el equipo que primero logre vaciar completamente su rollo quedará en primer lugar.

CARRERA DE PATOS

Forma equipos y entrégale una moneda a cada jugador, la cual deberán colocarse entre las rodillas. Uno a uno, los jugadores de cada equipo deberán correr unos cinco o seis metros hasta una botella de plástico (de boca angosta). Una vez allí, tendrán que introducir la moneda dentro de la botella sin emplear sus manos. Si la moneda se les cae en el camino, deben comenzar de nuevo. El siguiente jugador puede comenzar a correr solo cuando su compañero anterior haya logrado introducir la moneda en la botella. El equipo que primero logre introducir todas sus monedas será el ganador.

ESPALDAS PEGADAS

Este juego puede jugarse tanto en interiores como al aire libre. Divide al grupo en equipos de seis o más jugadores cada uno y luego haz que cada equipo se organice en parejas. Si algún equipo no tiene un

número par de integrantes, uno puede correr dos veces. La primera pareja de cada equipo estará de pie detrás de la línea de partida. Se posicionarán espalda con espalda y colocarán una pelota entre ellos (puede ser de baloncesto o voleibol) justo por encima de la cintura. El objetivo de la carrera es llevar la pelota (cada uno con sus brazos cruzados delante y sin usar para nada los codos) hasta una silla (ubicada a unos diez metros de distancia), dar la vuelta y regresar, todo sin que la pelota se caiga. Si la pelota se cae, la pareja debe comenzar de nuevo. Cuando una pareja logra completar con éxito su travesía, les entrega la pelota a los dos participantes siguientes y ellos se colocan el balón entre sus espaldas y repiten todo el proceso de nuevo. El primer equipo en lograr que todas sus parejas hayan completado el recorrido con éxito será el ganador.

Este juego es más difícil de lo que puede parecer a simple vista. La pareja en realidad debe comunicarse y trabajar en equipo, o de otro modo la pelota se caerá y deberán volver al comienzo una y otra vez. Si la pareja no lo logra luego de varios intentos, indícales que vayan al final de la fila para que el resto del grupo tenga la posibilidad de jugar (aunque luego deberán hacerlo bien a fin de que su equipo pueda ganar).

- **Espaldas giratorias.** Cada pareja deberá correr hasta un punto determinado, pararse uno frente al otro y levantar sus brazos en el aire.

Entonces algún otro miembro de su equipo colocará una pelota entre ambos y ellos deberán dar cada uno un giro completo sobre sí mismos (simultáneamente) sin que la pelota se caiga al suelo. Cuando lo consigan, regresarán al punto de partida y en ese momento los siguientes dos participantes de su equipo saldrán y harán lo mismo. Si la pelota cae al suelo, la pareja debe comenzar todo de nuevo desde el principio. Samuel Hoyt

CARRERA CON CONOS DE HELADO

En esta carrera de relevos los equipos pueden competir entre sí o contra el reloj, intentando lograr el mejor tiempo. Divide a tus chicos en equipos y ubícalos de manera que una mitad de los participantes quede en un extremo del área de juego y la otra mitad en el extremo opuesto. Se le entregará un cono de helado a cada uno de los dos primeros participantes de uno de los extremos. Luego se colocará sobre el cono del primer jugador una pelota liviana (y ligeramente más grande que los conos).

El primer jugador comienza detrás de la línea de partida, mirando hacia el otro extremo del área de juego, listo para lanzar la pelota desde su cono. El segundo chico estará de pie a un metro y medio de distancia, mirando hacia el primer jugador y listo para atrapar la pelota.

A la señal de inicio, el primer participante lanzará la pelota desde su cono hasta el cono del segundo jugador, quien deberá atraparla sin tocarla con las manos. La penalidad por usar las manos para atrapar la pelota consiste en tener que comenzar todo de nuevo. Luego de que el segundo participante atrape la pelota, el primero (aquel que la arrojó) corre en dirección al segundo participante y se detiene un metro y medio más allá de él, se da la vuelta, y atrapa la pelota que el segundo participante le arrojará. Así irán avanzando hasta el otro extremo del campo de juego. Cuando un jugador pasa la línea de meta en el extremo opuesto, ambos chicos le entregan sus conos junto con la pelota a los participantes 3 y 4, y el juego se desarrolla de la misma manera, pero avanzando hasta el punto de inicio. Se continúa así hasta que todos hayan participado de la carrera de relevos.

Mark Christian, Abbie Peyton, Kim Rochon, Tim Footdale, y Jody Tripp

SOPLANDO DENTRO DEL VASO

Entrégale a cada equipo un trozo de cordel o hilo grueso de unos cinco metros de largo, con un vaso desechable atravesado por el medio como muestra el diagrama. El cordel deberá sostenerse tirante y

el vaso se colocará en uno de los dos extremos. El equipo formará una fila junto a ese extremo del cordel.

Cuando des la señal, cada jugador deberá soplar para hacer avanzar el vaso hasta el otro extremo del cordel (con las manos detrás de la espalda) y luego empujarlo con la mano de regreso de modo que el siguiente jugador pueda comenzar la competencia. El primer equipo en terminar es el ganador.

O puedes intentar esta variante: Pega con cinta adhesiva dos vasos, uniéndolos por la base. Haz un agujero en el centro de las dos bases que has pegado y atraviesa un cordel o hilo grueso.

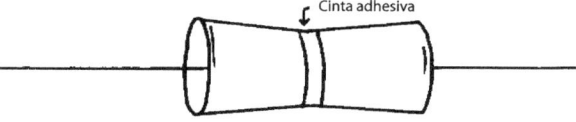

Luego ata ambos extremos del cordel a algún objeto o a una pared de manera que quede firmemente extendido. Cada equipo se formará en dos filas, una mitad en un extremo del cordel y la otra mitad en la otra punta. El primer participante soplará para llevar los vasos hasta el otro extremo del cordel, y entonces el primer participante de ese extremo los traerá de regreso también soplando.

Se continuará así hasta que todos los miembros del equipo hayan jugado una vez. El equipo que termine primero será el ganador.

Necesitarás un cordel y un vaso doble para cada equipo si deseas que todos compitan simultáneamente. O puedes hacer que juegue un equipo a la vez y medir el tiempo con un cronómetro. El que consiga el menor tiempo será el ganador.

Otra forma de jugar sería tener dos equipos, cada uno formado en fila en uno de los extremos del cordel, y colocar el vaso doble en el medio. A la señal de inicio, los primeros dos jugadores correrán hacia el centro y comenzarán a soplar, intentando vencer al oponente. Cuando hagas sonar el silbato deberán detenerse y correr de regreso hasta donde están sus respectivos equipos, y entonces saldrán los siguientes dos participantes a competir. El objetivo es llevar el vaso lo más cerca posible de la fila del equipo contrario. El juego termina cuando el vaso llega hasta uno de los extremos del cordel o todos los jugadores ya hayan tenido su turno. De todas maneras, el equipo que termine con el vaso dentro de su territorio será el perdedor. Gail Beauchamp y Tom Bougher

GIRA SIN SOLTAR LA ESCOBA

Cada equipo se formará en fila y se le entregará una escoba al primer participante de cada bando. Entonces el primer y el segundo participante de la fila tomarán la escoba con ambas manos. A la señal de inicio, cada uno de estos dos participantes deberá girar sobre sí mismo en el lugar. De manera que comenzarán cara a cara, luego estarán lado con lado, después espalda con espalda, más tarde otra vez lado con lado, y finalmente cara a cara como al inicio. Sin embargo, ambos chicos deben permanecer con sus manos agarrando la escoba durante todo ese tiempo.

Luego el segundo y el tercer jugador repetirán lo que el primero y el segundo acaban de hacer, y así hasta que todos hayan participado. Cuando la escoba quede en manos del último participante, este deberá correr hasta el principio de la fila y repetir el proceso con el primer jugador. El equipo que logre hacer todo esto primero será el ganador.

Una variante es hacer que cada pareja dé diez vueltas sobre sí misma (en lugar de una) antes de pasarle la escoba a la siguiente pareja. Bill Flanders

SALTO CON ESCOBAS

Divide al grupo en equipos, los cuales formarán una fila en parejas. Se le entregará una escoba a la primera pareja de cada equipo, y cuando des la señal, cada uno de ellos tomará un extremo de la escoba y entre los dos la sostendrán horizontal a unos pocos centímetros del suelo. Entonces todos sus compañeros deberán saltar sobre la escoba a medida que corren hacia adelante. Cuando todos terminan de pasar, la escoba se traslada desde el final de la fila hasta el comienzo, pasándola de mano en mano (no vale arrojarla por el aire). La segunda pareja repetirá entonces el proceso, y así sucesivamente. Ganará la carrera el primer equipo en tener a su primera pareja de regreso al frente de la fila. Louis F. Stumpf

CARRERA SOBRE CARRITOS

Consigue varios carritos de mecánico (de esos que utilizan los mecánicos para recostarse sobre ellos y meterse debajo de los autos). Haz que los equipos se formen en filas y organiza diferentes carreras. Los chicos pueden sentarse o recostarse sobre los carritos y competir propulsándose solo con las manos, solo con los pies, sobre sus espaldas, etc. Esto funciona mejor sobre un piso de cemento. Roger Disque

MONEDA, LIBRO Y PELOTA

Resulta muy divertido observar esta carrera de relevos. Divide al grupo en equipos. A cada equipo se le entregará una moneda, una pelota de tenis (o cualquier pelota de ese tamaño) y un libro. La idea de la competencia es mantener el libro en equilibrio sobre la cabeza, sostener la moneda con un ojo (como si fuera un monóculo) y colocarse la pelota entre las rodillas… para luego intentar caminar así hasta la línea de llegada. No se permite usar las manos para ayudarse de ninguna forma. Esto no es tan fácil como parece, y hace que los participantes se vean muy raros mientras se esfuerzan por ganar.
Ora Barker

DEL DOS AL AS

Divide al grupo en dos equipos para esta carrera de relevos. El objetivo de este juego es saltar dentro de una bolsa de arpillera o tela hasta donde está ubicado un mazo de naipes, tomar el número dos de algún palo en particular, y regresar saltando hasta donde se encuentra tu equipo. El siguiente jugador deberá saltar y tomar el número tres de ese mismo palo, y el juego continuará así hasta que uno de los equipos haya traído de regreso hasta la línea de salida todas las cartas de su palo, finalizando con el as. A fin de agregarle emoción a este juego, agrega un par de guantes de jardinero, los que cada participante deberá colocarse para intentar encontrar dentro del mazo la carta que le toque buscar. También puede jugarse utilizando patinetas en lugar de una bolsa. Bill Calvin

BANDITA ELÁSTICA GIGANTE

Para preparar este juego, compra varios metros de un elástico que tenga alrededor de dos centímetros y medio de ancho. Necesitarás una tira de noventa centímetros de elástico para cada equipo. Superpón un poco los extremos de cada tira y cóselos con una máquina de coser. El resultado será un gran círculo elástico, como si fuera una bandita elástica gigante.

Divide al grupo en equipos de entre ocho y doce participantes. Entrégale una bandita elástica a cada equipo. A la señal de inicio, el primer jugador debe pasar todo su cuerpo a través de la bandita elástica (la cabeza primero, el cuerpo después, y por último los pies), para entonces entregársela al segundo jugador de la fila, el cual hará lo mismo, y así sucesivamente hasta el final. El equipo que termine primero será el ganador.

Puede variarse el juego haciendo que los jugadores pasen primero los pies y luego el cuerpo y la cabeza, o haciendo que los jugadores pasen a través de la bandita elástica en parejas. Prudence Elliot

CARRERA CON PLUMAS

Divide al grupo en equipos y entrégale a cada uno una cajita con plumas pequeñas. Debería haber una pluma para cada integrante del equipo. A la señal de inicio, el primer jugador de cada equipo soplará hasta llevar su pluma (flotando por el aire, no arrastrándose por el suelo) hasta el otro extremo de la habitación, colocándola allí en otra caja pequeña. No se puede tocar la pluma en ningún momento. No obstante, el participante sí puede soplar la pluma de algún adversario en dirección contraria a la meta si se le presenta la oportunidad. La competencia continúa así, como una carrera de relevos, hasta que algún equipo tenga todas sus plumas en la cajita al otro extremo de la habitación. Esta carrera puede ser doblemente emocionante si se juega con las manos sobre las rodillas. Randall Newburn

LA MANO EN EL GUANTE

Esta es una carrera de relevos en la cual los equipos se forman en fila y se van pasando un par de guantes desde un extremo hasta el otro. Empleen guantes de lana, guantes de cocina (los de goma), o guantes gruesos de trabajo (o de jardinería). La primera persona de la fila se colocará los guantes, luego el segundo participante se los quitará y se los pondrá él mismo, y así sucesivamente. Cada participante le quitará los guantes al chico que se encuentra delante en la fila y se los colocará él mismo. Todos los dedos deben estar correctamente ubicados dentro del guante, cada uno en el lugar que le corresponde.
Lee Weems

CARRERA CON PERCHAS

Esta es una carrera de relevos para dos o más equipos. Necesitarás una percha o gancho para la ropa por persona, y algunos más para construir los aros. Dobla levemente la parte curva (el gancho propiamente dicho) para que quede un poco más derecho. Toma un poco de cinta o lana gruesa y pásala alrededor de la persona, a través del centro de la percha, y justo por debajo de los brazos (como indica la figura). La percha debe quedar colgando

de la espalda del participante. Luego fabrica un aro con otra percha. Cualquier tamaño servirá, pero mientras más pequeño sea el aro, más difícil se torna el juego. (Es probable que necesites unas tenazas o pinzas para transformar la percha en un aro o anillo). Haz que los equipos se formen en filas. El anillo deberá pasar de jugador en jugador, de un extremo a otro de la fila, tocando solo la percha que cada uno tiene colgada en la espalda. No está permitido tocarlo con las manos. ¡Será necesaria una buena coordinación! Daniel Mullis

A LA CARGA MIS VALIENTES

Esta carrera de relevos puede adaptarse fácilmente para realizarse en interiores o al aire libre. Prepara dos grupos idénticos de doce elementos variados (por ejemplo, dos escobas, dos pelotas, dos sartenes, dos rollos de papel higiénico, dos escaleras, etc.). Usa tu imaginación a fin de recolectar una variedad interesante de estos pares iguales de cosas. Coloca los dos grupos de elementos en mesas separadas.

Haz que el grupo se divida en dos equipos y que cada equipo forme una fila delante de una de las mesas. El primer jugador de cada equipo correrá hasta su mesa, tomará cualquier elemento (el que él elija), correrá de regreso hasta donde está su equipo, y le pasará ese elemento al segundo jugador.

El segundo jugador correrá con este elemento de regreso hasta la mesa, tomará otro, y correrá hasta donde está su equipo llevando los dos elementos para entregárselos al tercer jugador. Así, cada jugador llevará los elementos recogidos por sus compañeros hasta la mesa, tomará algo nuevo, y regresará con todo hasta donde está su equipo para entregárselo al siguiente jugador.

El juego comenzará a gran velocidad, pero el ritmo irá disminuyendo. Y los jugadores se tomarán su tiempo para decidir qué elemento agregar a la creciente masa de objetos que deben trasladar de aquí para allá. Además, cada vez les tomará más tiempo entregarle toda la carga al siguiente jugador. Una vez que se ha agarrado un objeto, este ya no puede tocar la mesa ni el suelo. Cualquier elemento que se caiga durante el traslado o en el proceso de entrega de un participante a otro debe ser devuelto por el líder a la mesa. Nadie puede ayudar a los jugadores cuando se pasan los objetos uno al otro, excepto dándoles consejos. El equipo que primero logre vaciar su mesa será el ganador. Ed Stewart

COMPETENCIA DE SOMBREROS

Aquí tienes un juego muy divertido que puede organizarse como una carrera de relevos o simplemente como una competencia individual. Necesitarás un sombrero para cada participante o equipo, algunos metros de cordel y cinta (para atar cada sombrero a la cabeza del concursante), y varios bloques de plástico o pelotas pequeñas y livianas. Ata un bloque o pelota a uno de los extremos de una soga fina o cordel de unos setenta y cinco centímetros de largo. Amarra el otro extremo del cordel al ala del sombrero.

La parte superior del sombrero debe estar abierta, de modo que pueda usarse para atrapar el bloque o la pelota, tal como se muestra en la ilustración. Anuda un sombrero con la cinta sobre la cabeza de cada participante. Los participantes deberán estar de pie con las manos detrás de la espalda, e intentarán balancear la pelota o bloque de modo que entre en la parte superior del sombrero. Pueden hacer cualquier movimiento que deseen, pero no se permite usar las manos. Los sombreros pueden construirse con cartones y cartulinas. Dave Gilliam

HULA-HULA

El hula-hula no morirá nunca. Ha estado entre nosotros ya por bastante tiempo, y todo indica que seguirá siendo popular por mucho tiempo más.

Aquí tienes varias carreras de relevos que pueden resultar muy divertidas. Divide al grupo en equipos y jueguen con las reglas de cualquier carrera de relevos.
Necesitarás un aro de hula-hula para cada equipo.

1. Coloca un aro de hula-hula sobre el suelo a unos seis metros de distancia de cada equipo. Cada jugador deberá correr hasta el aro, tomarlo del suelo, lograr que el aro dé cinco vueltas (o diez, tú decides la cantidad) alrededor de su cintura, dejarlo en el suelo de nuevo y regresar a la línea de partida.

2. En esta carrera cada persona debe avanzar con el aro girando alrededor de su cintura mientras camina o corre hasta un lugar demarcado a unos seis metros de distancia, y luego regresar del mismo modo a donde se encuentra su equipo. Si el aro se cae, el jugador debe tomarlo del suelo y hacerlo girar de nuevo; recién entonces puede reanudar la marcha.

3. Una vez más, coloca el aro a unos seis metros de distancia del equipo. Cada jugador deberá correr hasta el aro cuando sea su turno e intentar pasar por el interior del mismo sin emplear sus manos. En otras palabras, debe pararse dentro del aro e intentarlo subir hasta sacarlo por la cabeza usando solo los pies, las piernas, los brazos, etc., pero no las manos.

4. Esta carrera es similar a la anterior, solo que dos o tres participantes corren hasta el aro al mismo tiempo y, sin usar las manos, intentan meterse los tres dentro de él y subirlo hasta que les quede a la altura de la cintura. Luego deberán correr hasta un punto determinado y de regreso, siempre con el aro en la cintura (de los tres). En ningún momento pueden usar las manos para sostener el hula-hula. Cary F. Smith

CARRERA DISPARATADA

Este es un tipo distinto de carrera de relevos, en el cual cada participante debe realizar algo diferente. Lo que cada uno hará estará determinado por las instrucciones que ubicarás dentro de una bolsa en el otro extremo del área de juego.

Al comienzo de la carrera cada equipo estará formado en una fila. La primera persona de cada bando correrá hasta una silla en el otro extremo de la habitación. Sobre la silla habrá una bolsa que contiene instrucciones escritas en diferentes trozos de papel. El participante tomará un papel, leerá las instrucciones, y las seguirá tan rápido como le sea posible. Antes de regresar con su equipo el jugador tendrá que tocar la silla. Luego debe correr y tocar al segundo participante. La carrera continúa de esta forma, y el equipo que primero use todos sus papeles con instrucciones será el ganador. Aquí tienes algunos ejemplos de lo que puedes escribir en cada trozo de papel:

- Corre cinco vueltas alrededor de la silla mientras gritas continuamente: «¡Ahí vienen los ingleses! ¡Ahí vienen los ingleses!».
- Corre hasta la persona más cercana que pertenezca a otro equipo y ráscale la cabeza.
- Corre hasta el adulto más cercano y susúrrale al oído: «Tú sí que no naciste ayer, ¿eh?».
- Permanece en equilibrio sobre un pie mientras te sostienes el otro con la mano, inclinas la cabeza hacia atrás, y cuentas en voz alta: «10, 9, 8, 7, 6, 5, 4, 3, 2, 1… ¡despeguen!».
- Quítate los zapatos, vuelve a ponértelos al revés (en el pie contrario), y luego toca al contrincante más cercano.
- Siéntate en el suelo, cruza las piernas y canta «Estrellita, ¿dónde estás?, quiero verte titilar» (la canción completa).
- Ve hasta donde está la última persona de tu equipo y haz tres expresiones faciales graciosas. Luego regresa hasta la silla antes de correr a tocar al próximo participante de tu equipo.
- Coloca tus manos sobre tus ojos, haz cinco veces el sonido de un cerdo, y luego maúlla como un gato cinco veces.
- Siéntate en la silla, crúzate de brazos y ríete fuertemente durante cinco segundos.
- Corre cinco veces alrededor de la silla, pero hacia atrás y dando palmas mientras lo haces.
- Dirígete a una persona que sea rubia y pregúntale una y otra vez hasta que te conteste algo: «¿Es verdad que las personas rubias se divierten más?».
- Corre hasta una persona que no sea parte de tu equipo y bésale la mano. Larry Bennet

CARRERA CON MENSAJES

Escribe en un trozo de papel un mensaje disparatado para cada equipo. Un ejemplo podría ser: «La Srta. Sara Sahara le vende información extraordinaria a empresarios muy emprendedores».

Organiza al grupo en equipos y divide a cada equipo por la mitad. Estas mitades se ubicarán en los extremos opuestos de la habitación. Entrégale el papel con el mensaje al primer jugador de cada equipo. Este participante lo abrirá, lo leerá, hará una bola con el papel y la arrojará al suelo. Luego correrá hasta el primer participante de la otra mitad del equipo, al otro lado del salón, y le susurrará el mensaje al oído. Esta persona, a su vez, correrá hasta el otro lado de la habitación y se lo dirá al siguiente participante, y así sucesivamente hasta que el último chico reciba el mensaje. Este debe correr hasta el líder y repetírselo a él. El equipo que más cerca esté del mensaje original será el ganador. La exactitud con que repitan el mensaje es más importante que el tiempo, pero igualmente deben correr.

Richard Reynolds

CARRERA CON CAJAS

Aquí tienes una excelente idea para una Noche de Olimpiadas. Consigue bastantes cajas de zapatos vacías, dibuja una pista de atletismo en el suelo, y elige a un juez para la carrera. Divide a los chicos en equipos. Haz que coloquen sus pies dentro de las cajas de zapatos… ¡y a correr por la pista! La escena será hilarante. Ten preparadas cajas de repuesto por si estas se gastan pronto. Buzz Roberts

COLA DE CALCETÍN

Prepara varias colas de calcetín (una para cada equipo). Una cola de calcetín consiste en un cinturón con un calcetín atado en la parte de atrás, el cual contiene una naranja en el extremo para

hacerlo más pesado. El primer participante de cada equipo se colocará la «cola» (el cinto con el calcetín colgando detrás suyo, como si fuera la cola de un mono). Otra naranja se ubicará en el suelo. A la señal de inicio, el jugador deberá empujar la naranja que está en el suelo con su cola de calcetín hasta una línea de meta, y luego de regreso. Si toca la naranja con sus pies o sus manos, debe comenzar todo de nuevo. El primer equipo en lograr que la totalidad de sus integrantes completen esta tarea será el ganador. John Simmons

CARRERA SOBRE ZANCOS

Pídele a alguien que sea habilidoso con la madera que te construya cuatro pares de zancos (dos pares para cada equipo). El lugar donde se apoya el pie solo debe estar a unos treinta o cuarenta y cinco centímetros del suelo. De esta manera, la mayoría de los jóvenes podrán caminar sobre ellos con facilidad. Simplemente haz que los equipos se formen en filas como para cualquier carrera de relevos y dales la señal de comenzar. El primer equipo en lograr que todos sus integrantes vayan hasta una meta y regresen (uno a la vez) será el ganador. Roger Disque

ASPIRADORAS HUMANAS

Los equipos se forman en filas. Cada persona tiene una pajita. Por turnos, cada jugador debe levantar un trozo de papel (un cuadrado de unos diez centímetros de lado) solo con su pajita

(apoyando un extremo sobre el papel y aspirando el aire que se encuentra dentro del pitillo). Luego tendrá que correr con el papel hasta una meta, regresar corriendo, y dejarlo caer para que el siguiente jugador en la fila pueda hacer lo mismo. Si se le cae el papel, debe comenzar de nuevo. Cada integrante del equipo debe repetir lo mismo. El equipo que termine primero gana.

CANICAS VIAJERAS

Para este juego, divide a tu grupo en varios equipos. Entrégale a cada persona una pajita de plástico y un vaso desechable. El primer participante de cada equipo recibirá una canica. El objetivo es aspirar el aire de la pajita de modo que la canica se sostenga en el otro extremo, sacarla del vaso propio, y colocarla en el vaso del siguiente compañero de equipo. Si la canica se cae al suelo, el equipo debe comenzar de nuevo desde el principio. El bando que primero consiga pasar la canica hasta el vaso del último participante será el ganador. Judy Groen

CARRERA CON VAGONES

Para esta carrera de relevos por equipos necesitarás conseguir uno o más vagones (de esos que algunos niños tienen para jugar en el parque, pero que no sean demasiado pequeños). Cada equipo se divide en parejas. Participando una pareja a la vez, un jugador se sienta dentro del vagón y emplea la manija como un timón, mientras que el otro lo empuja a través de la pista de carreras. Cuando una pareja acaba el recorrido, comienza la siguiente, y el equipo que termina primero es el ganador.

Una variante para esta carrera es hacer que una persona vaya sentada dentro del vagón sin hacer nada, mientras que la otra toma la manija y la emplea para conducir y a la vez para jalar el vagón (corriendo hacia atrás) a través de la pista. No resulta tan fácil como parece. Sam Walker

CARRERA CON POMPONES DE ALGODÓN

Esta es una buena carrera de relevos para jugar en interiores. Divide al grupo en equipos y entrégale a cada uno una cantidad de pompones de algodón dentro de un recipiente como un plato hondo o una cacerola. Cada equipo también deberá recibir una espátula y una caja de huevos (vacía). Cuando des la señal, el primer participante de cada equipo tomará un pompón de algodón con la espátula, correrá (manteniéndolo en equilibrio para que no se caiga) hasta un lugar determinado, y regresará corriendo hasta el punto de partida.

Por supuesto, si el jugador avanza demasiado rápido, se le caerá el algodón, y en ese caso tiene que comenzar todo de nuevo. Si logra regresar con éxito, debe colocar el pompón de algodón en uno de los espacios vacíos del envase para huevos. El equipo que primero llene su envase será el ganador.

Stan Lindstadt

TE TENGO

Divide al grupo en dos equipos de manera que queden parejos en cuanto a velocidad. Prepara una pista similar a la que se muestra en el diagrama. Cada equipo formará una fila detrás de sus respectivos puntos de partida. Los primeros dos jugadores (uno de cada equipo) comenzarán a correr alrededor de la pista (ambos en el mismo sentido) como si se tratara de una carrera de postas común. Cuando un jugador completa una vuelta a la pista, toca al siguiente jugador de su equipo, quien toma su lugar en la carrera.

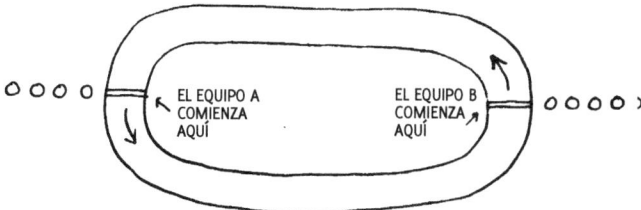

El objetivo del juego es intentar alcanzar al jugador del equipo contrario. Los participantes seguirán corriendo por turnos alrededor de la pista hasta que alguno de los dos logre darle alcance al otro. El equipo que logra atrapar a su oponente es el ganador. Este juego puede jugarse también por parejas (uno llevando al otro a cuestas), con triciclos, saltando sobre un pie, o como se te ocurra.

Brian Fullerton

CARRERA CON CABALLOS Y GLOBOS

Marca varios carriles en el suelo usando cinta o cal. Ata o clava con una estaca globos a intervalos regulares a lo largo de cada carril. Los jugadores deben colocarse en parejas.

Un participante será el caballo y el otro el jinete (montado sobre la espalda de su compañero). El jinete recibirá un palo (un palo de escoba puede servir) al que se le haya afilado la punta (pero no demasiado) o al que se le haya colocado algún tipo de elemento punzante (como un alfiler) en un extremo. Al caballo se le vendarán los ojos.

Cuando se dé la señal de inicio, cada pareja comenzará a avanzar por su carril. El objetivo es que el jinete haga explotar todos los globos pinchándolos con su palo a medida que el caballo vaya avanzando. El jinete deberá darle instrucciones al caballo. Luego de cada ronda, remplaza los globos y comiencen de nuevo con otros dos participantes. Asegúrate de que tus chicos tengan cuidado de no pinchar los pies de sus compañeros. David Washburn

CARRERA DE CARROZAS

Divide a los equipos en grupos de tres jugadores cada uno. El primer grupo de cada equipo correrá de ida y vuelta hasta cierto lugar. Luego tocará al siguiente grupo, el cual saldrá corriendo, y así sucesivamente. Los dos integrantes más fuertes de cada grupo deberán entrecruzar sus brazos como formando una silla o hamaca, y el tercer integrante se sentará sobre ella. Mientras corren, el siguiente grupo se preparará, de manera que estén listos para comenzar a correr tan pronto sus compañeros regresen y los toquen. El equipo que primero termine será el ganador.

CARRERA CON PAPEL HIGIÉNICO

Cada equipo deberá seleccionar a cuatro de sus integrantes para participar en esta carrera de habilidad y destreza. El primer jugador caminará hacia atrás hasta una marca ubicada a unos quince

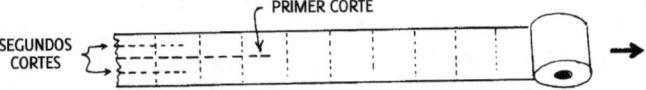

metros de distancia, desenrollando un rollo de papel higiénico a medida que avanza. La persona que le sigue irá cortando la tira de papel en dos (a lo largo), teniendo cuidado de que no se rompa. Los siguientes dos jugadores cortarán las dos tiras que se formaron, cada una nuevamente por la mitad (y una vez más sin que se partan). El equipo que termine primero será el ganador.

También puedes agregar cuatro jugadores más, cuya tarea será enrollar estas cuatro tiras delgadas de papel para formar cuatro pequeños rollos. El equipo que primero regrese a la meta con los cuatro rollos armados será el ganador.

CARRERA DE SUPERHÉROES

Aquí tienes un juego que puedes jugar la próxima vez que estés enseñando sobre los héroes de la Biblia. Necesitarás dos «cabinas telefónicas» (sé creativo, un par de cajas de refrigerador servirán bien), dos muñecas, varias mesas, dos máscaras y dos pares de zapatillas (calzado deportivo) de esas que cubren hasta el tobillo.

Divide al grupo en dos equipos. Haz que se formen en línea a unos quince metros de distancia de las cabinas telefónicas. El primer participante de cada equipo correrá hasta su cabina telefónica, se colocará la máscara y las «zapatillas superpoderosas», y correrá hasta otro lugar u otra habitación donde salvará a una bebita (la muñeca)

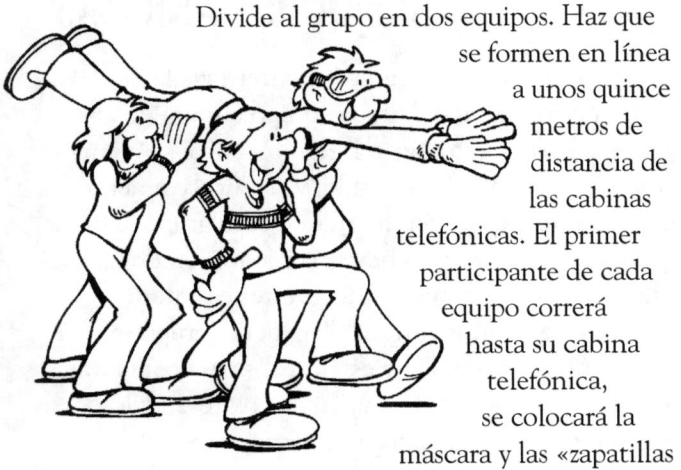

de un edificio en llamas. Luego le llevará la bebita a su madre (que estará histérica), se colocará la mano en el pecho (sobre el corazón) y cantará el Himno Nacional mientras la madre tararea la melodía o hace el ruido de tambores como acompañamiento. A continuación se arrastrará a través de un túnel bajo tierra (por debajo de las mesas) y volará de regreso a la cabina telefónica (cuatro personas lo llevarán cargado en posición horizontal y con los brazos extendidos hacia adelante). Finalmente, se quitará su traje de superhéroe (dejará la máscara y las zapatillas

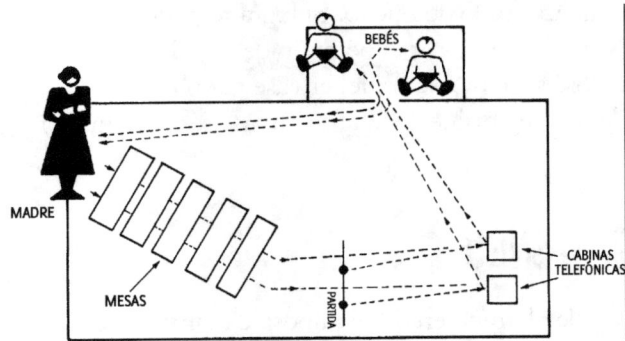

dentro de la cabina telefónica) y correrá hasta su equipo para tocar al siguiente jugador, quien repetirá todo el recorrido, y así sucesivamente hasta que todos hayan participado. El equipo que primero termine será el ganador. (Las muñecas deben ser devueltas por algún jugador o asistente a su lugar original antes de que comience a jugar el siguiente participante).
Rick Wheeler

TRIPLE CARRERA

Haz que los participantes se coloquen en parejas. Cada pareja deberá correr hasta una meta sosteniendo entre ambos una pelota de fútbol (sin ayudarse con las manos), primero entre mentón y mentón, luego entre espalda y espalda, y finalmente entre costado y costado. En otras palabras, cada equipo correrá tres veces (o a través de un recorrido largo dividido en tres tramos). Si la pelota se cae, la pareja debe comenzar esa parte de la carrera de nuevo. Variantes: Utiliza uvas o globos.

FRISBEES A LA CARRERA

Aquí tienes una carrera de relevos que incluye lanzar Frisbees y correr a gran velocidad. Organiza a tu grupo en dos equipos y luego divide a cada equipo por la mitad. Haz que cada mitad se forme en fila frente a la otra, en lados opuestos del área de juego. El primer jugador le arrojará el Frisbee a su compañero que está al otro lado. Luego de lanzarlo, debe correr hasta tocar a ese compañero. Este participante no puede ser tocado a menos que esté detrás de la línea de su equipo, en su lado del campo de juego. Así es que si el primer jugador no lanza el Frisbee con la suficiente precisión, el chico que debe recibirlo tendrá que correr a buscarlo y regresar rápidamente a su posición original para que su compañero pueda tocarlo. Luego de ser tocado, este jugador precisa lanzarle el Frisbee al segundo participante del otro lado del área de juego (es decir, al que estaba en fila detrás del jugador que comenzó), y repetir todo el proceso nuevamente. De este modo, cada participante quedará ubicado en el lado opuesto al sitio en que inició la competencia. El objetivo del juego es que ambas mitades del equipo intercambien sus lugares. El primer equipo que lo logre será el ganador. Puedes hacer que los equipos estén más o menos separados entre sí, dependiendo de la destreza de tu grupo. Brian Fullerton

CADENA DE LANZADORES

Divide al grupo en equipos de igual número de participantes (cinco o seis por equipo). Cualquier cantidad de equipos puede jugar simultáneamente, y cada uno necesitará un Frisbee. El área de juego debe ser bastante larga, como una calle (sin tráfico) o un campo bien extenso. Cada equipo debe colocarse alineado, dejando una distancia de unos cuatro o cinco metros entre jugador y jugador. El primer jugador le arrojará el Frisbee al segundo, quien deberá permitir que el Frisbee aterrice (sin atajarlo). Este segundo jugador tendrá entonces que ubicarse en el punto donde aterrizó el Frisbee y desde allí lanzárselo al tercer participante, que hará lo mismo para tirárselo al cuarto, y así hasta el final. El objetivo es ver qué equipo puede llegar más lejos en el menor tiempo posible. Otórgales puntos al equipo que haya llegado más lejos y al que haya terminado primero. Para más diversión, haz que los varones lancen el Frisbee con la mano izquierda (o con la derecha si son zurdos). Scotty Shows

CARRERAS CON PASTA DENTÍFRICA

Entrégale a cada equipo un tubo de pasta dentífrica y un rollo de papel higiénico. El rollo de papel higiénico será la pista o carril sobre el cual se colocará la pasta dentífrica, de manera que será fácil de limpiar después.
- **Carrera 1:** Gana quien consigue el camino más largo de pasta dentífrica (sin que se corte) en un lapso de tiempo predeterminado.
- **Carrera 2:** Prepara un recorrido con obstáculos, en el cual los jugadores deban ir dejando un camino de pasta dentífrica por encima (o por alrededor o debajo) de una variedad de objetos. O si tienes un grupo realmente valiente, haz que todos los integrantes del equipo (menos uno) se acuesten en el suelo y que el jugador restante deje un camino de pasta dentífrica (sin el papel higiénico debajo) sobre las caras de todos sus compañeros.
- **Carrera 3:** Entrégale un tubo de pasta entero a cada equipo y vean quién puede crear el camino más largo con esa cantidad de pasta dentífrica. Rob Moritz

FÚTBOL Y HOCKEY
JUEGOS

JUEGOS DE FÚTBOL Y HOCKEY

Los disturbios y las peleas entre los fanáticos son optativos en estas variantes del fútbol y el hockey, pero el resto permanece casi igual. En esencia, estos juegos por lo general involucran a dos (o más) equipos intentando hacer que alguna cosa parecida a una pelota avance por un campo de juego (o una pista de hielo, o un salón de reuniones) hasta entrar en el arco o portería del equipo contrario.

FÚTBOL A CIEGAS

Este juego resulta casi tan divertido de mirar como de jugar. Necesitarás un salón grande (si es alfombrado, mejor), dos equipos de cinco o más integrantes cada uno, un par de personas para ayudarte, dos arcos o metas, pañuelos para cubrirle los ojos a todos los jugadores, y un balón grande y pesado (como esos rellenos de arena que se utilizan para hacer ejercicios de terapia física). Tal vez sea bueno también que cada jugador tenga protectores para las rodillas. El objetivo del juego es, al igual que en el fútbol, hacer que el balón entre en el arco. Sin embargo, en lugar de correr y patear el balón, los jugadores caminan en cuatro patas por el suelo y mueven la pelota con las manos. Debes indicarles que no pueden tener la pelota por más de uno o dos segundos, de modo que a fin de controlar esto necesitarás a tus dos ayudantes. Es posible ir inventando y reformulando otras reglas más complicadas a medida que avanza el juego. Por ejemplo, para los pesos pesados del grupo, puedes elegir prohibir que la pelota sea arrojada por el aire (en este caso solo puede avanzar tocando el suelo).

Lew Worthington

HOCKEY CON ESCOBAS

Este juego puede jugarse con grupos de jóvenes que varíen desde los diez (cinco por equipo) hasta los treinta integrantes, aunque solo seis jugadores de cada bando estarán dentro de la cancha en cada momento. Coloca en el terreno de juego seis escobas para cada equipo. Los equipos se encontrarán al inicio fuera del campo de juego y competirán de la siguiente manera: correrán dentro del campo hasta sus escobas, las tomarán, e intentarán golpear con ellas una pelota de voleibol que estará ubicada en la línea central. El objetivo es hacer que la pelota pase por la meta del equipo contrario. Cada equipo tendrá un arquero o guardameta, que será el único jugador al que le estará permitido patear la pelota

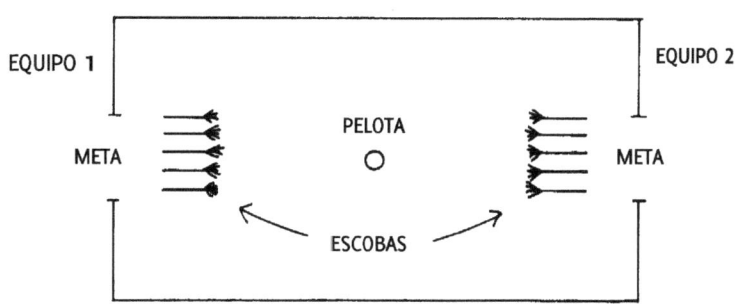

o tocarla con sus manos, así como arrojarla hacia el campo de juego. Si la pelota se sale de los límites del campo, el árbitro la arrojará hacia adentro de nuevo. El resto de los jugadores solo puede pegarle a la pelota con sus escobas. Cada vez que la pelota pasa por la línea de meta (o el espacio entre dos marcas) el equipo atacante gana un punto. Si tienes varios equipos, limita el juego a tres minutos por vez.

FÚTBOL CON ESCOBAS

Dispón una cantidad de sillas en forma de óvalo, con una abertura en cada extremo.

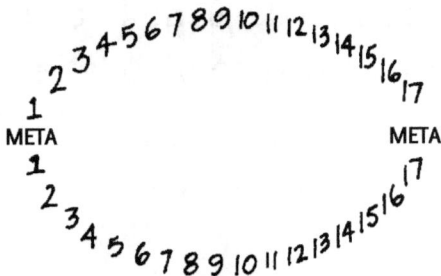

Cada silla tendrá un número, y cada equipo dispondrá de igual cantidad de sillas con los mismos números. Para comenzar, los dos números uno pasan al centro, y a cada cual se le entrega una escoba. Luego se deja caer entre ellos una pelota de plástico o goma y se inicia el juego. Los dos jugadores compiten intentando golpear la pelota con sus escobas de modo que pase por la meta del equipo contrario. Para esto, a cada equipo se le asigna una de las dos aberturas del óvalo. El árbitro puede gritar otro número en cualquier momento. Entonces los dos jugadores en el centro deberán soltar sus escobas donde sea que estén y los otros dos nuevos participantes correrán a tomar las escobas y continuar la competencia. El juego prosigue mientras la pelota esté dentro del óvalo. Si alguien la lanza fuera, el árbitro la devuelve y se reanuda el partido. Los jugadores que están sentados en las sillas no pueden tocar intencionalmente la pelota con sus manos, pero sí se les permite patearla si está al alcance de sus pies. *Jerry Summers*

FÚTBOL CIRCULAR

Dos equipos se ubican formando un círculo, uno en una mitad y el otro en la otra.

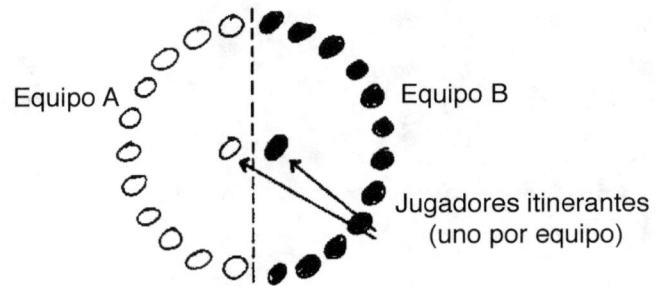

Entonces se arroja una pelota dentro del círculo y los jugadores intentan patearla de modo que se salga del círculo por el lado del equipo contrario. Si la pelota pasa sobre la cabeza de los jugadores, el punto va para el equipo contrario al que pateó. Si la pelota sale por debajo de las cabezas de los jugadores, el equipo que pateó será el que recibe el punto. No se pueden usar las manos para nada, solo los pies y el cuerpo. Nadie puede moverse de su posición excepto un jugador por equipo, quien podrá patear la pelota para alcanzársela a sus compañeros si se queda varada en medio del círculo. Sin embargo, este jugador no puede marcar tantos ni tampoco pasar la línea media e ingresar al terreno del otro equipo. Si la pelota golpea al jugador itinerante cuando el equipo contrario la patea, entonces el equipo contrario recibe un punto. *Ellis Meuser*

LUCHA DE CANGREJOS

Este es un juego de mucha acción para grupos de veinte chicos o más. Todo lo que se necesita es una pelota común y corriente. Divide al grupo en cuatro equipos del mismo tamaño. Cada equipo se formará a un lado de un cuadrado. Los jugadores se sentarán en el suelo y se numerarán del uno al… bueno, depende de cuántos jugadores haya en cada equipo.

Para comenzar el juego, el líder colocará la pelota en el centro y dirá un número en voz alta. Los cuatro jugadores que tengan ese número deberán caminar como cangrejos hasta llegar a la pelota.

El objetivo es patear la pelota fuera del cuadrado, pero por sobre las cabezas de los jugadores de algún otro equipo (los jugadores que están sentados). Se anota un punto para aquel equipo por sobre el cual haya pasado la pelota.

El resto de los integrantes de cada equipo debe permanecer en su lugar, con el trasero pegado al suelo. Pueden bloquear las pelotas que vengan hacia ellos, ya sea pegándoles con los pies o usando sus cuerpos o cabezas. Lo que no se les permite hacer es utilizar sus manos ni sus brazos. Ellos también pueden intentar pasar la pelota por sobre las cabezas de alguno de los equipos contrarios. Si lo logran, nuevamente se anota un punto para el equipo por sobre el cual pasó la pelota.

Cuando alguno de los equipos llegue a sumar diez puntos, se dará por terminado el juego, y el ganador será el equipo que haya sumado el puntaje más bajo de todos. Richard Boyd

FÚTBOL DE CANGREJOS

Este juego se desarrolla igual que el fútbol común, excepto por dos variaciones: el campo de juego debe ser más pequeño (como un gimnasio cerrado o algo así) y todos excepto los guardametas deben moverse como un cangrejo (caminando en cuatro patas con las manos y los pies, mientras la espalda apunta hacia el suelo). Los guardametas estarán apoyados sobre sus rodillas, y ellos serán los únicos autorizados a emplear sus manos para controlar el balón. Dada la reducida movilidad de los jugadores, es mejor que le asignen posiciones a los jugadores (defensa, ataque, derecha, izquierda, etc.). Marshall Shelley

FÚTBOL LOCO

Para agregarle un poco de emoción al tradicional juego de fútbol, intenten esta adaptación. Se emplea el campo de juego que se utiliza normalmente, solo que con cuatro arcos (o metas) en lugar de dos, tal como indica el diagrama, y se divide al grupo en cuatro equipos en lugar de dos. El equipo A juega contra el equipo C, mientras que el equipo B juega contra el equipo D. Hay dos pelotas en juego simultáneamente, pero los jugadores solo pueden patear la pelota que corresponde a su propio partido.

A fin de hacerlo más complicado todavía, puedes combinar los equipos de manera que el equipo A y C jueguen contra los equipos B y D. Es decir, el primer gran equipo defenderá las metas A y C, mientras que el otro gran equipo defenderá las metas B y D. En este caso puedes emplear una o dos pelotas, como prefieras.

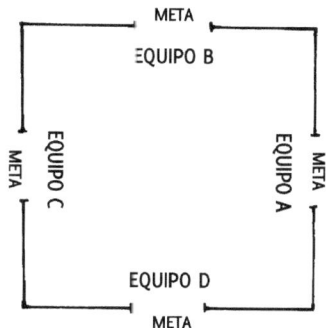

Otra variante es utilizar la cancha tradicional de fútbol con dos metas y organizar un partido de varones contra chicas. Solo que los varones deberán jugar con las piernas atadas con una soga de unos setenta y cinco centímetros de largo.

• **Fútbol de cangrejos locos.** Combina las reglas y la disposición del campo de juego empleados en el «Fútbol loco» con la posición de los jugadores indicada en el «Fútbol de cangrejos» (sobre las manos y los pies, con la espalda vuelta hacia el suelo). Jueguen con una pelota inflable más bien grande, como de unos cuarenta o cincuenta centímetros de diámetro. Bill Rudge

CROQUETBALL

Este juego para jugar en campo abierto se juega exactamente como el fútbol común, solo que se emplea una pelota vieja de voleibol y mazos de croquet volteados de lado. Los chicos deben empujar la pelota con los mazos, pero no está permitido hacerlos oscilar como un péndulo para golpear la pelota. Coloca entre cinco y diez jóvenes en cada equipo, señala metas similares a las de fútbol, e inventa cualquier otra regla que consideres necesario. Cada equipo tendrá un guardameta, pero no es necesario que este jugador permanezca cerca de la meta a menos que el equipo contrario esté a punto de anotar un tanto. Dick Moore

FÚTBOL DE BORRICOS

Este juego resulta emocionante y además muy gracioso. Para jugarlo, divide a tu grupo en cuatro equipos y ubica a cada bando a lo largo de uno de los cuatro lados de un campo de juego cuadrado. Coloca una pelota de fútbol en el centro del cuadrado. Cada equipo escoge un borrico (el jugador que llevará a otro en andas) y un jinete (el jugador que se sentará sobre los hombros del borrico). Al borrico se le

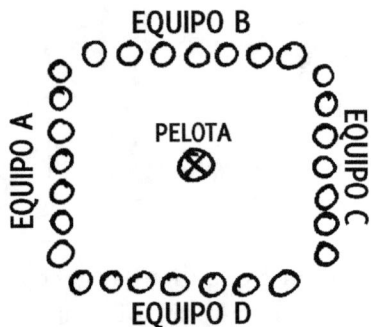

vendarán los ojos y el jinete tendrá que orientarlo para llegar hasta la pelota y luego darle instrucciones con respecto a qué pie usar para golpearla y hacia dónde patear. El objetivo es que el borrico patee la pelota por sobre alguna de las tres líneas formadas por los equipos contrarios. No se ganan puntos si el borrico patea la pelota por sobre sus propios compañeros. Los cuatro borricos estarán intentando lograr ese objetivo al mismo tiempo.

Los participantes que se encuentran a los costados del cuadrado pueden bloquear la pelota solo con su cuerpo, piernas y pies (no con las manos). Y los puntos solo se ganan cuando la pelota fue pateada por un borrico, no por otro jugador.
Ben Smith

HOCKEY CON HAWAIANAS

Aquí tienes una nueva idea para poner en uso una mesa de billar. Solo necesitas una bola de billar y seis chicos, cada uno armado con una sandalia de playa (también conocidas como hawaianas, ojotas o condoritos). Mientras más pesadas y duras, mejor funcionan.
Cada jugador deberá cuidar una de las troneras con su sandalia. El juego comienza cuando el sacador hace un saque, golpeando la pelota con su sandalia. La pelota debe golpear al menos una banda antes de que cualquier otro jugador la toque. Si un jugador la toca antes, el sacador obtiene un tiro libre hacia la tronera de ese jugador. Una vez que la pelota

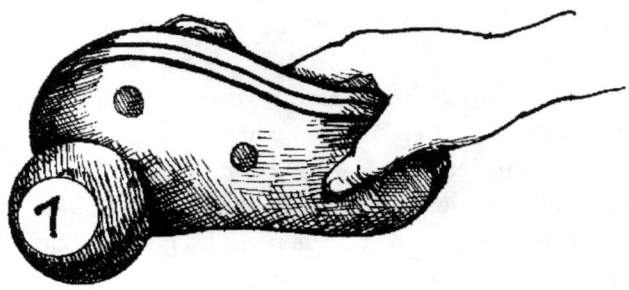

está en juego, cualquier jugador puede golpearla con su sandalia hasta que entre en alguna tronera (cuidando de que no sea la propia). Cuando un jugador logra hacer entrar la pelota en la tronera de otro participante, gana un punto.

Si hay más de seis jóvenes que quieren jugar, diles que formen una fila en un extremo de la mesa. Entonces, cuando un jugador anota un punto, el participante que debía defender esa tronera quedará fuera del juego y se colocará en el último lugar de la fila, mientras que el primer jugador que está esperando toma su lugar.

Además, cada vez que se anote un punto, todos los jugadores rotarán un lugar hacia la izquierda. Esto permitirá que todos tengan la oportunidad de jugar en todas las posiciones. El juego también puede jugarse por equipos, con dos equipos cuidando tres troneras cada uno. John Davenport

JUEGO CON GUANTES

Con una o dos docenas de envases de plástico como los que muestra el dibujo (por ejemplo, los galones de leche), tú y tus jóvenes pueden jugar un divertido juego al aire libre.

Corta la parte inferior de los envases (como indica el diagrama) a fin de fabricar un «guante» que sirva para atrapar una pelota y también lanzarla hacia la meta.

Una forma de crear una meta para este juego es dividiendo una mesa de ping-pong por la mitad y

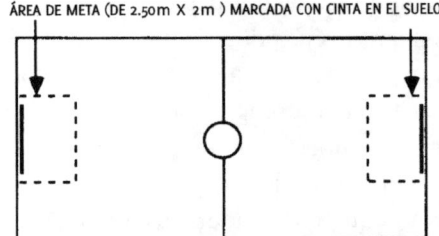

colocando una mitad en cada uno de los extremos del campo de juego; el arco o la meta estará por debajo de la línea media. Utiliza cinta de enmascarar para marcar un área de gol de dos por dos y medio metros justo frente a cada meta.

El juego se juega igual que el hockey, solo que con una pelota blanda del tamaño de las de béisbol. Los jugadores pueden levantar la pelota del suelo con sus guantes de plástico y pasársela a otro jugador o lanzarla hacia la meta.

Aquí tienes otros detalles:
• Un jugador solo puede dar tres pasos con la pelota en su guante. Luego debe pasársela a otro participante o intentar lanzarla hacia la meta.
• La pelota solo puede tocarse con los guantes de plástico. No con los pies ni tampoco con las manos.
• Dar más de tres pasos con la pelota o salirse del campo de juego constituyen infracciones.
La pelota debe entregársele al guardameta más cercano y él la lanzará al campo para reanudar el juego. Paul Holmberg

FÚTBOL CON UNA CÁMARA

Este es un juego de fútbol para el cual se emplean las reglas habituales de dicho deporte, solo que se sustituye el balón por la cámara de una rueda. Esto le da al juego una nueva dimensión. La cámara debe permanecer horizontal, acostada sobre el suelo, y la superficie debe ser relativamente plana y lisa.
Jerry Summers

FÚTBOL EN LÍNEA

Aquí tienes una variante del juego de fútbol que es simple y a la vez muy divertida. Divide a tu grupo en dos equipos iguales.

Los jugadores de cada equipo se numeran (1, 2, 3, etc.) y se ubican en fila unos frente a otros, quedando un equipo a cada lado del área de juego y separados por unos diez metros de distancia. Un gimnasio cubierto puede servir bien para este juego. Lo mejor es dibujar o marcar una línea en el suelo detrás de la cual debe pararse cada equipo, la que servirá a la vez para indicar la línea de meta. Luego se coloca una pelota en el centro del campo de juego y el árbitro grita un número. Entonces los jugadores de cada equipo que tengan ese número deberán correr hacia la pelota e intentar patearla de modo que cruce la línea del equipo contrario.

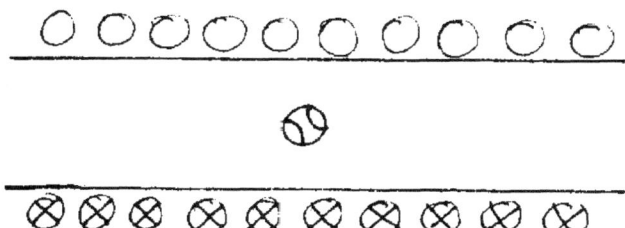

El balón no puede pasar por sobre las cabezas de los otros jugadores. Debe pasar entre ellos, por debajo de los hombros (o debajo de la cintura si así lo prefieres), para que cuente como un punto. Los defensores pueden atrapar la pelota y lanzársela a sus propios jugadores, o patearla cuando se dirige hacia ellos a fin de repeler el ataque. Luego de uno o dos minutos, el árbitro puede gritar otro número y los jugadores cambian. La cosa se vuelve bastante alocada si llamas varios números a la vez.
Christine Rollins

FÚTBOL DE SALÓN

Con una habitación grande y desamoblada, y una pelota de fútbol pequeña (de unos quince centímetros de diámetro) puedes organizar tu propio torneo de fútbol de salón. Adapta las reglas para que se ajusten a tu situación particular y que el juego pueda desarrollarse de manera fluida y segura. Divide al grupo en equipos de cinco jugadores cada uno. Si tienes más de dos equipos, jugarán dos durante dos minutos y luego será el turno de otros dos equipos. O si tienes un grupo grande, mantenlos en vilo en cuanto a quién jugará luego con una variante como esta: Divide al grupo en dos equipos que competirán entre sí. Cada uno de estos dos equipos se dividirá a su vez en equipos de cinco jugadores. Ellos comenzarán jugando cinco contra cinco, y cuando hagas sonar el silbato (a intervalos variables) los jugadores detendrán el juego y cada equipo correrá a tocar a otro grupo de cinco compañeros (que estarán esperando fuera del campo de juego) a fin de que continúen la competencia.

Puedes construir tus propios arcos o metas con solo algunos metros de tubería de PVC y alguna red barata que consigas. Si quieres desarmarlos fácilmente para guardarlos con comodidad, no pegues la tubería a las juntas.

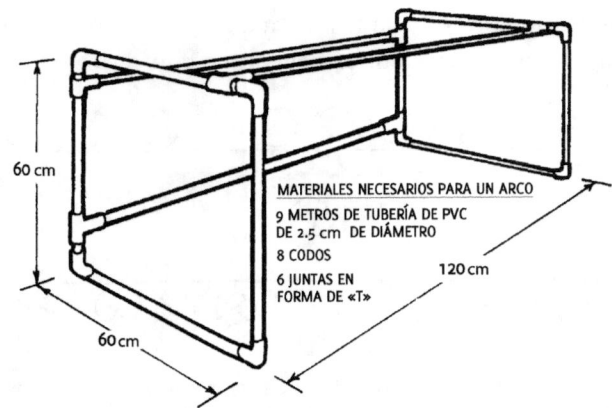

LAS MEDIDAS SON APROXIMADAS Y PUEDEN SER MODIFICADAS PARA ADAPTARSE A TU SITUACIÓN PARTICULAR.

Las dimensiones son aproximadas y pueden ser modificadas de modo que se adapten a tu situación particular. (Recuerda que las medidas que figuran aquí son solo para UNA meta. Si quieres dos, tendrás que comprar el doble). Jim Reed

FÚTBOL DE MONOS

Si quieres un juego de acción rápida al aire libre, designa un área rectangular de césped como campo de juego para el «Fútbol de monos». Debe tener un ancho de al menos noventa centímetros por cada participante. Divide a tu grupo en dos equipos y ten preparada una pelota del tamaño de las de voleibol, pero que sea liviana. Aquí van las reglas:

- El objetivo del equipo que tiene la pelota es lograr que atraviese la línea que marca el final del campo de juego del lado del equipo contrario.
- La pelota debe permanecer sobre el suelo, o al menos no sobrepasar la altura de las rodillas.
- Los jugadores solo pueden hacer avanzar la pelota agachándose y golpeándola con las manos (con los puños cerrados o como quieran). Mientras está en movimiento, una pelota puede rebotar sobre el cuerpo de un jugador, incluso sobre su pie mientras el chico está corriendo, pero los participantes no pueden patear la pelota intencionalmente ni golpearla con ninguna parte del cuerpo salvo con sus manos.
- Si alguien le pega con el pie a la pelota, si esta vuela más alto que las rodillas, o si alguien la toma con la mano (en lugar de solo golpearla), la pelota se colocará en el suelo en el lugar donde se cometió la infracción y el saque será para el equipo que no la cometió.
- Cuando la pelota se sale del campo de juego, se coloca en el punto donde se salió y el saque es para el equipo que no la tocó de último.
- Los equipos pueden organizarse como lo deseen a fin de proteger lo mejor posible sus extremos del campo de juego. Cada equipo ganará un punto cuando sus jugadores logren hacer pasar la pelota a través de la línea que marca el final del campo de juego en el extremo correspondiente al equipo contrario. El equipo ganador será el primero en ganar siete puntos.

También puedes sustituir la pelota por una bolsa para residuos llena de globos inflados. Cierra la bolsa con un nudo y enrolla cinta de enmascarar por todo alrededor con el objetivo de reforzarla. Luego úsala en lugar de la pelota de fútbol. John Bristow

FÚTBOL DEBAJO DE LOS BANCOS

Si tu iglesia es de esas antiguas, con bancos de madera ubicados en fila, aquí tienes un juego ideal para realizarlo con tu grupo. Divide a tus chicos en tantos equipos como secciones de bancos haya en tu iglesia.

Un jugador de cada equipo estará de pie en el frente, mientras el resto de sus compañeros se ubicarán debajo de los bancos de la sección que les haya tocado. Esto es lo que harán los chicos debajo de los bancos: Comenzando desde el frente de la iglesia, deberán mover un globo (inflado) hasta llegar a la parte de atrás del salón. Si el globo se escapa por los costados, la persona que está de pie en el frente debe tomarlo y comenzar todo el proceso de nuevo desde el inicio. Puedes hacer que el juego sea más interesante restringiendo la forma en que los jóvenes pueden mover el globo (prohibiendo que usen las manos o las piernas, o cualquier otra idea creativa que se te pueda ocurrir). Len Cuthbert

HOCKEY CON ALMOHADAS

El objetivo de este juego es emplear fundas de almohada con un poco de relleno (como papel de diario estrujado) a fin de golpear una pelota al igual que si se tratara de un juego de hockey. Divide a tu grupo en dos equipos grandes.

Distribuye las almohadas en el campo de juego (iguales cantidades en cada lado) y luego indícale a cada equipo que escoja tantos jugadores como almohadas haya en su lado para que de inmediato corran dentro del campo y comiencen a jugar. Cuando uno de los dos equipos logre anotar

un tanto, deben ingresar nuevos jugadores para cada equipo y los otros salir a descansar. Lo que hace a este juego divertido es que resulta muy difícil golpear la pelota con mucha fuerza, o incluso asegurarse de golpearla como sea. Otra ventaja es que, al contrario de lo que sucede en el fútbol con escobas, los jugadores no pueden golpearse accidentalmente con los palos de madera. *Keith King*

FÚTBOL ARCOÍRIS

Este juego se juega con dos equipos y sesenta globos (treinta de un color y treinta de otro). Los globos se mezclan y se colocan en el círculo central de una cancha de baloncesto. Los dos equipos se paran en los extremos opuestos de la cancha, uno frente al otro. Una persona de cada equipo será el guardameta, que estará ubicado en el lado opuesto a su equipo, de pie delante de un gran contenedor.

Los jugadores de cada equipo intentarán

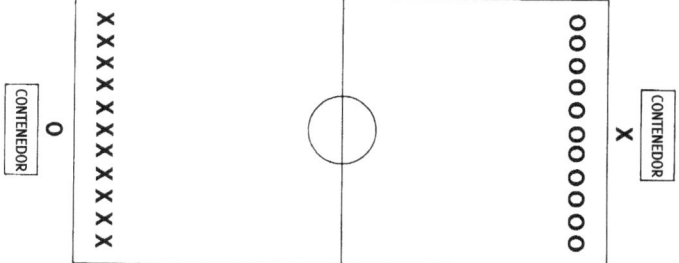

conducir sus globos (empleando las reglas del fútbol) hasta donde está su guardameta, quien entonces los colocará en el contenedor que se encuentra detrás de él. Las jugadas defensivas de un equipo consisten en pisotear y explotar tantos globos del equipo contrario como puedan. El juego continúa hasta que todos los globos están rotos o dentro de algún contenedor. Gana el equipo cuyo contenedor posea más globos. *Byron Harvey*

FÚTBOL CON SILLAS

Esta versión del juego de fútbol te permitirá jugar en interiores y contiene un elemento que permite equilibrar el juego, impidiendo que uno de los equipos lo domine.

Jueguen en una habitación grande de la cual se hayan retirado todos los muebles. Necesitarán una pelota blanda de fútbol y ocho sillas plegables. Coloca cuatro sillas en cada uno de los extremos del campo de juego. Estas serán las metas. Las reglas son como las del fútbol común, y pueden participar tantos jugadores como desees. Se anota un gol cuando la pelota toca una de las sillas del otro equipo. Cuando esto sucede, esa silla se quita de allí y se coloca en el otro extremo, añadiéndola a las sillas del equipo que anotó el gol. Antes del primer gol, por ejemplo, la disposición del campo de juego sería la siguiente:

META DEL EQUIPO A   META DEL EQUIPO B

Después que el equipo B anote un gol, la disposición del campo de juego quedaría así:

META DEL EQUIPO A   META DEL EQUIPO B

De este modo, el equipo que acaba de anotar un gol tendrá una meta más fácil a la que los contrincantes pueden apuntar cuando se reanude el juego, mientras que la meta del otro equipo será más pequeña y resultará más difícil anotar un tanto. Cada equipo puede tener un arquero o guardameta, tal como en el fútbol tradicional. *Larry Bong*

HOCKEY CON UN ZAPATO

Aquí tienes un dinámico juego para tu grupo que debe jugarse en interiores, en un espacio grande y sobre un piso suave. Se trata de una versión del hockey, pero se juega con un zapato puesto y el otro no. El zapato que deben quitarse los jugadores se convertirá en el palo de hockey. Debes avisarles a tus chicos que traigan puesto calzado de suela blanda. La pelota se fabricará con dos calcetines enrollados juntos. Cada equipo podrá tener cinco jugadores a la misma vez en el área de juego (los cuales irán rotando para que todos jueguen). El piso debe marcarse con cinta o tiza a fin de señalar los límites del terreno, la línea de media cancha y las metas en cada extremo del campo.

Las reglas son las siguientes:
- Cada jugador usará uno de sus zapatos como palo de hockey. Jugará con el otro zapato y ambos calcetines puestos.
- La pelota puede ser detenida por cualquier parte del cuerpo de un jugador, pero se permite impulsarla solo con el palo de hockey (el zapato).
- El campo de juego estará dividido por la mitad. Tres jugadores de cada equipo estarán restringidos a su propio sector de juego para cuidar la meta, mientras que los otros dos miembros de cada equipo estarán limitados a la mitad del campo que corresponde al equipo contrario, a fin de intentar anotar puntos.
- El juego comienza de la siguiente manera: Se forman cinco jugadores de un lado (los dos del equipo atacante y los tres del equipo defensor de ese sector), enfrentados a los cinco del otro lado y separados al menos tres metros del punto central. El árbitro entonces coloca la pelota en el centro del campo de juego, se aleja prudencialmente, y luego da la señal para iniciar la competencia.
- Cada vez que la pelota pasa por el arco o meta se anota un punto para el equipo atacante, sin importar quién la haya tocado último.
- Se consideran infracciones los siguientes casos: si un jugador golpea a otro con su zapato, si un jugador le quita o hace caer el zapato de otro participante, si un jugador se sale del sector que le corresponde, y si un jugador golpea la pelota con otra cosa que no sea su zapato. En estos casos se puede sacar al chico del juego por unos minutos (sentándolo en una silla de castigo) o simplemente concederle un tiro libre desde media cancha al equipo contrario.

John Bristow

FÚTBOL TONTO

Divide a tu grupo en dos equipos. En un campo abierto bien grande, coloca dos mástiles separados por unos treinta o cuarenta metros de distancia. El objetivo es darle con la pelota al mástil del equipo contrario. No hay límites para el campo de juego y el mástil puede golpearse desde cualquier dirección. Para todos los otros aspectos de la competencia se aplican las reglas del fútbol común. A fin de aumentar la confusión, si tienes un grupo grande, agrega una segunda pelota al juego. Ron Elliott

FÚTBOL SIMPLE

Aquí tienes un juego fantástico en el cual puede participar cualquier cantidad de chicos. Marca una cancha en forma de un gran rectángulo, con las líneas traseras y de media cancha claramente visibles. Divide a los jugadores en dos equipos y coloca a un equipo a cada lado de la cancha. Antes de jugar, cada equipo deberá organizarse, escogiendo defensores y atacantes. Los jugadores atacantes se posicionarán en su sector de juego, detrás de la línea de media cancha. Los defensores se ubicarán cerca de la línea trasera.

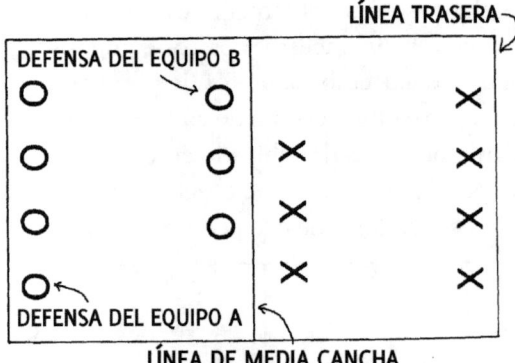

El objetivo es lograr que la pelota pase la línea trasera del equipo contrario. Cada vez que esto suceda, el equipo gana un punto. No se pueden utilizar las manos ni los brazos, solo los pies. El árbitro pone la pelota en juego arrojándola en la línea de media cancha. El equipo con más puntos luego de un tiempo predeterminado será el ganador.

Brett Wilson

FÚTBOL SOBRE PAPEL

Aquí tienes un nuevo modo de jugar al fútbol que funciona mejor si se juega en interiores. Se desarrolla exactamente como el fútbol tradicional, excepto que le entregas a cada persona, incluido el guardameta, una hoja de papel sobre la cual pararse, y le asignas un lugar en particular para colocar ese

papel. Los jugadores deben mantener un pie sobre el papel en todo momento. Y no está permitido cambiarlo de lugar. Asegúrate de distribuir a los jugadores de ambos equipos de manera pareja por toda el área de juego. Luego lánzales un balón de fútbol y disfruta la diversión. ¿El efecto que se logra? Desde fuera, se ve como una máquina de pinball gigante. Mitch Lindsey

HOCKBOL

Aquí tienes un juego genial para jugar al aire libre que incluye elementos de dos juegos muy populares: el hockey y el fútbol. Necesitarás un gran campo de juego, dos palos de hockey, una pelota de fútbol, y un par de cajas de cartón de tamaño mediano para cumplir la función de arcos o metas. En el diagrama puedes ver la disposición del campo de juego. En los extremos opuestos del terreno se marcarán dos círculos de aproximadamente tres metros de diámetro. Las cajas de cartón (metas) deben

colocarse a una distancia de entre tres y cuatro metros de los círculos.
Divide a tus chicos en dos equipos. Cada equipo colocará a un jugador en el círculo, con el palo de hockey. Ese jugador no puede salirse del área y nadie más puede entrar a ella. El equipo deberá patear la pelota hasta lograr que ingrese al círculo donde está ubicado su jugador. Las manos no pueden usarse para nada. Una vez que la pelota entró al círculo, el jugador que está dentro puede tomarla y ubicarla como desee (siempre dentro del círculo), y luego intentará darle un golpe con su palo de hockey de manera que la pelota se introduzca en la caja de cartón. Si lo logra, gana un punto para su equipo. Si falla, se le anota un punto al equipo contrario. Luego de cada intento, la pelota regresa a la línea de mitad de cancha y se reanuda el juego. Resulta buena idea que los jugadores dentro de los círculos se vayan rotando, de manera que todos tengan oportunidad de anotar tantos y también para que ningún jugador pueda dominar el juego. Doug Newhouse

FÚTBOL INDIVIDUAL

Cuando no tengas suficientes jóvenes como para un juego de fútbol común, o incluso si los tienes, tal vez desees probar esta desafiante variación del juego. Ubica a los jugadores bien separados sobre el borde de un círculo. Marca un arco o meta

detrás de cada jugador, clavando dos estacas en el suelo separadas por unos dos metros de distancia. El objetivo es proteger la meta de uno al tiempo que se intenta anotar un gol en alguna de las metas de los contrincantes. Cuando el balón atraviesa una meta, el último jugador que lo tocó recibe un punto. Y la persona por cuya meta entró el balón pierde un punto. No son validos los tiros que pasan por sobre la cabeza del guardameta. Kathie Taylor

FÚTBOL CON TRES PIERNAS

Los jugadores (incluyendo los que serán guardametas) se colocan en parejas y se atan las piernas como si se tratara de una carrera de tres pies. Luego se organizan por equipos a fin de jugar un partido de fútbol (casi) normal. Asegúrate de que tus chicos traigan puestos pantalones largos. Un grupo que conocemos jugó este juego en otoño sobre un gran sembradío de tomates muy muy maduros… ¡Imagínate! Harry Heintz

HOCKEY DE PARED

Este es un juego de interiores que pueden realizarlo grupos desde seis integrantes hasta cincuenta. El campo de juego debe tener paredes en dos de sus lados y los jugadores se organizarán en dos equipos iguales, uno a lo largo de cada pared, como indica el diagrama.

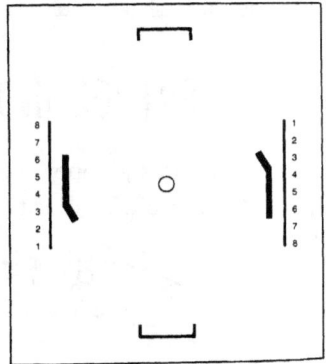

En los otros dos lados del campo de juego se marcarán las metas, utilizando redes, cajas o sillas. El objetivo del juego es anotar tantos goles como sea posible introduciendo la pelota en el arco del equipo contrario.

Los jugadores deben numerarse a sí mismos, pero deben hacerlo de un modo específico: un equipo en un sentido y el otro en sentido contrario. A cada equipo se le entregará un palo de hockey (una escoba puede funcionar bien si empleas una pelota más grande).

Antes de comenzar el juego, todos los jugadores deben colocar una mano sobre la pared que está detrás suyo, y deberán dejarla allí en (casi) todo momento durante el encuentro.

Luego los jugadores de cada equipo se organizarán de manera que puedan agarrar entre todos el palo de hockey con su mano libre. Una vez que todo el mundo tiene agarrado el palo de hockey, el líder grita una cifra y el jugador de cada equipo con ese número podrá separar su mano de la pared, tomará el palo de hockey, y correrá a enfrentarse con su oponente. El resto de los miembros del equipo deben soltar el palo, pero mantener sus manos sobre la pared. Si alguien se equivoca en esto, le costará a su equipo un punto.

Para hacer el juego más interesante el líder gritará otros números durante el partido. Los dos jugadores en el centro deberán entonces dejar caer los palos dondequiera que estén, regresar a sus filas y colocar una mano sobre la pared, todo esto antes de que el siguiente jugador pueda salir a continuar el juego. Tal cosa también ayuda a que más chicos puedan participar de la diversión. Si tienes un grupo grande, de cincuenta o más integrantes, tal vez desees dividirlo en cuatro equipos (dos grupos identificados con números y dos con letras), y luego gritar alternadamente números y letras para que participen todos. Brian Fullerton

HOCKEY CON UN GLOBO

A fin de tener un juego divertido que sirva tanto para interiores como para el aire libre, fabrica tus propios palos de hockey con palos de escoba y botellas vacías de gaseosa de dos litros. Une las botellas con tornillos a los palos de escoba y luego coloca cinta a fin de asegurarlas. Utilicen un globo en vez de una pelota. Sigan las reglas tradicionales del hockey o inventen las suyas propias. Algunas variaciones pueden aumentar la diversión… como por ejemplo jugar usando patines en lugar de correr. Keith Curran

HOCKEY SOPLADO

Un gran modo de jugar hockey en un lugar pequeño o reducido es pidiéndoles a los jugadores que se pongan en cuatro patas y colocando una pelotita de ping-pong en el centro. Los equipos deben entonces soplar para empujar la pelotita, tratando de lograr que atraviese la meta del equipo contrario (que puede ser una puerta abierta, las patas de una silla o lo que quieran). No está permitido tocar la pelota. Si la pelota toca a un jugador (o viceversa), deberá sentarse un minuto en una silla de castigo, sin poder participar del juego hasta que transcurra ese tiempo. No habrá guardametas. Y jugar con dos pelotitas al mismo tiempo puede hacer que el juego resulte aun más emocionante. David Parke

PISCINAS O LAGOS
JUEGOS

JUEGOS PARA PISCINAS O LAGOS

Campamentos con piscina de natación, retiros cerca de un lago... si tienes a mano un lugar con mucha agua, nosotros tenemos actividades y competencias para tu grupo. Algunas involucran el uso de botes y canoas, otras requieren solo una pelota o algo que sirva para flotar. Si tus chicos son nadadores competentes, entonces disfrutarán muchísimo estos juegos.

BÉISBOL ACUÁTICO

Este juego es ideal para jugarlo en una piscina de natación, y puede resultar muy divertido sin ser demasiado agitado. Necesitarás una pelota de goma o de voleibol y una piscina de tamaño mediano. Divide al grupo en dos equipos iguales. Un equipo se sentará en el borde de la piscina y elegirá un lanzador. Los jugadores del otro equipo se distribuirán por toda la piscina (fíjate en el diagrama).

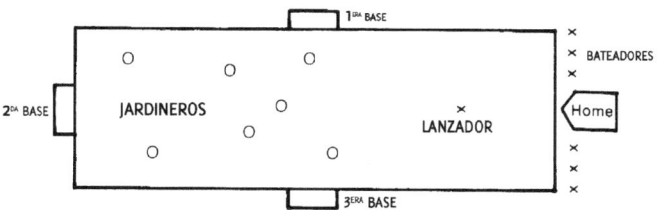

El bateador tendrá solo un lanzamiento y debe golpear la pelota con su mano. Cualquier lugar dentro de la piscina es válido. El bateador entonces tiene que nadar hasta las bases por donde él elija de modo que evite un out. Se declara out si la pelota se sale de la piscina, si alguien atrapa la pelota en el aire, si alguien toca con la pelota al bateador antes de que llegue a una base, o si la pelota es lanzada hasta la primera base antes de que el bateador pueda llegar allí. El resto de las reglas son iguales que para el béisbol común... o bien puedes inventar algunas reglas adicionales.

También puedes realizar los siguientes cambios:
- Jueguen con un bate de béisbol.
- Que cada equipo tenga un jugador en primera base, uno en segunda base, un lanzador y un receptor, y que todo el resto del equipo esté en la parte menos profunda de la piscina.

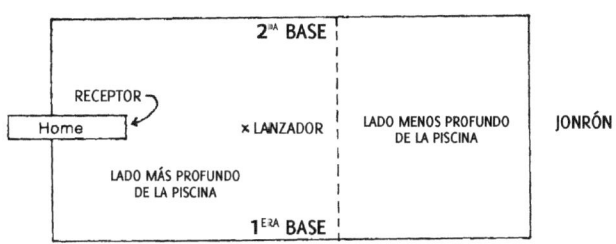

Entre paréntesis el receptor deberá ser alguien que sepa nadar muy bien. Russell Saito y Tom Bougher

CANOA GIRATORIA

Dos participantes de diferentes equipos se sientan en una canoa, uno frente al otro. Cada uno tendrá un remo. Uno remará en una dirección, mientras que el otro lo hará en sentido contrario, cada uno intentando llegar a su meta. Las metas estarán situadas en los extremos opuestos de una pileta, o separadas por unos doce metros.

Esto es algo muy difícil de hacer y muy divertido de ver. La canoa tiende a girar en círculos. Si tienes una canoa más grande, pueden jugar cuatro o seis personas, ubicándose cada equipo en un extremo de la canoa. Tom Barwick

PELOTAS Y MÁS PELOTAS

Este juego debe jugarse en una piscina, colocando una red de voleibol que la divida por la mitad. Se forman dos equipos y a cada uno se le entrega toda clase posible de pelotas (de ping-pong, voleibol, fútbol, playa, etc.).

El objetivo es lanzar por sobre la red la mayor cantidad posible de pelotas de manera que el equipo contrario sea el que tenga más pelotas cuando el silbato suene indicando el final del juego.

ROCAS FLOTANTES

Aquí tienes un juego desafiante que puede realizarse tanto en una piscina como en un lago cuando quieras descansar un poco de los chapuzones y el nado desordenado. Pídele a cada participante que busque una roca suave y aplanada y la traiga a la orilla del agua o el borde de la piscina. Luego indícales que se pongan en posición horizontal, como para flotar acostados, y que cada uno coloque la piedra que eligió sobre su frente.

Los participantes deben flotar así el mayor tiempo posible, sin chocar con nadie ni permitir que la roca se caiga.

Haz que un juez o el público presente les mida el tiempo a los jugadores, contando en voz alta los segundos que van transcurriendo. El que permanezca más tiempo flotando con su roca será el ganador.

Mary Kent

CAZANDO PECECITOS

Compra una docena de peces pequeños y déjalos libres en una piscina. (No compres peces grandes ni los pesques en un lago, porque esos son muy haraganes). Los equipos ganarán puntos por cada pececito que atrapen con la mano (y entreguen vivo al líder).

Para que sea aun más divertido, haz que los jugadores naden con sus ropas puestas. Ralph Moore

CARRERA DE ICEBERGS

Los jugadores empujarán o tirarán de un bloque de hielo de diez o doce kilos hasta llegar al extremo opuesto de una piscina, y de regreso al punto de partida.

¡Se trata de un juego muy frío! Emplea varios bloques de hielo y otórgale puntos al equipo que lo logre en el menor tiempo. Ralph Moore

FUERA Y DENTRO

Este juego se realiza muy bien en un lago que no sea muy profundo. Varias canoas o botes (con entre tres y cinco personas dentro de cada uno) participan en una carrera.

Marca con boyas una línea de llegada a unos quince metros de la línea de partida. Los navegantes deberán autopropulsarse hasta la meta sin emplear remos, solo sus manos.

No obstante, durante el camino, cada vez que el líder haga sonar su silbato, todos los jugadores deberán bajarse del bote, volver a subirse y continuar remando. El líder debe hacer sonar su silbato con frecuencia. El primer equipo en cruzar la línea de meta será el ganador.

SALTO O ZAMBULLIDA

Este juego es un clásico y resulta genial, ya que requiere que los participantes muestren destrezas en el aire.

Uno a la vez, los competidores darán un salto hacia arriba desde un trampolín bien alto. Cuando estén en el punto máximo de su vuelo, gritarás «¡Salto!» o «¡Zambullida!», entonces los jóvenes deberán obedecerte. Resulta muy divertido observar cómo los chicos se contorsionan intentando desesperadamente cambiar de posición en el aire y en un segundo.

Si una mano toca el agua primero, se considera una zambullida; si un pie toca el agua primero, se considera un salto.

Si los jóvenes resultan ser demasiado buenos en adivinar lo que estás pensando, espera una fracción de segundo más antes de gritar tus órdenes. O si realmente deseas volverlos locos, grita un ocasional: «¡Zambusalto!». John Yarnell

TIBURÓN EN LA OSCURIDAD

Esta es la versión húmeda del juego «Te atrapé» (se encuentra en la parte seca de este libro… ¡búscalo en el índice!). El objetivo de los participantes es pasar nadando a través de aguas infestadas de tiburones sin ser atacados.

El campo de juego (piscina, o lo que sea) tendrá dos lugares seguros, los cuales estarán separados entre sí por unos seis metros. Elige a uno de tus jóvenes para que sea el tiburón. El tiburón aguardará cerca de uno de los extremos del área de juego mientras el resto de los participantes esperará en el otro extremo.

Cuando des la señal, el tiburón se sumergirá en el agua y todos los nadadores intentarán llegar hasta el otro lugar seguro (en el lado opuesto de la piscina). El tiburón debe desplazarse por debajo del agua y realizar sus ataques por sorpresa.

Para que se considere un ataque válido, el tiburón precisa lograr que los hombros de su víctima sobresalgan del agua. El tiburón puede salir a la superficie para divisar mejor a sus víctimas y tomar aire siempre que lo desee.

Todos los nadadores que son atacados se convierten en tiburones para la siguiente ronda. Es importante detener el juego por unos momentos antes de dar la señal de iniciar la segunda ronda, de modo que los tiburones y los nadadores tengan tiempo de ubicarse en sus lugares.

Esto también permite un tiempo para que los tiburones descansen y planeen su estrategia.

A medida que el juego progrese irás teniendo cada vez más tiburones y menos nadadores. El último nadador en ser atacado será el ganador.

Y el nadador que fue atacado primero se convertirá en el tiburón la próxima vez que jueguen. Este juego funciona mejor en un lago de un metro o algo más de profundidad, pero una piscina también servirá. Gary Ogdon

CARRERA DE STRIPPERS

Entrégale a cada grupo un juego idéntico de ropas holgadas (camisas con botones, pantalones con cierres, etc.). Coloca las ropas en pilas (una pila para cada equipo) ubicadas a unos veinte metros de la línea de partida, sobre una plataforma o en el extremo opuesto de una piscina. Cuando se oiga la señal de inicio, un miembro de cada equipo nadará hasta la plataforma o hasta el final de la piscina, saldrá del agua, se pondrá toda la ropa, luego se quitará toda la ropa, y nadará de regreso hasta su equipo.

Al llegar, tocará al siguiente miembro de su equipo, quien repetirá el proceso exactamente igual. El primer equipo en lograr que todos sus miembros hagan esto una vez gana.

- **Carrera de sudaderas.** O intenta jugar de este modo… El objetivo es ponerse una sudadera, nadar hasta un lugar determinado, nadar de regreso hasta el lugar de partida, entregarle la sudadera al siguiente participante y sentarse.

El siguiente participante hará lo mismo, y así sucesivamente… Obviamente, si los jugadores no se cambian la sudadera de la forma correcta, pueden estar intentándolo todo el día. (Los participantes deben tener la sudadera bien puesta antes de ingresar al agua).

El mejor modo de pasar una sudadera mojada de una persona a la otra es que uno se pare frente al otro, se inclinen un poco, y se tomen de las manos con los brazos extendidos. Un compañero puede entonces pasar la sudadera de uno a otro con facilidad.

MUÑECO DE NIEVE EN VERANO

La próxima vez que visiten un río, lago u océano (o cualquier playa) lleva contigo una lata o dos de spray de nieve (o nieve en aerosol).

Lleva también algunas bufandas, gorros y otras prendas de invierno. Tus chicos pasarán un rato genial construyendo un muñeco de arena y rociándolo luego con

la nieve enlatada. Después pueden vestirlo. Y si en realidad deseas llamar la atención de la gente que pase por el lugar, haz que se paren alrededor de su muñeco de nieve con sus trajes de baño y canten villancicos de Navidad. Ian Mayhew

SURF EN REVERSA

Los jugadores de cada equipo forman una fila y toman por turnos una tabla de surf. Luego deben sentarse o acostarse sobre ella, remar con sus manos hasta el otro extremo de la piscina, y más tarde regresar. Sin embargo, deben sentarse o acostarse de espaldas a la meta, es decir, que intentarán avanzar, pero mirando hacia atrás. Remar hacia atrás es incómodo y se ve ridículo, así que además de contar con un buen juego tendrás a todos tus chicos riéndose como locos. Ralph Moore

TAXI

Este juego comienza con dos equipos, cada uno con colchón inflable, ubicados en los lados opuestos de una piscina. A la señal de inicio, un miembro de cada equipo se trepa sobre su colchón y rema con sus manos para darle una vuelta completa a la piscina.

Cuando regresan al punto de partida, cada uno de estos jugadores recoge a un compañero, que se subirá al colchón y juntos remarán para darle otra vuelta a la piscina… y el juego continúa así hasta que todo el equipo esté sobre el colchón y logren dar una vuelta completa juntos. El truco está en cómo subirse al colchón, en especial cuando ya hay varios chicos arriba. ¡Habrá muchas caídas y muchas risas en este juego! Mark Ziehr

POTRO SALVAJE

Ata una soga larga a una tabla de surf o cualquier otro objeto plano sobre el cual pueda alguien subirse y que tenga una manija de algún tipo. Luego coloca a varios adolescentes en el otro extremo de la soga (fuera del agua) y a un participante sobre la tabla para que intente mantenerse sentado sobre ella mientras el grupo lo arrastra a lo largo de la piscina o el lago. El objetivo del «jinete» es no caerse. Esto es bastante parecido al esquí acuático. Los equipos pueden competir por tiempo o es posible organizarlo simplemente por diversión. Paul Mason

FERIA DE AGUA

La próxima vez que organices una fiesta o una actividad cerca de una piscina, intenta algunos de estos juegos:

- **No te caigas.** Ata un palo largo y angosto al trampolín de la piscina de manera que se extienda todavía más sobre el agua. Marca divisiones en el palo cada treinta centímetros. Compitan para ver quién puede caminar más lejos sobre el palo antes de caer al agua. Las marcas te ayudarán a ver cuánto avanza cada participante

- **Carrera de submarinos.** Averigüen quién puede nadar más lejos por debajo del agua sin subir a la superficie.

- **Zambullidas artísticas.** Compitan para ver quién puede realizar la zambullida más original.

- **Balas de cañón.** Vean quién puede salpicar más agua tirándose desde el trampolín.

- **Cazadores de tesoros.** Los chicos bucearán buscando las monedas que arrojaste dentro de la piscina. El equipo que recolecte más dinero será el ganador.

- **Carrera de patatas.** Este juego debe jugarse en aguas poco profundas, a menos que tus chicos sean muy buenos nadadores. El objetivo es llevar una patata sobre una cuchara hasta un punto determinado y luego de regreso. El juego se desarrolla como una carrera de relevos. Si la patata se cae, deben recogerla con la cuchara. No pueden tocar la patata con sus manos.

- **Tira y afloja.** Se necesitan dos botes. Simplemente deberás atar una cuerda uniendo las dos embarcaciones y colocarlas en el centro del

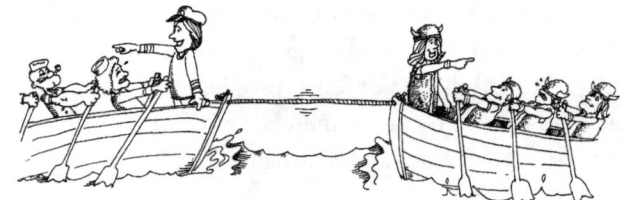

lago o la piscina. A la señal de inicio, los jugadores que están dentro de cada bote intentarán remar para alcanzar la línea de llegada de su equipo. Sin embargo, ambas líneas de llegada estarán ubicadas en los extremos opuestos del área de juego.

En otras palabras, se trata de un juego de «tira y afloja», pero con botes. También puedes colocar más de un bote en cada extremo de la cuerda si tienes suficientes embarcaciones y bastante espacio.

AGUA
JUEGOS

JUEGOS CON AGUA

¿Quién dice que necesitas una piscina o un lago para disfrutar de un poco de diversión líquida? Estos juegos te permitirán refrescar a tus chicos en esos calurosos días de verano. Ya sea que el juego involucre bombas o pistolas de agua… ¡tienes garantizado que tu grupo pasará un buen rato empapándose!

CORRER O MOJARSE

Haz que tus jóvenes se sienten formando un círculo y se numeren. Luego coloca una bomba de agua bien llena en el centro del redondel.

Cuando el líder grite dos números, esos dos chicos deberán ponerse de pie y dar una vuelta corriendo alrededor del círculo y de regreso a sus propios lugares… pero no precisan detenerse allí. Deben correr a través del lugar vacío que dejaron al levantarse y llegar hasta el centro del círculo donde está ubicada la bomba de agua.

¿Puedes adivinar el resto? ¡Sí! El primero en llegar gana el derecho de arrojarle la bomba al perdedor, quien debe quedarse quieto sin intentar esquivarla. Lisa Nyman

APAGA ESAS VELAS

Divide un gran espacio al aire libre (o un espacio interior que puedas mojar) en cinco secciones como si estuvieras cortando un pastel. Coloca cinco velas sobre una mesa ubicada en la parte posterior de cada área. Ubica a un jugador en cada sección con una pistola cargada de agua. Enciende las velas y da la señal para que comience el juego.

Los jugadores intentarán defender sus propias velas al tiempo que tratan de apagar las de los demás. El ganador será el participante que tenga la mayor cantidad de velas encendidas cuando se acabe la provisión de agua.

Puedes adaptar este juego de distintas maneras, dependiendo de la composición de tu grupo y los elementos que tengas disponibles::
- Divide el área de juego en más o menos secciones.
- Organiza un torneo y otórgales puntos a los participantes.
- Divide a tus chicos en equipos de dos jugadores con dos pistolas de agua, o en equipos más grandes con una cantidad limitada de pistolas.
- Coloca recipientes con agua en los sectores de juego; el ganador será entonces el que tenga la última vela encendida.
- Coloca el suministro de agua fuera de los sectores de juego, de manera que los participantes tengan que dejar sus velas desprotegidas mientras recargan sus pistolas. Len Cuthbert

DESESPERACIÓN

Dos equipos se ubican en los lados opuestos de una habitación, cada uno detrás de una línea. En cada ronda del juego se le cubrirán los ojos a un participante de cada equipo. Luego se coloca una pistola de agua en algún lugar en el medio, entre los dos bandos. Los dos jugadores que tienen los ojos vendados intentan encontrar la pistola de agua.

Sus compañeros pueden ayudarlos gritándoles instrucciones. Tan pronto como uno de los jugadores encuentra la pistola, puede quitarse la venda de los ojos y mojar al otro participante que aún tiene los ojos vendados. El jugador que no encontró la pistola de agua puede intentar correr hasta llegar a la línea de su equipo para evitar ser mojado, pero no puede quitarse la venda en ningún momento.

Los puntos se otorgan o se restan de la siguiente manera:

- **Por encontrar la pistola de agua: Se obtienen 50 puntos.**
- **Por mojar al otro jugador: Se obtienen 50 puntos.**
- **Por quitarse la venda de los ojos de manera ilegal (antes de encontrar la pistola de agua o cuando el jugador está siendo perseguido por el contrincante que tiene la pistola): Se restan 100 puntos.**

Este juego también puede realizarse al aire libre en un día caluroso empleando bombas de agua.
Gary Sumner

BOLSITAS DE AGUA

Las bombas de agua son un ingrediente indispensable en los juegos de los grupos de jóvenes. Sin embargo, ¿cuántas horas se pasan los líderes llenando globos de agua para su grupo?

Una alternativa es tener baldes o recipientes grandes listos y llenos de agua, y una gran cantidad de bolsitas de plástico de tamaño pequeño. Durante el transcurso del juego, los participantes pueden llenar las bolsas sumergiéndolas bajo el agua, y luego cerrarlas atándoles un nudo. El resultado es un sustituto instantáneo y provisional para las bombitas de agua. Otra ventaja es que la limpieza se hace mucho más fácil que con las bombas de agua comunes. Tim Gerarden

FLAMENCOS

Este juego funciona mejor al aire libre y con dos participantes a la vez. Los ganadores pasan de ronda y continúan compitiendo contra otros jugadores hasta que se declara un campeón. A cada chico se le entrega una pistola llena de agua. Los jugadores deben levantar un pie y saltar sobre el otro mientras mojan a los demás participantes, intentando hacerles perder el equilibrio. La ronda termina cuando alguien apoya su otro pie en el suelo o a ambos participantes se les ha acabado el agua. En el caso de que ninguno de los dos haya perdido el equilibrio, un juez determinará cuál jugador es el vencedor basándose en quién está más seco.
Kathie Taylor

PELOTÓN DE FUSILAMIENTO

Los jugadores ganarán puntos por voltear botellas de gaseosa vacías con sus pistolas de agua. Para preparar el juego, coloca dos sillas de espaldas entre sí, separadas por unos dos metros. Apoya una tabla de madera sobre los respaldos de las sillas y coloca varias botellas plásticas de gaseosa de dos litros sobre esa tabla. Consigue dos o más pistolas de agua. El juego y los puntajes pueden ser individuales o por equipos.

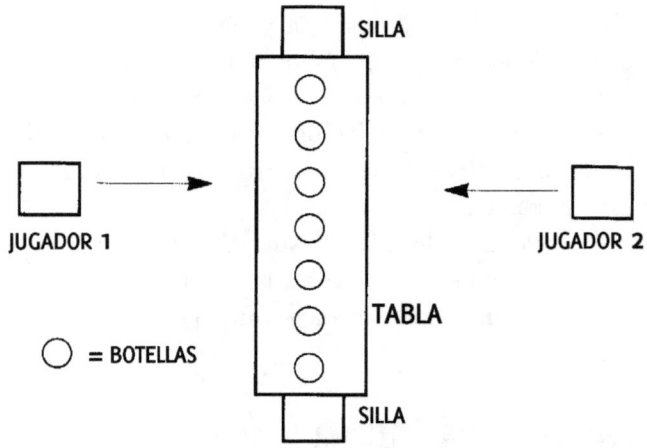

Sitúa a los jugadores, con sus pistolas cargadas de agua en la mano, a ambos lados de la tabla. Los jugadores dispararán desde una cierta distancia, intentando voltear las botellas para que caigan hacia el otro lado. Por supuesto, los participantes también

se mojarán durante la batalla. Cuando todas las botellas hayan caído, el juego termina.

El ganador puede establecerse contando cuántas botellas volteó cada uno, o cuántas botellas quedaron tiradas a cada lado de la tabla. Len Cuthbert

DISPÁRALE AL PATO

Este juego puede realizarse con grupos de cualquier tamaño, desde seis hasta sesenta personas. El líder les pide a todos que se reúnan formando un gran círculo y mirando hacia el centro, y luego que todos roten noventa grados hacia la izquierda (de manera que cada uno tenga a la vista la espalda de su compañero). Luego cada participante colocará su mano sobre el hombro de la persona que tiene delante. Varios líderes o jóvenes, dependiendo del tamaño del grupo, estarán de pie en diversos lugares dentro del círculo, mirando hacia los participantes y armados con pistolas de agua.

Cuando se da la señal, todo el grupo debe ir avanzando (rotando en círculos) mientras suena la música (o hasta que suene un silbato). Cuando la música se detiene, se le disparará a cada una de las personas que quedaron justo frente a cada uno de los líderes armados, como si fueran patitos en esos juegos de feria. Aquellos a los que se les disparó deben abandonar el juego. Entonces se cierra de nuevo el círculo (que cada vez se irá haciendo más pequeño) y la música comienza a sonar una vez más. De nuevo todos giran en fila hasta que la música se detiene y los líderes les disparan a los patos. Esto continúa hasta que queda un solo pato seco. Este último jugador será declarado el ganador. (A medida que más y más participantes abandonan el juego, también debe ir disminuyendo el número de líderes con pistolas de agua que hay dentro del círculo). Este juego resulta muy emocionante y la tensión va en aumento a medida que se acerca el final.
Samuel Hoyt

GUERRA CON LÁSER

Para conseguir el mismo efecto que producen esas caras pistolas láser, intenta esta versión del juego. Utiliza marcadores al agua o témperas a fin de pintar círculos de siete centímetros de diámetro en tarjetas de diez por quince centímetros, una para cada participante. Diles a tus chicos que traigan sus pistolas de agua y una camiseta vieja, y tú prepara

baldes o recipientes con agua para las recargas. Luego pégale una tarjeta en el pecho a cada participante y… ¡al ataque! Cuando el agua toque el círculo de color, este se expandirá por toda la camiseta… y ese jugador se considerará muerto y fuera del juego.

Forma equipos de cinco participantes cada uno con diferentes colores, y permíteles unos minutos antes del juego para planear sus estrategias. Luego da la señal para que la guerra comience. El equipo con menos integrantes aniquilados al final del tiempo prefijado será el ganado. Mark Adams

UN CORRE QUE TE PILLO MUY EFERVESCENTE

Si deseas jugar este verano un juego al aire libre al estilo de las guerras con pistolas de agua, pero más efervescente, debes hacer con anticipación lo siguiente: Perfora un pequeño agujero en el centro de varias tabletas de Alka-Seltzer (tantas como participantes vayas a tener) y luego pasa una cinta a través del agujero de manera que puedas atarlas de manera holgada al cuello de cada jugador. Pídele a cada participante que traiga una pistola de agua, coloca (fuera del área de juego) varios baldes o recipientes llenos de agua para las recargas, y que comience la diversión.

¿El objetivo? Cuando la tableta de Alka-Seltzer que tiene un jugador colgada al cuello se moja y se disuelve lo suficiente como para caerse de la cinta, ese participante queda fuera del juego. A fin de abreviar más la competencia… ¡trae también la manguera de tu jardín! Jeff Minor

GUERRA EFERVESCENTE

Esta guerra efervescente tiene objetivos muy complejos, lo cual la convierte en un divertido y desafiante juego por equipos.

Preparándote para la guerra: En cada uno de los dos extremos del campo de juego coloca:
- Una silla que pueda mojarse.
- Tres baldes o recipientes grandes marcados como PELOTAS DE FÚTBOL, FRISBEES, Y PELOTAS DE TENIS.
- Una «base segura» dentro de la cual los jugadores serán inmunes al fuego enemigo, de manera que puedan descansar y recargar sus pistolas.

Dispón el campo de juego del siguiente modo:

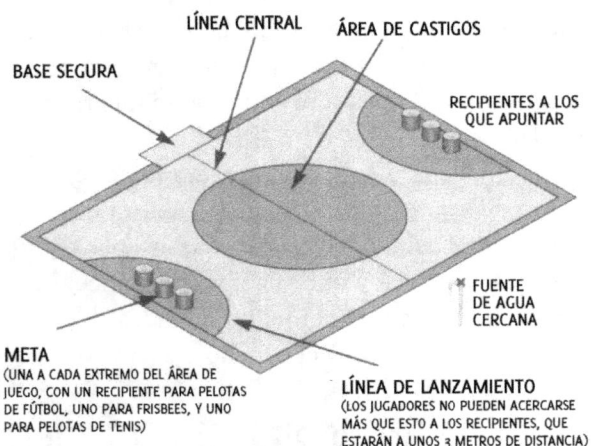

Prepara un gran suministro de medallones efervescentes. Para confeccionar un medallón, perfora un pequeño agujero en el centro de una tableta de Alka-Seltzer y atraviésale una cinta o cordón de sesenta centímetros de largo. Luego ata los extremos de la cinta, de manera que los chicos puedan pasarlos por su cabeza sin abrirlos. Prepara suficientes como para que haya uno por jugador en cada ronda de juego.

Recolecta pelotas de fútbol, Frisbees y pelotas de tenis para el juego ofensivo. Recolecta bombitas de agua, pistolas de agua, baldes o tazas (o una combinación de todo esto) para el juego defensivo. La cantidad que necesitarás de cada cosa dependerá del tamaño de tu grupo, pero planifica de modo que tengas más que suficientes. Asegúrate de tener una fuente de agua a mano. Prepara además copias de la hoja de puntajes (página 139) y lápices.

Comenzando la guerra: El objetivo de esta guerra efervescente es sumar la mayor cantidad de puntos colocando las pelotas y los Frisbees en los recipientes apropiados. No se otorgará ningún punto por arrojarlos dentro del recipiente equivocado o por casi acertarle al recipiente. Cada jugador deberá usar un medallón de Alka-Seltzer para poder participar, de manera que los jóvenes puedan eliminar a sus contrincantes mojando sus medallones… ¡hasta que se caigan de la cinta! Una vez que una tableta se ha disuelto tanto que se cae de la cinta, ese participante debe sentarse fuera del juego por el resto de la ronda.

En cada ronda, una persona de cada equipo deberá sentarse en la silla cerca de la base del equipo… será una especie de patito como esos que hay en las ferias, solo que sentado. Los equipos ganarán puntos cada vez que logren mojar a esta persona y se les otorgarán puntos adicionales si la tableta de Alka-Seltzer del pato se cae.

Antes de comenzar el juego, permite que cada equipo se reúna por unos minutos para escoger un nombre con el cual identificarse, planear estrategias y elegir a una persona que sea la encargada de llenar las bombas de agua, otra para que sea el «patito sentado», y otra que vaya registrando los puntajes. Tal vez deseen escoger también a una persona para que funcione como una especie de portero o guardameta, recuperando las pelotas y los Frisbees y arrojándolos hacia el otro lado del campo de juego.

Jueguen seis rondas de entre siete y diez minutos cada una, con períodos de descanso de diez minutos entre ronda y ronda. Los jugadores pueden entrar y salir libremente de la base segura, donde no podrán jugar ni ser mojados por otros. Y pueden moverse libremente a lo largo y ancho de todo el campo de juego, pero no cruzar la línea que estará marcada a unos tres metros de distancia de los recipientes en los que hay que introducir los distintos elementos.

Reglas básicas:
- Arrojarle agua únicamente a otros jugadores.
- No disparar arriba de los hombros.
- Nadie puede cubrir su tableta de Alka-Seltzer.
- No se puede agarrar ni sostener a nadie.

¿Cuál es la penalidad por violar cualquiera de estas reglas? ¡El jugador debe pararse desarmado dentro del área de castigos durante cinco segundos, y allí estará totalmente desprotegido de cualquier ataque con agua por parte de otros jugadores!

GUERRA EFERVESCENTE
REGISTRO DE PUNTAJES

_____
Nombre del equipo

Primera ronda
___ pelotas de fútbol x 1000 puntos cada una = ___
___ Frisbees x 1000 puntos cada uno = ___
___ pelotas de tenis x 1000 puntos cada una = ___
___ veces que se logró mojar al pato x 1000 puntos cada una = ___
¿Se cayó la tableta del collar del pato?
(5000 puntos adicionales) = ___
Puntaje TOTAL en la primera ronda = _____

Segunda ronda
___ pelotas de fútbol x 2000 puntos cada una = ___
___ Frisbees x 2000 puntos cada uno = ___
___ pelotas de tenis x 2000 puntos cada una = ___
___ veces que se logró mojar al pato x 2000 puntos cada una = ___
¿Se cayó la tableta del collar del pato?
(10000 puntos adicionales) = ___
Puntaje TOTAL en la segunda ronda = _____

Tercera ronda
___ pelotas de fútbol x 5000 puntos cada una = ___
___ Frisbees x 5000 puntos cada uno = ___
___ pelotas de tenis x 5000 puntos cada una = ___
___ veces que se logró mojar al pato x 5000 puntos cada una = ___
¿Se cayó la tableta del collar del pato?
(15000 puntos adicionales) = ___
Puntaje TOTAL en la tercera ronda = _____

Cuarta ronda
___ pelotas de fútbol x 8000 puntos cada una = ___
___ Frisbees x 8000 puntos cada uno = ___
___ pelotas de tenis x 8000 puntos cada una = ___
___ veces que se logró mojar al pato x 8000 puntos cada una = ___
¿Se cayó la tableta del collar del pato?
(20000 puntos adicionales) = ___
Puntaje TOTAL en la cuarta ronda = _____

Quinta ronda
___ pelotas de fútbol x 10000 puntos cada una = ___
___ Frisbees x 10000 puntos cada uno = ___
___ pelotas de tenis x 10000 puntos cada una = ___
___ veces que se logró mojar al pato x 10000 puntos cada una = ___
¿Se cayó la tableta del collar del pato?
(25000 puntos adicionales) = ___
Puntaje TOTAL en la quinta ronda = _____

Sexta ronda
___ pelotas de fútbol x 15000 puntos cada una = ___
___ Frisbees x 15000 puntos cada uno = ___
___ pelotas de tenis x 15000 puntos cada una = ___
___ veces que se logró mojar al pato x 15000 puntos cada una = ___
¿Se cayó la tableta del collar del pato?
(30000 puntos adicionales) = ___
Puntaje TOTAL en la sexta ronda = _____

Gran total final= _____

Se concede permiso de fotocopiar esta página solo para utilizarla en tu propio grupo de jóvenes. Copyright © 2012 por Especialidades Juveniles, www.EspecialidadesJuveniles.com

¿Deseas alentar aun más el trabajo de equipo y que haya más estrategias y emoción? Entrégales un suministro de agua limitado, unos veinte litros de agua o algo así. Dave Mahoney

GUERRA DE BOMBEROS

Agrega este juego a tu lista de entretenimientos al aire libre para días calurosos. Precisarás la cooperación del departamento de bomberos local, porque el juego requiere de un adaptador para unir una manguera común de jardín con un hidrante (una toma de agua para incendios). Aunque también

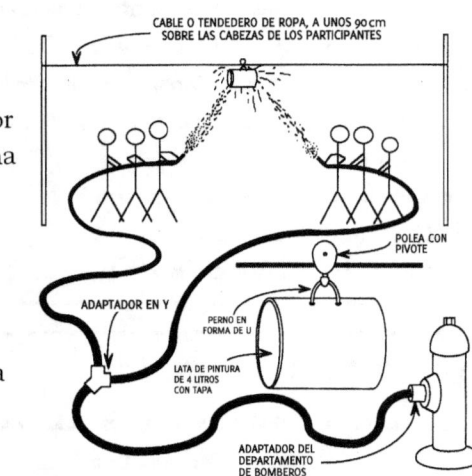

puedes unir un par de mangueras a unas llaves de agua o grifos comunes y corrientes, siempre y cuando la presión del agua sea suficiente para el juego.

Utiliza el adaptador para unir tres mangueras como indica el diagrama. Cuelga una lata de pintura vacía de un cable o tendedero de ropa con ayuda de una polea. Cada uno de los dos equipos empleará el chorro de agua de su manguera a fin de empujar la lata hacia el extremo opuesto del cable. Y, por supuesto, ambos equipos se divertirán mucho empapándose mientras lo intentan. Puedes formar varios equipos y organizar un torneo. Bev Illian

VOLEIBOL EMPAPADO

Ata una manguera a un poste ubicado en el medio

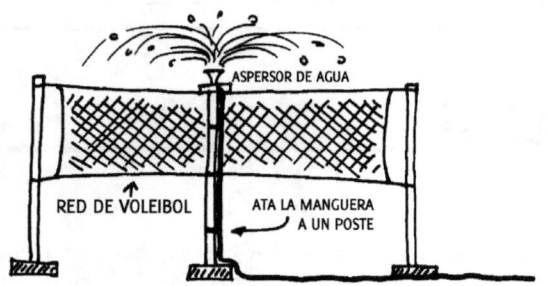

de una red de voleibol y coloca un aspersor en la punta de la manguera. Luego simplemente jueguen un partido normal de voleibol. Si están jugando sobre césped, ten en cuenta que el pasto cercano a la red puede quedar arruinado. Este juego funciona mejor si se juega sobre tierra, la cual pronto quedará convertida en un hermoso charco de lodo. Nick Tomeo

CARRERA EN BICICLETA

Este es un juego de exteriores para el cual necesitarás un área pavimentada, bicicletas, escaleras (de esas que al abrirse quedan como una V invertida) y mucha agua. Es un juego genial para un caluroso día de sol.

Divide al grupo en equipos. La cantidad de jugadores por equipo dependerá de cuántas bicicletas y escaleras tengas. Marca en el suelo una pista circular y coloca las escaleras dentro del círculo (como muestra el diagrama). Sobre cada escalera habrá un balde con agua y un vaso de plástico o papel. Los corredores (bueno, los ciclistas) estarán equipados con unos

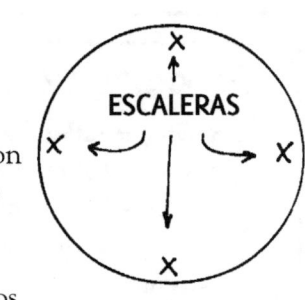

dispositivos especiales atados a sus cabezas. Debes buscar un sombrero viejo, darle vuelta y cortar dos ranuras. Después precisas pasar una cinta gruesa o un pañuelo a través de las ranuras y atarlo por debajo del mentón del participante. Recubre con un trozo de plástico el interior del sombrero y luego colócale dentro un recipiente de plástico. ¡Tal vez te ayude ver la ilustración!

Luego los participantes se montan sobre sus bicicletas (con sus sombreros en la cabeza) y van dando vueltas al círculo tan cerca de las escaleras como les sea posible. Sus compañeros de equipo estarán ubicados sobre las escaleras e intentarán tirar el agua dentro de los sombreros de los ciclistas cada vez que pasan junto a ellos. Al terminar cada vuelta, los ciclistas vuelcan el agua dentro de un contenedor y continúan así hasta que se cumpla el tiempo establecido (usualmente alcanza con cinco minutos, pero puede ser un poco más). Entonces comienza el turno del siguiente equipo. Cada equipo juega por separado, y al final se comparan los recipientes de

RECIPIENTE DENTRO DE UN SOMBRERO DADO VUELTA

CINTA ATADA DEBAJO DEL MENTÓN

cada bando. Aquel que haya recolectado la mayor cantidad de agua será el ganador.

Si este procedimiento te parece muy complicado, intenta diseñar tu propio juego. Los ciclistas podrían, por ejemplo, llevar los contenedores de agua en cestas atadas a sus manubrios, jalar una carretilla que contenga el recipiente o lo que sea. Emplea tu imaginación. También puedes sustituir las bicicletas por triciclos, o simplemente hacer que los jóvenes corran alrededor del círculo en lugar de ir motorizados. Las posibilidades son infinitas. Brenda Clowers

SABOTAJE

Entrégale a cada jugador un vaso grande de plástico lleno de agua y diles que se distribuyan por todo el terreno de juego, el cual deberá tener el tamaño de una cancha de baloncesto. Cada participante deberá sostener su vaso con la mano izquierda mientras intenta volcar los vasos de los otros jugadores con la mano derecha. No pueden arrojarle agua a nadie, sino solo intentar golpear los vasos de otros jugadores para que el agua se derrame. El último participante que quede con algo de agua en su vaso será el ganador. David Coppedge

ESQUIVA ESA ESPONJA

Cuando el sol apriete en uno de esos calurosos días de verano, encuentren una playa o un parque, lleven con ustedes cuatro o cinco baldes de veinte litros y varias esponjas, y refrésquense con este juego.

Marca un círculo en el suelo y coloca los baldes alrededor del perímetro. Llénalos hasta la mitad con agua y coloca una o dos esponjas dentro de cada uno. Luego haz que todo el grupo de jóvenes se ubique dentro del círculo. Un líder empapará la primer esponja y la lanzará (apunten siempre del cuello hacia abajo). Aquel que sea tocado por la esponja se unirá al líder fuera del círculo y comenzará él también a arrojar esponjas. El juego continúa así hasta que queda solo un jugador dentro del círculo… y ese será el ganador. Cualquiera de los tiradores puede ingresar al círculo para recuperar las esponjas que han caído dentro, pero deben sumergirlas de nuevo en agua antes de lanzarlas otra vez.

Algunas posibles variantes:
• Jueguen al revés. Es decir, comiencen todos fuera del círculo y cuando alguien es alcanzado por una esponja, el lanzador ingresa al círculo. El último en quedar fuera del perímetro pierde.
• Jueguen por equipos. Anoten cuánto tiempo le lleva a un equipo sacar del círculo a todos los jugadores del bando contrario, y luego inviertan los roles. El equipo que lo haya logrado en menos tiempo será el ganador. O establece un límite de tiempo y el equipo ganador será el que haya tenido la mayor cantidad de jugadores todavía dentro del círculo cuando el reloj suene.
• Jueguen indefinidamente, sin ganadores ni perdedores. Comiencen el juego con cinco participantes dentro del círculo. Quien logre darle a uno con la esponja intercambiará lugares con su víctima. Vernal Wilkinson

SAMURÁIS

El objetivo de este enfrentamiento es golpear al samurái del equipo contrario con una esponja llena de agua tantas veces como sea posible en un minuto.

Necesitarás un bate, esponjas (por lo menos seis), baldes de agua (por lo menos tres), un taburete, tiza o cinta adhesiva, una persona que mida el tiempo y otra que lleve el registro de los puntajes.

Señala los límites del campo de juego dibujando con tiza o marcando en el suelo con cinta adhesiva de color un círculo de dos metros de diámetro. Ubica el taburete en el centro del

círculo. Coloca tres baldes en fila, a unos cuatro metros del borde del círculo.

Divide al grupo en equipos de cuatro o cinco jugadores cada uno y pídeles que cada equipo elija a uno de sus miembros para que sea el samurái. El samurái del equipo A estará de pie sobre el taburete ubicado en el centro del círculo y no puede bajarse de allí hasta que termine esa ronda. El resto de los miembros del equipo A se ubicarán en el perímetro del círculo para defender a su samurái de las esponjas. No pueden moverse ni hacia el interior del círculo ni hacia afuera. Solo se les permite trasladarse por el contorno del redondel (por la línea que dibujaste o marcaste en el suelo). Su samurái, por su parte, se defenderá con un bate de béisbol, con el cual puede intentar repeler las esponjas que le arrojen.

Desde el otro lado de la línea marcada por los baldes de agua, el equipo B le arrojará esponjas mojadas al samurái que está dentro del circulo, intentando golpearlo con ellas. Si una esponja cae fuera del círculo, un miembro del equipo B puede correr para recuperarla y, ya sea regresar hasta detrás de la línea de los baldes para lanzarla de nuevo, o bien arrojársela a uno de sus compañeros que ya se encuentre detrás de esa línea para que este pueda lanzársela de inmediato al samurái. Sin embargo, los miembros del equipo B no pueden bajo ningún concepto ingresar al círculo a fin de recuperar sus esponjas.

La ronda termina cuando transcurre un minuto o cuando todas las esponjas están dentro del círculo. El equipo B gana un punto por cada vez que logren darle al samurái con una esponja o el samurái se baje del taburete. Luego continúan jugando otros dos equipos, de manera que a todos les toque estar una vez dentro del círculo y una vez fuera.

Si tienes más de tres o cuatro equipos, tal vez desees conseguir más esponjas y más baldes y marcar en el suelo más círculos, de manera que se desarrollen varios juegos simultáneamente. Los ganadores de cada ronda pueden enfrentarse en una especie de campeonato, hasta que resulte un solo ganador. Doug Partin

MISILMANÍA

Para crear una guerra que incluya ataques masivos con agua, compra o fabrica dos catapultas para bombas de agua y marca un campo de juego según indica el diagrama. En cada extremo del campo de juego habrá una plataforma de lanzamiento en la cual se ubicarán varios jugadores designados para operar la catapulta. Entre ambas plataformas habrá una zona de combate abierto (ZCA) para la lucha cuerpo a cuerpo, en la cual los participantes podrán arrojarles bombas de agua a sus oponentes simplemente con la mano. Un jugador que resulte alcanzado por una bomba de agua debe ir a la

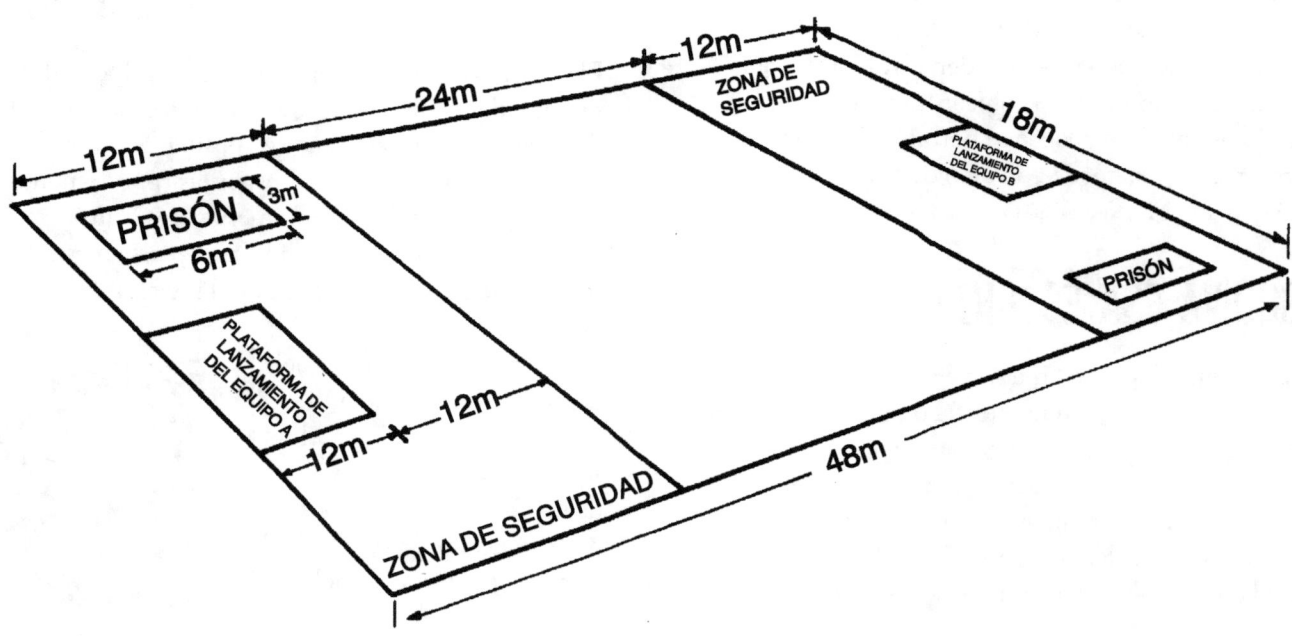

prisión del oponente, la cual estará ubicada cerca de la plataforma de lanzamiento. También habrá una zona segura en cada extremo del área de juego, a la cual no podrán ingresar los jugadores del equipo contrario y en la que los jugadores tendrán inmunidad (no podrán ser llevados prisioneros).

El objetivo del juego es darle a la catapulta de los oponentes con una bomba de agua, dejando así fuera de servicio su plataforma de lanzamiento.

Debes dividir al grupo en dos equipos, y luego cada equipo designará a algunos de sus jugadores para que permanezcan todo el tiempo en la plataforma de lanzamiento y empleen la catapulta a fin de disparar bombas de agua por sobre la ZCA en un intento de darle a la catapulta enemiga. Cuando una bomba de agua explota sobre una catapulta, esta se considera «fuera de combate» y el equipo que arrojó la bomba gana un punto.

El resto de los jugadores entablan un combate cuerpo a cuerpo dentro de la ZCA mientras intentan desactivar la catapulta del oponente arrojándole bombas. Además, tratarán de tomar prisioneros a sus enemigos dándoles con las bombas de agua dentro de la ZCA. Aquellos que sean alcanzados por una bomba dentro de la ZCA deberán permanecer en la prisión del adversario hasta que su propio equipo gane un punto por dispararle exitosamente a la catapulta del otro, momento en el cual quedarán libres y podrán reincorporarse a la guerra. Gana el primer equipo en acumular diez puntos. Gene Stabe

CANICAS EN EL LODO

Aquí tienes un juego alocado para grupos grandes y días de calor. Fabrica una laguna de lodo (calcula que necesitarás aproximadamente un metro cuadrado por cada cuatro participantes). Luego entierra cientos de canicas de diferentes colores en los primeros quince centímetros de lodo. (Asegúrate de que la tierra no tenga demasiadas piedras). Dependiendo de su color, cada canica valdrá una cantidad diferente de puntos. Mientras menos cantidad poseas de un color determinado, más puntaje debes asignarle. Por ejemplo, si tienes:

- 1 canica roja: 500 puntos
- 2 canicas blancas: 100 puntos cada una
- 25 canicas azules: 50 puntos cada una
- 100 canicas verdes: 20 puntos cada una

Divide al grupo en equipos, cada uno con dos líderes: uno que lavará las canicas que encuentren y otro que llevará la cuenta de cuántas de cada color han encontrado. A la señal de inicio, todos los participantes se sumergirán en el lodo a la caza de las canicas. El juego durará diez o quince minutos, y finalizado este tiempo el equipo que haya conseguido más puntos será el ganador. Ted Thisse

GUERRA DE ALMOHADAS

Este es un buen juego para campamentos. Se librarán batallas de uno contra uno, con los participantes sentados sobre un poste de veinticinco centímetros de diámetro que estará suspendido sobre un arroyo o un charco de lodo. Puedes hacer tu propio charco si no encuentras ninguno. El objetivo es hacer caer al contrincante empleando como única arma una almohada. El ganador de cada enfrentamiento sumará un punto para su equipo, y luego subirá otra pareja a fin de comenzar un nuevo duelo. Cada equipo deberá tener unos quince integrantes. Si el grupo es lo suficiente grande, puedes organizar un torneo. Ralph Moore

PISTOLA DE AGUA CON MÚSICA

Este emocionante juego puede jugarse con un grupo de entre seis y treinta jóvenes, ya sea en interiores o al aire libre. Indícales a tus chicos que se sienten formando un círculo (ya sea en sillas o sobre el suelo). Los jugadores se irán pasando de mano en mano una pistola llena de agua hasta que la música se detenga. La persona que tiene la pistola en sus manos en el momento en que para la música debe abandonar el juego. Sin embargo, antes de irse puede dispararle dos veces ya sea a la persona que se encuentra a su izquierda o a su derecha, o bien elegir dispararle una vez a cada uno. Luego de que este participante se retira, el círculo se achica un poco y el juego continúa hasta que queda un solo participante, quien será declarado el ganador.

La pistola debe ser tomada y entregada con las dos manos, ya que de otro modo puede caerse y romperse en medio del apuro. Es bueno también tener preparada una segunda pistola llena de agua para cuando la primera se vacíe. Un asistente puede entonces recargar la primera pistola mientras los jugadores están usando la segunda, y así sucesivamente. Asegúrate de dejar claro que solo se permiten dos disparos. De otro modo, estarás continuamente recargando las pistolas. Este es un juego muy excitante… ¡Por más agua que tengas, no podrás apagar la diversión! Samuel Hoyt

VOLEIBOL CON SÁBANAS Y BOMBAS DE AGUA

Para este original juego necesitarás una red de voleibol, una gran cantidad de bombas de agua y dos sábanas grandes.

Habrá dos equipos, uno a cada lado de la red. A cada equipo se le entrega una sábana, la cual sostendrán entre todos tomándola por los lados. Luego se coloca una bomba de agua en el medio de la sábana del equipo que va a hacer el saque inicial, y este debe arrojar el globo por sobre la red tirando de los extremos de la sábana (como si fuera una cama elástica). El otro equipo debe intentar atrapar la bomba de agua (sin que se rompa) con su propia sábana y arrojársela de nuevo al bando contrario por sobre la red. Si se va fuera del campo de juego o aterriza en su propio lado, el equipo pierde el punto. Si la arrojan con éxito pero el primer equipo no logra atraparla, o si se rompe dentro del área de juego del primer equipo, entonces son ellos los que pierden el punto.

Los puntajes funcionan igual que en un juego de voleibol común y corriente. Los equipos pueden tener cualquier cantidad que desees de participantes, pero si tienes demasiadas personas alrededor de una sábana, se torna difícil reaccionar con rapidez. Este juego requiere de un buen trabajo en equipo y resulta perfecto para un día de calor. Dan Sarian

BOMBARDEO

Antes de comenzar a jugar este juego, asegúrate de que todos hayan traído ropa para cambiarse. Divide al grupo en equipos y entrégale a cada equipo bastantes bombas de agua (unas cuatro o cinco por cada jugador) sin rellenar. Cada equipo tendrá quince minutos para llenar sus bombas (fíjate que haya disponible una llave de agua para cada equipo). Luego permíteles bombardearse mutuamente hasta que ya no queden más bombas de agua. El equipo más seco al finalizar el juego será el ganador.

CALCETINES MOJADOS

Aquí tienes una nueva forma de organizar una guerra con bombas de agua. Pídele a tus jóvenes que cada uno traiga un calcetín… esos largos que tienen forma de tubo funcionan mejor. Luego entrégale a cada participante una bomba de agua, la cual deberán colocar dentro del calcetín.

Entonces comiencen una guerra de agua en la cual los chicos intentarán golpearse mutuamente con los calcetines. Los golpes deben ser de los hombros hacia abajo. Si tu bomba de agua explota, quedas fuera del juego. No obstante, mientras puedas golpear a otros sin romperla, podrás permanecer jugando. El ganador será la última persona que quede con su bomba de agua intacta.

Una variante de este juego sería eliminar a cualquier jugador que sea golpeado por otro al igual que al que se le rompa la bomba de agua. De cualquier manera, será muy divertido. Jim Ruberg

LA CATAPULTA

Esta de seguro será una de las ideas más emocionantes y divertidas que hayas utilizado. Corta un balón de fútbol (viejo o roto) por la mitad, hazle un par de agujeros, y átalo a dos postes con bandas o cintas de látex. Coloca una bomba de agua dentro del medio balón, jala hacia atrás… y hazla volar. Deberías poder lanzar bombas de agua sin problemas

hasta una distancia de más de treinta metros. Por supuesto, puedes formar dos equipos que se enfrenten en una batalla o jugar a lanzar las bombas intentando darle a algún objetivo (o varios) que les indiques.

Advertencia: Este juego puede ser peligroso y destructivo. Las bombas de agua salen disparadas con mucha fuerza, y si se arrojan muy por lo bajo o a una corta distancia, pueden abollar un auto, romper una ventana o lastimar a alguien. Dave Anderson

ESQUIVANDO BOMBAS

Este juego funciona exactamente igual que el juego de «los quemados» («dodgeball» en inglés), también conocido como «dogo» en algunos países de habla hispana. La única diferencia, por supuesto, es que se emplearán bombas de agua en lugar de una pelota como es habitual. Coloca a uno de los equipos contra la pared y al otro a unos seis metros de distancia como mínimo. La última persona en ser alcanzada por una bomba de agua será la ganadora.
Tim Lawrence

CARRERA CON BOMBAS DE AGUA

Coloca a tus chicos en parejas y haz que corran una carrera sosteniendo una bomba de agua entre sus frentes. Las manos no pueden tocar la bomba de agua, solo la cabeza de cada jugador. Si la bomba se cae al suelo, pero queda sana, la pareja debe dar diez pasos hacia atrás y reanudar su carrera hacia la meta. Si la bomba se rompe, la pareja queda fuera del juego.

LANZAMIENTO DE BALA

Organiza una competencia para ver quién puede lanzar más lejos una bomba de agua, pero haciéndolo como los deportistas, al estilo del «lanzamiento de la bala». A fin de hacer más interesante el juego, pídele a un líder que se pare frente a los lanzadores, de manera que puedan intentar darle a él con las bombas.

FÚTBOL CON BOMBAS DE AGUA

Divide al grupo en tantos equipos de entre diez y quince personas como sea posible. Antes del juego, llena un mínimo de tres bombas de agua por participante. También ten preparado un sombrero (o casco) especial para cada equipo, para lo cual toma una gorra o sombrero y pégale con cinta adhesiva varias tachuelas o chinches con las puntas hacia afuera. Luego coloca el sombrero sobre una X marcada en el suelo, a unos seis metros de la línea de partida.

Cuando des la señal, la primera persona en la fila de cada equipo correrá hasta el sombrero y se lo pondrá en la cabeza. La segunda persona de la fila entonces lanzará por el aire una bomba de agua en dirección al primer jugador, quien intentará hacerla explotar con su sombrero. Si lo logra, regresará corriendo y se colocará de último en la fila de su equipo. Si no lo logra, se le arrojará una segunda y hasta una tercera bomba. Si aún no consigue hacer explotar alguna de estas bombas con su sombrero (y empaparse en el proceso), deberá quitárselo y regresar para situarse de último en la fila de su equipo. El segundo jugador de la fila se pondrá entonces el sombrero y probará su suerte. El primer equipo en lograr que todos sus miembros hayan pasado por el sombrero (y regresado a la fila) será el ganador del evento. Brad Edgbert

VOLEIBOL CON BOMBAS DE AGUA

El voleibol con bombas de agua se juega de manera muy similar a un juego convencional de voleibol. Coloca la red de voleibol como se hace normalmente y divide a tus jóvenes en dos equipos con igual número de integrantes. Cualquier cantidad de jóvenes puede participar. La diferencia principal en este juego radica en que en lugar de utilizar una pelota común de voleibol, tendrán que atrapar y arrojar una bomba de agua.

El saque inicial se realizará desde la línea de fondo, y a cada equipo se le permitirán tres pases antes de que deban enviarle la bomba de agua por sobre la red al equipo contrario. La bomba de agua irá así pasando de un lado al otro de la red hasta que al final, de modo inevitable, se romperá. Cuando la bomba explote, el equipo contrario a aquel en cuyo territorio explotó será el que gane el punto, sin importar quién haya efectuado el saque inicial.

Los pinchazos están permitidos, pero deben recordar que en el momento en que la bomba explota, el equipo contrario será el que gane el punto. El equipo que gane un punto efectuará el siguiente saque, y así sucesivamente.

El juego seguirá hasta que uno de los dos equipos acumule quince puntos, momento en el cual se cambiarán de lado y el juego se reanudará. Todas las reglas del voleibol común valen en este juego (por ejemplo, no se puede cruzar la mano por sobre la red ni empujarla con el cuerpo).

Otra variante de este juego, la cual ha demostrado ser incluso más divertida, es tener treinta o cuarenta personas en cada equipo y usar simultáneamente cuatro o cinco bombas de agua, de manera que diversas situaciones (saques, pases, devoluciones, etc.) ocurran al mismo tiempo. Las reglas aquí son las mismas que para el juego con una sola bomba, solo que en esta variante no se llevan puntajes. El equipo ganador será sencillamente aquel que esté más seco luego de transcurrido un período de tiempo predeterminado. Terry McIlvain

VOLEIBOL A CIEGAS

Para este juego necesitarás una buena dotación de bombas de agua y una red de voleibol cubierta con sábanas de manera que los equipos no puedan verse entre sí.

El primer equipo hace un saque lanzando la bomba de agua por sobre la red, pero sin levantar el brazo por encima del hombro (lo opuesto a arrojarla rápidamente y con fuerza).

También puede resultar bueno colocar una cuerda por sobre la red e indicarle a los jugadores que deben hacer pasar la bomba de agua por sobre esa cuerda. Elene Harge

GUERRA SIN CUARTEL

Este juego es similar al de «Sheriffs y bandidos» que aparece en otra parte de este libro, así como a otras actividades para campamentos que involucran grandes áreas de juego y muchos chicos. Divide al grupo en dos equipos e identifica de algún modo a los jugadores con diferentes colores (por medio de brazaletes, insignias o lo que sea). Cada equipo tendrá un blanco (una persona) que permanecerá en el mismo lugar durante todo el encuentro, y el objetivo del juego será simplemente darle a esa persona con una bomba de agua. Cada equipo preparará con tiempo una gran cantidad de bombas de agua (alrededor de seis por cada integrante) y las guardará en su base de operaciones. Está prohibido ingresar a la base de operaciones del equipo contrario y destruir su arsenal de bombas de agua.

Al comenzar el juego, los jugadores toman dos bombas de agua cada uno e intentan darle al blanco (pegarle con las bombas a la persona elegida por el equipo contrario). Los jugadores pueden matar a los miembros del equipo contrario golpeándolos con las bombas de agua. Los jugadores muertos deben abandonar el juego. El primer equipo en darle al blanco será el ganador, y el juego puede terminar allí o iniciarse una segunda ronda. También es posible convertirlo en una competencia por puntos, otorgándose cien puntos por cada soldado enemigo que caiga muerto y quinientos a quien logre darle al blanco del equipo contrario.

Jerry Martin

CÍRCULO PELIGROSO

Se le entregarán a cada jugador entre tres y cinco bombas de agua. Dibuja un círculo en el suelo, y un equipo entero se sentará dentro del círculo mientras el otro le lanza bombas de agua. El equipo que está sentado no puede moverse. El otro equipo debe arrojar las bombas desde detrás de una línea a una cierta distancia. Deberán lanzar con suavidad, sin levantar el brazo por sobre el hombro. Cualquiera que rompa las reglas deberá sentarse sobre una bomba de agua bien llena. Los equipos intercambiarán posiciones cuando el equipo lanzador se quede sin bombas de agua. Entrégale un premio al final al equipo que esté más seco.
Steve Tidwell

AFINA TU PUNTERÍA

Para este juego necesitarás construir una mampara de cartón o madera (o lo que tengas) de aproximadamente un metro y medio de alto. Deberá tener también un metro y medio de ancho y un agujero de veinticinco centímetros de diámetro en alguna parte cerca del extremo superior. Puedes construirla de manera que se sostenga sola o pedirle a dos personas que la sostengan mientras transcurre el juego.

Divide a tu grupo en dos equipos. Por turnos, una persona

de cada equipo se acostará en el suelo mirando hacia arriba, con los pies hacia la mampara (debajo del agujero). El resto del equipo formará una fila al otro lado de la mampara, pertrechados con bombas de agua. Estos participantes se irán arrodillando sobre una «línea de lanzamiento» e intentarán arrojar las bombas de agua a través del agujero de manera que la persona que está acostada al otro lado intente atraparlas antes de que exploten contra el suelo. No pueden darle ningún aviso o señal antes de arrojar las bombas. El equipo que tenga la mayor cantidad de bombas de agua sanas luego de que todo el mundo haya tirado una vez será el ganador. Este es un juego muy mojado que puede resultar muy divertido también. Puedes sustituir las bombas de agua por huevos crudos para tener una versión más «pegajosa» del juego. Brenda Clowers

TODO POR CINCO DÓLARES

En cada grupo hay al menos un par de chicos que con gusto explotarían bombas de agua sobre su propia cabeza si supieran que dentro de una de las bombas hay escondido un billete de cinco dólares. Así que, en un día de calor, ofrécele a tu grupo un espectáculo hilarante, haz a alguien cinco dólares más rico... y tal vez imparte una lección objetiva al hablar con tu grupo acerca de esa tontería (lo que la gente es capaz de hacer por dinero, el hecho de pagar un precio por lo que uno realmente desea, etc.). Dale a cada voluntario solo siete segundos para explotar sobre su cabeza todas las bombas que pueda. Luego permite que otros voluntarios prueben su suerte hasta que aparezca el dinero. Timothy Bean

ATRAPA ESA BOMBA

Divide una gran cantidad de bombas de agua de manera equitativa entre cuatro equipos y envía a cada grupo a uno de los extremos del campo de juego (como indica el diagrama).

Cada equipo elegirá dos personas para que sean sus «atrapadores». Estos dos participantes se ubicarán dentro del área central sosteniendo entre los dos un bote de basura. Cuando comienza el juego, el resto de los participantes de cada equipo

intentarán lanzar sus bombas de agua desde la esquina que les tocó hasta el bote de basura que están sosteniendo sus «atrapadores» en el centro del campo de juego. El equipo con más agua dentro de su bote cuando se hayan acabado todas las bombas será el ganador.

Recuerden estas reglas:
- Ambos «atrapadores» deben sostener el bote de basura todo el tiempo.
- Los «atrapadores» pueden atrapar bombas de agua de cualquier equipo.
- No está permitido ningún tipo de contacto físico entre los «atrapadores» de diferentes equipos a menos que estén compitiendo para atrapar una bomba que está en el aire.
- Los «atrapadores» no pueden salir del área que les ha sido designada.

También puedes hacer que los equipos diseñen diversos modos de impulsar las bombas hasta los botes de basura (por ejemplo, usando catapultas), pero cuidando siempre de que los tiros sean por elevación y no directos, a fin de no lastimar a los «atrapadores». John Stumbo

KAMIKAZES

Este es un juego para realizar al aire libre que resulta muy bueno en campamentos con cualquier grupo de treinta chicos o más. Divide al grupo en dos equipos. Un equipo estará identificado con el color rojo y el otro con el color dorado. Puedes utilizar brazaletes para esto. Cada equipo tendrá un presidente, quien podrá ser asesinado únicamente con una bomba de agua. El área de juego debe dividirse por la mitad y el presidente de cada equipo se ubicará en su propia parte del campo de juego.

El presidente de cada equipo estará sentado (cada uno en su lado) en una silla, ubicada dentro de un círculo de un metro de diámetro, el cual a su vez estará dentro de un círculo mayor (de unos cinco o seis metros de diámetro). En cada equipo habrá algunos jugadores ofensivos y otros defensivos. Los jugadores ofensivos recibirán dos bombas de agua cada uno y podrán moverse por cualquier parte del campo de juego excepto por dentro de los círculos en los cuales los presidentes están sentados. Ningún jugador (ofensivo ni defensivo) puede ingresar o pasar a través de los dos círculos que rodean a cada presidente.

Los jugadores ofensivos intentarán asesinar al presidente del equipo contrario. Harán esto lanzando bombas de agua desde fuera del círculo exterior. Deben lanzar con forma de curva hacia arriba, por elevación, no realizando tiros directos. Si la bomba golpea al presidente de la cintura para abajo, se considerará tan solo herido. Se requieren tres heridas para considerarlo muerto. Una bomba que lo golpee de la cintura para arriba mata de inmediato al presidente y el juego se da por finalizado. (O si quieres seguir jugando, puedes otorgarle puntos al otro equipo e indicarle a aquel cuyo presidente ha sido asesinado que elija uno nuevo). Un juez adulto deberá estar cerca para solucionar las disputas que puedan surgir de los lanzamientos.

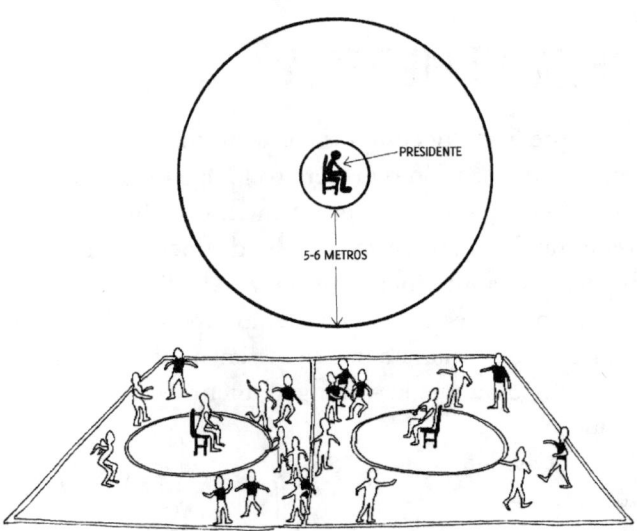

Los jugadores defensivos estarán armados con una pequeña bolsa de papel llena de harina. Obviamente, su trabajo será defender al presidente. Pueden matar a los jugadores ofensivos del otro equipo rompiendo la bolsa de harina sobre sus cabezas. Los jugadores ofensivos no pueden matar a los jugadores defensivos. Simplemente pueden correr de regreso hasta sus propios territorios. Los jugadores defensivos no pueden ingresar al territorio del equipo contrario. Cuando un jugador defensivo mate a un jugador ofensivo, le quitará su brazalete y el jugador muerto deberá ir al cementerio y quedará fuera del juego. Cuando todos los jugadores ofensivos de un equipo estén muertos, ese equipo automáticamente habrá perdido el juego.

El juego se dará por finalizado luego de un

límite de tiempo prefijado, o cuando uno de los presidentes sea asesinado. Sin embargo, para evitar que el juego se acabe demasiado pronto, puede ser mejor que cuando un presidente sea asesinado simplemente haya un receso de cinco minutos durante el cual los equipos puedan reorganizarse, elegir a un nuevo presidente, sacar a sus jugadores muertos del cementerio y colocarles nuevos brazaletes, y luego reanudar el juego. Además, durante el receso un líder tomará nota de los puntajes.

Por asesinar al presidente del equipo contrario se ganan doscientos puntos, y por cada brazalete (por cada oponente muerto) se obtienen cincuenta puntos. También durante cada receso se repartirán nuevas bombas de agua y bolsas de harina para todos los participantes.

Deberá haber al menos cuatro jueces adultos, uno para el área de juego de cada equipo y los otros para vigilar en especial a cada uno de los dos presidentes. También debería haber otra persona encargada de repartir las bolsas de harina y las bombas de agua. (Un jugador puede reabastecerse en cualquier momento durante el juego. No necesita esperar un receso). El área de reabastecimiento es segura y no se puede pelear ni matar a nadie en ella.

Lewis E. Trotter

SALVEN A LA REINA

Aquí tienes un juego de estrategia para jugar al aire libre con bombas de agua. Prepara el campo de

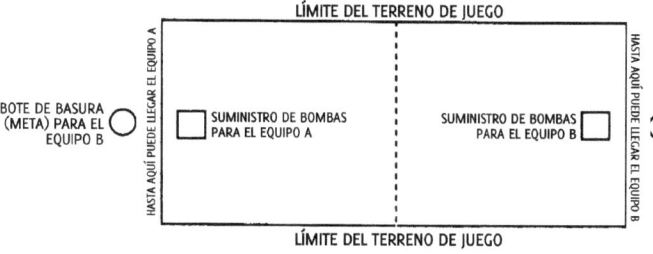

batalla según indica el diagrama y proporciónale a cada equipo cantidades iguales de bombas de agua de tres clases diferentes:
• Bombas de agua de color rojo (o de algún otro color que especifiques), las cuales valdrán cien puntos.
• Bombas «reina», que serán bombas muy grandes y valdrán mil puntos (cómpralas en una tienda especial o utiliza un globo común y corriente). Solo habrá una por equipo.
• Una variedad de bombas más pequeñas de otros colores que no sean rojo, las cuales no valdrán nada, pero servirán de armas.

Cada equipo comienza el juego en su propio territorio, intentando avanzar con aquellas bombas que tienen puntaje a través del territorio enemigo a fin de encestarlas luego en un bote de basura.

Las bombas que no tienen puntaje servirán para arrojárselas a aquellos jugadores del equipo contrario que lleven bombas con puntaje. Los participantes que (llevando bombas con puntaje) son alcanzados por un misil enemigo (es decir, mojados con una bomba común) deberán entregarle sus bombas especiales al enemigo. Este es el único modo de robarle puntos al adversario. No está permitido el contacto físico ni robarle bombas al enemigo.

Cuando quede más o menos la mitad de las bombas aún sin explotar, detén el juego por unos minutos. Durante este receso los equipos podrán revaluar sus estrategias. Luego reanuda el juego. Cuando se hayan acabado todas las bombas, el equipo con más puntos dentro de su bote de basura será el ganador. John Sturnbo

BUSCAR Y DESTRUIR

Es el último día de campamento, los chicos necesitan un juego al aire libre en el que todos puedan participar, y si has estado registrando el puntaje de los equipos durante toda la semana, necesitas una competencia final con la cual incluso el equipo que vaya último tenga la remota posibilidad de alcanzar al resto e incluso ser el ganador del campamento.

Así que aquí tienes una combinación de búsqueda del tesoro con guerra de bombas de agua. Primero, esconde bombas de agua (vacías) por toda el área de juego. Mientras más colores tengas, mejor. Comienza el juego dividiendo al grupo en equipos y explicándoles las reglas:
• Cuando un jugador encuentra una bomba, debe correr, arrastrarse, caminar, escabullirse o saltar en una pata hasta el «cuartel general», donde un líder llevará la cuenta y registrará los puntajes de cada equipo.

- Hay un detalle divertido: los participantes no conocerán el valor de los diferentes colores hasta luego de finalizado el juego. (Sé creativo, por ejemplo: las bombas amarillas valdrán veinte puntos cada una, las azules quince puntos, las rojas cinco puntos, las blancas menos cinco puntos, las rosadas menos diez puntos, tres anaranjadas juntas traídas en un solo viaje por un mismo jugador valdrán treinta puntos, etc.).
- Cuando consideres que ya han aparecido todas (o casi todas) las bombas que escondiste, o luego de transcurrido un tiempo predeterminado, el líder le entregará a cada grupo las bombas que recolectó y anunciará los puntajes finales.
- A partir de allí comienza la guerra: ¡Cada equipo será libre de llenar sus bombas y lanzarlas contra quien se le ocurra!

Para mantener a los líderes secos (si es que lo deseas), avísales a los jugadores que se le restarán puntos a su equipo en caso de que lancen bombas contra ellos. Y cuando la batalla haya terminado, organiza un juego breve, pero crucial, en el que los equipos compitan para ver quién puede recoger del suelo la mayor cantidad de pedacitos de bombas.

David Holton

EMPAPADOS

Una calurosa tarde al aire libre es perfecta para este juego con bombas de agua. Una persona lanza una de estas bombas hacia arriba, lo más alto que pueda, y grita el nombre de otro jugador (o un número, si los participantes se han numerado). Ese jugador debe atrapar la bomba. Si consigue atraparla sin que se rompa, se gana el derecho de lanzársela al jugador que dijo su nombre. Luego es su propio turno de tomar una bomba, arrojarla al aire y nombrar a otro jugador. Si por el contrario la bomba se rompe al intentar atraparla… bueno, ese jugador se empapa. Y si el jugador designado ni siquiera hace un intento por atrapar la bomba… ¡abre el grifo y apúntale con la manguera! Chris Hayes

TOMA ESA BANDERA (CON ESTRATEGIA)

El agua hace que esta versión de «Toma esa bandera» (ese juego se encuentra en alguna parte de este libro… ¡búscalo en el índice!) sea aun más divertida, y el aspecto estratégico hará que tus chicos trabajen juntos como equipo.

Cada jugador debe meterse en la cintura un calcetín, un pañuelo o un trapo. Al igual que en el juego «Toma esa bandera» tradicional, un participante es capturado cuando le quitan el calcetín dentro del territorio enemigo. Los jugadores que son capturados son trasladados a la prisión. Tú y tus chicos decidirán cómo y dónde.

No obstante, he aquí algunas variaciones que hacen de este «Toma esa bandera» estratégico el juego tan genial y emocionante que es:

- **Zona segura.** Cada equipo construye una zona segura (con un círculo de cuerda de tres metros) alrededor de su bandera. Nadie puede ser llevado prisionero mientras esté dentro de este círculo.
- **Base de lanzamiento de misiles.** Dentro de otro círculo construido con una soga de tres metros en cualquier parte del terreno de juego de cada equipo, habrá un gran recipiente o bote de basura lleno de bombas de agua. Esta será la base de lanzamiento de misiles… el único lugar desde el cual podrán arrojarse bombas de agua. Si alguna bomba de agua te alcanza, te conviertes en prisionero igual que si te quitaran el calcetín… excepto que este bombardeo líquido resulta efectivo en cualquier lugar, incluso dentro del campo de juego del enemigo.
- **Tanques.** Cada equipo cuenta también con dos tanques. Cada tanque estará formado por dos personas, una montada sobre la espalda de la otra. El que va arriba llevará una jarra plástica llena de agua. Si te moja (o te empapa) un tanque, también te conviertes en prisionero. Solo recuerden dos cuestiones: Los tanques pueden tomar prisioneros en cualquier parte del área de juego (en territorio propio y en territorio enemigo) y solo un tanque puede tomar prisionero a otro tanque.

Asegúrate de que ambos equipos tengan un gran suministro de agua para sus tanques, o haz que la llave de agua sea un lugar neutral. Y utiliza varios árbitros a fin de evitar que los chicos utilicen su creatividad para infringir las reglas.

Concédeles a los equipos tiempo suficiente antes del juego para planear sus estrategias. O tal vez prefieras jugar varios juegos cortos en lugar de uno largo, ya que esto les dará a tus chicos la oportunidad de intentar diversas estrategias. John Young

SILLITAS CON SORPRESAS

Esta es una variante del tradicional «Juego de las sillas» (también conocido como «El stop»), solo que esta vez necesitarás sillas para todos, bolsas de papel y muchos globos. Prepara las sillas como en el juego tradicional, solo que deberá haber una silla para cada participante (en lugar de que falte una). Infla los globos, ponlos dentro de las bolsas de papel, cierra las bolsas y coloca una sobre cada asiento. Una de las bolsas, sin embargo, tendrá dentro una bomba de agua en lugar de un globo lleno de aire. Los chicos marcharán alrededor de las sillas, y cuando la música se detenga (o cuando tú des la señal) todos deben sentarse en las sillas sobre las bolsas de papel. Aquel que se siente encima del globo, además de mojado, quedará fuera del juego. Los líderes reacomodarán las sillas y colocarán más bolsas de papel, y así continuará el juego hasta que quede solo una persona seca.

Obviamente, esto requerirá de muchas bolsas de papel. Si quieres evitar tanto trabajo, coloca más bolsas con bombas de agua en la primera ronda (la mitad, por ejemplo) y elimina a más chicos de una vez. También puedes repetir esto en las rondas sucesivas. Asegúrate de que los chicos no espíen cuando colocas las bolsas para ver cuáles traen «sorpresa» y cuáles no. J.R. Wallis

CARRERA DE ESCUPIDAS

Para jugar esta carrera de relevos al aire libre prepara dos contenedores grandes de agua, de esos que tienen un grifo para servirse. Coloca uno en cada extremo de una mesa con los grifos hacia afuera. Luego corta la parte superior de un par de botellas de gaseosa de dos litros y entrégale una botella a cada equipo.

Cuando el juego comienza, los participantes corren por turnos hasta el contenedor de agua, abren el grifo, se llenan la boca de agua, corren hasta la botella de su equipo, y escupen el agua dentro. El primer equipo en lograr que su botella rebalse será el ganador.

Si quieres asquear aun más a tus chicos (y sobre todo a las chicas), toma un trago de la botella del equipo ganador y luego arroja el resto sobre el equipo perdedor.

Dependiendo del tamaño de tu grupo, puedes variar el tamaño de la botella de manera que cada adolescente pueda participar dos o tres veces. Una botella de dos litros puede contener unas treinta o cuarenta escupidas.

Para añadirle diversión al juego puedes poner como regla que los jugadores digan como puedan antes de escupir el agua: «¡Auxilio, me ahogo!».
Brian Jennings

CARRERA DE RELEVOS CON BOTELLAS

Entrégale a cada equipo un pequeño vaso desechable, una botella de gaseosa vacía y un balde lleno de agua. Un jugador de cada equipo se acostará en la línea de llegada y sostendrá la botella sobre su frente. Sus compañeros formarán una fila detrás de la línea de partida, junto al balde de agua. El primer jugador de cada equipo llenará el vaso desechable con agua del balde, correrá hasta su compañero que sostiene la botella, vaciará el contenido del vaso dentro de la botella (o al menos lo intentará), correrá de regreso al punto de salida, y le entregará el vaso al siguiente en la fila. Cuando hagas sonar el silbato para indicar el final del juego, el equipo con más agua dentro de la botella será el ganador.

POSTA EN PAREJAS

Para esta carrera de relevos cada equipo requiere un recipiente del tamaño de un cesto de basura que pueda contener agua razonablemente bien. También necesitarán una lata pequeña, una botella de gaseosa y un gran suministro de agua (como por ejemplo un tonel que continuamente se esté llenando con una manguera, o cualquier cosa que sirva para que los participantes puedan recargar sus latas sin interferir con los otros equipos). Esta carrera debe correrse al aire libre y los chicos no deberían usar ropas buenas.

Coloca una silla resistente para cada equipo a unos cincuenta metros de la

línea de partida, mirando hacia esa línea. Coloca los cestos de basura sobre la línea y junto a ellos a cada equipo formando fila en parejas. Un participante tendrá en su mano la lata llena de agua mientras que el otro tendrá la botella de gaseosa. Cuando se oiga la señal para comenzar el juego, ambos correrán hasta la silla. Allí, uno se sentará y sostendrá la botella sobre su frente mientras que el otro intentará llenarla volcando el agua de la lata. (No les permitas doblar la lata para formar un pico).

Cuando la botella esté llena o la lata vacía (lo que ocurra primero), ambos regresarán corriendo a la línea de partida y, mientras uno vacía el contenido de la botella dentro del cesto de basura, el otro recargará la lata. Luego ambos le pasarán estos elementos a la pareja siguiente. Esta nueva pareja saldrá corriendo y la carrera continuará así hasta que todo el equipo haya corrido. Si el cesto aun no está lleno de agua, pueden continuar jugando, pero invirtiendo los papeles. El primer equipo en hacer rebalsar su cesto será el ganador. Este juego funciona mejor con dos equipos numerosos. Rogers E. George III

POSTA DE PATOS

Se divide al grupo en equipos de cuatro integrantes cada uno. Dos participantes se colocan en fila detrás de una línea marcada en el suelo de frente a sus compañeros, lo cuales estarán detrás de otra línea a unos tres metros de distancia. El primer jugador de cada equipo camina hasta la línea donde están sus compañeros haciendo equilibrio con un vaso desechable lleno de agua sobre su cabeza y sosteniendo un globo entre las rodillas. Si logra llegar con éxito, le entrega el vaso y el globo a su compañero, quien hará lo mismo, pero caminando hacia la línea de partida. Si a un jugador se le vuelca el agua o deja caer el globo, debe comenzar de nuevo su parte

del recorrido hasta que logre hacerlo de manera satisfactoria. El primer equipo cuyos cuatro integrantes completen con éxito el recorrido gana.

BOLSILLO LLENO

Divide al grupo en dos o más equipos. Un participante se colocará una lata de gaseosa en el bolsillo trasero de su pantalón. El resto del equipo se formará en fila detrás suyo, cada uno sosteniendo un pequeño vasito desechable. Al otro extremo de la fila habrá un balde con agua. La idea es que cada equipo intente transportar agua, pasándola de vasito en vasito, desde el balde hasta la lata de gaseosa. El primer grupo en llenar su lata gana. Roger Copeland

MAREMOTO

Aquí tienes un juego de postas que resulta ideal para el verano. Organiza a tu grupo en dos filas, mirando hacia una fuente de agua. Cuando des la señal, la primera persona de cada equipo correrá hasta la fuente, llenará una jarra de agua, correrá de regreso hasta su equipo, y le arrojará el agua en la cara al siguiente compañero de la fila. Antes de que el jugador pueda tirar el agua, el compañero que está esperando debe señalarlo y gritar: «¡Un maremoto!». Luego la persona mojada tomará la jarra y continuará el proceso. El primer equipo en tener a todos sus jugadores mojados será el ganador.

Por razones de seguridad, la persona que lanza el agua debe estar por lo menos a un metro de distancia del jugador que será mojado, y además la jarra debe ser de plástico. En un día caluroso te sorprenderás de cuántas veces tus chicos querrán volver a jugar este juego. Gary Ogdon

TÁPALO CON TU DEDO

Para este juego debes dividir a tu grupo en equipos con igual cantidad de jugadores cada uno. Los equipos se formarán en fila. Cuando des la señal, el último jugador de cada fila llenará una botella de gaseosa con agua de un balde u otra fuente. Luego colocará su dedo pulgar en la abertura de la botella, la volteará cabeza abajo, y se la pasará a su compañero. La botella irá avanzando por la fila hasta llegar al primer jugador, siempre cabeza abajo, de modo que los participantes tendrán que ir sacando rápido su dedo para que el siguiente jugador pueda introducir el suyo y así evitar que se escape el agua. Al llegar al primer jugador en la fila, este volcará el contenido de la botella dentro de un recipiente vacío y correrá con ella hasta llegar al último lugar. Entonces el ciclo comenzará de nuevo, solo que este jugador será el último en la fila (el que llene la botella con agua) y el que era el segundo ahora será el primero (volcará el agua en el recipiente del equipo). El equipo que primero logre llenar el recipiente vacío resultará el ganador. Tony Ward

UNA PELOTA QUE FLOTA

Para esta carrera de relevos necesitarás latas de café vacías, pelotas de ping-pong, baldes de agua, toallas, y una persona por cada equipo que esté dispuesta a mojarse.

Un jugador se acostará boca arriba a unos nueve metros de su equipo, que estará formado en fila. Colocará la lata de café (vacía) sobre su estomago o su pecho, y pondrá la pelota de ping-pong dentro de la lata de café. Junto a la fila de cada equipo habrá un balde lleno de agua.

Cuando des la señal de inicio, los jugadores usarán sus manos (juntas, como formando un tazón) para llevar agua desde el balde hasta la lata de café. Correrán uno a la vez, como en una carrera de postas. A medida que la lata de café se vaya llenando, la pelota irá subiendo. Cuando piensen que está lo suficiente cerca del borde, uno de los jugadores del equipo intentará tomarla de la lata con su boca. El primer equipo que logre sacar la pelota de ping pong de la lata (sin usar las manos) y llevarla corriendo hasta la línea de meta será el ganador. Larry Jansen

PLOP PLOP FIZZ FIZZ

A fin de llevar a cabo este juego deberás conseguir suficientes tabletas de Alka-Seltzer para todos los participantes. También deberás preparar varios jarros de agua (la suficiente como para llenar las manos de todos jugadores, los cuales formarán cuencos con ellas) y algunas toallas con el objetivo de secarse al finalizar. Los equipos se formarán en filas como para una carrera de relevos. A la señal de inicio, el primero de la fila de cada equipo correrá hasta las jarras, tomará una, regresará y comenzará a derramar agua en las manos (unidas en forma de cuenco) de cada uno de los miembros de su equipo. Sin embargo, un segundo antes de que vuelque el agua en las manos del segundo en la fila, el tercero colocará una tableta de Alka-Seltzer en el «tazón» que este ha formado. Luego el cuarto colocará una tableta en el «tazón» formado por el tercero justo antes de que este reciba el agua de la jarra, el quinto lo hará con el cuarto, y así sucesivamente. El primer equipo que logre disolver todas sus tabletas de Alka-Seltzer será el ganador. Vein Bauble

BRIGADA CON BALDES

Entrégale a cada equipo un balde vacío y un balde lleno de agua. Dale también a cada jugador un pequeño vaso desechable. Coloca los baldes en el suelo, separados por una distancia de unos diez metros. Uno por uno, y en orden, los participantes llenarán sus vasos con agua, correrán hasta el balde vacío, verterán el agua dentro, correrán de regreso y tocarán al siguiente en la fila. Cuando suene el silbato, el equipo con más agua en el balde que estaba vacío será el ganador.

BOMBEROS AL RESCATE

Con el objetivo de preparar esta actividad necesitarás suficientes vasitos desechables como para que cada jugador tenga uno, así como también un gran balde de agua, una jarra de plástico y un huevo de plástico para cada equipo (esto último puedes conseguirlo en una tienda de artesanías o usar uno de esos que vienen con una sorpresa dentro para los niños).

Los jugadores se forman en fila, como hacen los bomberos para pasarse los baldes de agua (solo que ellos lo harán con pequeños vasitos). Los baldes de agua (uno para cada equipo) estarán ubicados en un extremo de la fila. En el otro extremo se coloca la jarra vacía, y dentro de la jarra el huevo plástico.

Cuando se da la señal de inicio, y cual si fueran una verdadera brigada de bomberos, la persona que está junto al balde de agua llenará su vaso y luego verterá el contenido del mismo en el vaso del jugador siguiente, quien a su vez se la pasará al próximo participante de la misma manera, y así hasta llegar al último de la fila. Este último correrá hasta la jarra vacía, verterá el agua dentro, y luego correrá hasta el comienzo de la fila donde llenará su vaso con el agua del balde y comenzará el proceso de nuevo. El juego continúa de esta manera hasta que la jarra esté tan llena que el huevo quede fuera. El primer equipo que logre sacar su huevo (sin tocar la jarra ni el agua) será el ganador.

Se necesitan unos veinticuatro vasitos para llenar una jarra de tres litros y medio. Si son pocos, tal vez quieras permitirles a los participantes llevar dos vasos por vez hasta la jarra.

A fin de agregarle diversión puedes pintar las jarras con marcadores, como si fueran edificios en llamas, y remplazar el huevo por algún muñequito de plástico que flote. Con estos cambios el juego se convierte en un verdadero rescate de bomberos, dándole más sentido a eso de pasarse el agua de vaso en vaso. John A. Coen

QUE NO SE MOJE LA MOMIA

El objetivo de este juego es fabricar una momia y luego llevarla en andas hasta la línea de meta sin que se moje:

Preparación del juego:

Marca en el suelo un rectángulo de unos catorce por cuarenta metros. Entrégale a cada equipo un rollo de papel higiénico y diez o más bombas de agua dentro de un balde. Necesitarás también dos juegos de tarjetas numeradas que contengan tantas tarjetas como equipos participen. Por ejemplo, si tienes cuatro equipos, necesitarás dos juegos de tarjetas numeradas del uno al cuatro.

Desarrollo del juego:

Divide al grupo en equipos de diez jugadores cada uno. Los equipos estarán colocados en uno de los extremos del campo de juego. Entrégale a cada equipo un rollo de papel higiénico y un balde con bombas de agua.

Indícales que cada bando deberá elegir una persona para que sea el lanzabombas. Esa persona podrá elegir la ubicación que desee, en cualquier parte del campo de juego. Este participante caminará hasta ese lugar con el balde conteniendo las bombas y allí se asentará. Haz hincapié en el hecho de que una vez que el balde esté apoyado

sobre el suelo, el lanzabombas no podrá moverlo más y él mismo deberá permanecer de pie junto al balde durante todo el transcurso del juego. Si se aparta del balde (tal vez desees especificar una distancia para esto), su equipo quedará descalificado. El trabajo del lanzabombas es intentar mojar a las momias de los demás equipos cuando son transportadas a través del campo de juego. (Es una buena idea no tirar bombas cerca de sus propias momias).

Además de un lanzabombas, cada equipo elegirá a uno de sus integrantes para que sea la momia. A la señal de inicio, los equipos se apurarán a fin de enrollar todo el papel higiénico alrededor de su momia y luego llevarla cargada a través del campo de juego hasta cruzar la línea de meta. Todos los miembros de un equipo (exceptuando al lanzabombas) deberán estar constantemente en contacto con la momia. Ellos también pueden utilizar sus cuerpos como escudo para defender a su momia de los ataques de agua.

Determinando un ganador:

A medida que los equipos van cruzando la línea de meta, entrégales una tarjeta a cada uno según el orden de llegada: uno para el primero en llegar, dos para el segundo, etc. Luego evalúa el estado de cada momia y entrégales el otro juego de tarjetas en dependencia de cuán seca esté cada una: uno para la momia más seca de todas, dos para la segunda más seca, etc.

Finalmente sumen los puntos de ambas tarjetas para determinar el puntaje total de cada equipo. El equipo que haya sumado la menor cantidad de puntos será el ganador. Doug Partin

REFRÉSQUENSE EL CUELLO

El objetivo de este juego es pasar una esponja empapada a través de una fila de personas usando solamente el cuello, el mentón y la cabeza. Esta actividad resulta genial para utilizarla como rompehielos en un día caluroso de verano, o como un juego competitivo en algún evento recreativo tipo Olimpiadas. Es más apropiada para grupos pequeños.

Necesitarás algunas esponjas, un balde de agua helada y muchas toallas. Asegúrate de ubicarte cerca de una fuente de agua por si necesitas más.

Sumerge las esponjas en el agua helada mientras los equipos se organizan y se forman en fila. Coloca una esponja debajo del mentón de la primera persona de cada hilera. Este primer jugador de cada equipo le pasará la esponja lo más rápido posible al segundo en la línea, y así sucesivamente. La temperatura del agua motivará a los jóvenes a pasar la esponja realmente rápido, y debes alentarlos a que lo hagan así de modo que todavía esté fría cuando llegue al último jugador. Entrégales una toalla a los participantes solo después que le hayan pasado con éxito la esponja al siguiente jugador. El juego continuará así hasta que todos estén lo suficiente empapados.

Para tener una variante más competitiva, organiza equipos con menos cantidad de jugadores. De este modo, la esponja estará más mojada y fría cuando llegue al final, y también lo estarán los participantes. Si tienes menos personas en cada equipo, aumentarán las probabilidades de que todos se mojen bastante.

Otra variante del juego consiste en pasar la esponja con el cuello y el mentón hasta el otro extremo de la fila y luego de regreso hasta el primer participante.

Tal vez desees agregar una regla que diga que si la esponja cae sobre la tierra, el jugador que la dejó caer deberá levantarla y volver a colocársela debajo del mentón, con tierra y todo, para continuar el juego. Michael W. Capps

HAY QUE LLENAR ESE VASO

Este juego resulta bueno en campamentos y retiros, o para las ocasiones en que organizas una actividad tipo «feria». Necesitarás una mesa, una pistola lanza-agua, un vaso pequeño, y una superficie plana que pueda desviar el chorro de agua de la pistola.

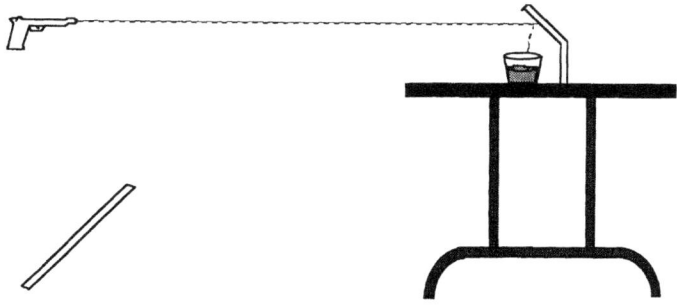

Adhiere el vaso a la mesa con un poco de cinta, posiciona el deflector detrás inclinado sobre el vaso (observa el dibujo), y marca una línea en la cual deberán pararse los participantes para disparar.

Tómales el tiempo a los participantes, ya que el ganador será aquel que logre llenar el vaso en el menor tiempo posible. O prepara el doble de elementos y haz que los jugadores compitan de a dos para ver quién llena su vaso más rápido. Brett Wilson

HIELO DERRETIDO

A cada equipo se le entregará un bloque de hielo de unos diez kilos, el cual se pesará delante del grupo antes de comenzar. Luego cada equipo tendrá diez minutos para intentar derretir todo el hielo que pueda. No está permitido utilizar agua, ni fuego, ni golpear ni romper el bloque. Transcurridos los diez minutos cada bloque de hielo se pesará de nuevo, y el equipo con el bloque que haya perdido más peso será el ganador. Bill Flanagan

AVENTURAS
JUEGOS

JUEGOS DE AVENTURAS

Estos juegos requieren que los equipos piensen estrategias, se organicen y se distribuyan las tareas. Para estos juegos se necesita más que la planificación, el sigilo y la destreza habituales. La mayoría de los juegos de aventuras tienen un tema, tratando acerca de espías o agentes secretos, ejércitos en guerra y cosas parecidas. Y la generalidad requieren de un espacio bastante grande, como un campo abierto o un área del bosque con lugares donde esconderse. Si deseas sugerencias acerca de cómo crear tus propios juegos de este tipo, lee el recuadro titulado «Cómo crear tus propios juegos de aventuras» en la página 160.

ALIEN

Basado (muy libremente) en la película «Alien», este juego puede jugarse de noche en exteriores, en un área con una iluminación mínima, o dentro de un gran edificio con las luces apagadas.

Escoge a tres adolescentes para que sean los «aliens» y a otros dos para que sean «armas». Si tu grupo tiene menos de quince personas, dos aliens y un arma funcionarán mejor. Todo el resto de los adolescentes serán astronautas.

Antes de que comience el juego, los astronautas serán confinados a un espacio designado como prisión o calabozo, mientras los aliens esconden las armas en cualquier lugar que deseen dentro del área de juego. Una vez que estén ocultas, las armas serán consideradas objetos inanimados: no podrán moverse, ni hablar, ni revelar en modo alguno dónde están escondidas. Los aliens no deben montar guardia en los lugares donde están escondidas las armas, ya que esto solo hará que los escondites resulten obvios para el resto de los jugadores.

El juego comienza cuando los astronautas son liberados para que puedan buscar las armas. Cuando un astronauta encuentra un arma, la llevará de la mano mientras busca a los aliens, quienes serán capturados simplemente conque el arma los toque. Cuando un alien descubre que alguien ha encontrado una de las armas, ese alien puede gritar: «¡Arma! ¡Arma!», a fin de alertar al resto de los aliens y que estos se escondan de los astronautas que llevan armas.

Mientras los astronautas buscan las armas, los aliens perseguirán a los astronautas. Si un alien toca a un astronauta, este debe ir directamente al calabozo y esperar allí hasta que lo toque algún otro astronauta que no haya sido atrapado. No permitas que los aliens monten guardia en el calabozo tampoco. Los astronautas deben poder ser liberados fácilmente.

El juego termina cuando todos los aliens han sido aniquilados (en cuyo caso los astronautas ganaron), o cuando todos los astronautas están en el calabozo (en cuyo caso los aliens ganaron), o cuando han pasado veinte minutos de juego (en cuyo caso los aliens ganaron, porque esto significa que las armas estaban bien escondidas).

Tal vez quieras diferenciar a los aliens del resto de los jugadores adornándolos con pulseras u otros accesorios que brillen en la oscuridad (puedes conseguirlos a buenos precios en las tiendas de artículos para fiestas). Ya que los aliens en general tienen la ventaja, esto hará que el juego sea más justo.

Jason Stuart

CÓMO CREAR TUS PROPIOS JUEGOS DE AVENTURAS

Inventa tu propio juego basándote en tus necesidades, el terreno de juego del que dispones, la época del año, o lo que sea, siguiendo estos consejos:

- Planea el juego con otras personas, evaluando juntos cada parte para ver si funcionará bien, resultará divertida y será segura. Dos o tres personas reflexionando juntas en seguida verán las fallas en el juego, las cosas que necesitan aclararse, etc. Intenten anticipar los modos de hacer trampa y cúbranlos estableciendo reglas al respecto. Sin embargo, tengan cuidado de no sofocar toda la creatividad con demasiadas reglas.
- Pregúntense: «¿Podrá todo el mundo participar de este juego hasta el final?» y «¿Es posible que este juego se acabe en un tiempo demasiado corto?». Intenten asegurarse de que el juego resultará lo suficiente desafiante como para durar un cierto tiempo, pero que a la vez será lo bastante simple como para que los jugadores sientan que en realidad están logrando algo. Por ejemplo, si se trata de una búsqueda, asegúrense de que una parte del oro pueda ser encontrada fácilmente, mientras que otra parte estará bien escondida.
- Tengan mucho cuidado de asegurarse de que los jugadores puedan reincorporarse a la actividad. Por ejemplo, cuando alguien «pierde su vida» o es encarcelado, debe haber una manera relativamente fácil de que esta persona vuelva al juego. De otro modo, el evento se tornará aburrido para él.
- Asegúrense de que todos los límites estén claros. Una persona debe saber cuándo está segura y cuándo no. Si los límites están claros, las disputas se reducirán a un mínimo. Empleen caminos y senderos claramente delimitados y utilicen cuerdas o cintas para marcar líneas precisas. Además, contar con una buena cantidad de supervisores o árbitros a fin de colocar uno en cada posible lugar de conflicto ayudará a poder solucionar con rapidez cualquier disputa antes de que pase a mayores. ¡Mantengan el juego en movimiento!
- Intenten diseñar juegos en los que haya roles para los jóvenes más tranquilos o no tan atléticos. Por ejemplo, cualquiera puede buscar un tesoro en un arbusto. Ajusten sus juegos al público que tienen.
- Asignen puntajes altos. En lugar de otorgar un punto por cada prisionero, hagan que sean mil o diez mil puntos. Suena mucho más impresionante.
- Asegúrense de que los equipos sean claramente identificables. Todo el mundo debe poder distinguir quién pertenece a cada equipo (a menos que el juego requiera de manera específica que no se sepa). Es muy probable que los jóvenes intenten esconder sus brazaletes o sus cintas identificadoras. Póngale un freno a eso de inmediato.
- Estén atentos a potenciales peligros. Antes de cada juego recorran el terreno que utilizarán. Busquen si hay alambres de púa, hoyos en el suelo, etc. Señalicen claramente las zonas peligrosas y recuérdenles a los adolescentes no acercarse. Los juegos nocturnos entre la maleza o en un bosque tupido son peligrosos. Si el juego va a realizarse de noche, hagan énfasis en caminar lento y esconderse más que en correr. Encuentren áreas de pastos altos y arbustos bajos en las que andar a hurtadillas sea más efectivo que correr. En los juegos de interiores no debería permitirse correr en lo absoluto. Los participantes precisan más bien ser habilidosos que rápidos.
- El juego deberá jugarse con las reglas que se han establecido. La mayoría de estos juegos no funcionarán jamás a menos que los chicos comprendan el concepto de honor. «Si te disparan, estás muerto», «Si te encuentran, debes ir a la prisión», «Si te descubren, debes entregar tu oro». Sancionen severamente a los equipos o jugadores que hagan trampa.
- Asegúrense de que todos los líderes comprendan con claridad el juego. Siempre tengan a un par de líderes para ayudar a cada equipo. Explíquenle el juego a cada líder minuciosamente y con anticipación. Empleen un mapa para ilustrar de forma clara los límites. Coloquen líderes para controlar los lugares en los que se ganan o pierden puntos.
- Resulta de gran ayuda tener a todo el mundo entusiasmado con el juego desde un tiempo antes de llevarlo a cabo. Para esto, vayan construyendo la identidad de los equipos asignándoles distintos colores, nombres, banderas o letreros identificadores, etc.

BATALLA A TRAVÉS DEL SAHARA

Este es un juego de exteriores para dos o más equipos. Cada equipo tiene un contenedor de agua y debe transportar agua «a través del desierto del Sahara» (el campo de juego) para llenar su contenedor. El primero en llenarlo, gana. Cada equipo deberá estar compuesto por un general, una bomba, tres coroneles, cuatro comandantes, y cinco o seis soldados. Para un número mayor de jugadores, agrega más coroneles, comandantes y soldados, y tal vez algunos tenientes también. Cada jugador (excepto el general) tendrá una taza o un balde pequeño para llevar agua, y cada equipo dispondrá de un recipiente medidor en el cual depositarla.

Designa un lugar específico donde se pueda obtener agua (el cual puede ser declarado neutral de modo que los jugadores no puedan ser capturados mientras se abastecen). Y declara un terreno neutral alrededor de los recipientes medidores de agua, los cuales deben estar ubicados a una distancia considerable del lugar donde el agua se recoge (tal vez a unos trescientos o seiscientos metros).

Neil Graham

Cada jugador (excepto el general) viajará hasta la zona de la fuente de agua con su taza y la llenará de agua. Luego viajará de regreso hasta el gran recipiente de su equipo y volcará el agua dentro. Mientras está atravesando el Sahara, puede ser interceptado por un jugador del equipo contrario. Un jugador debe tener su taza llena de agua para poder interceptar a otro. Si la persona que es interceptada es de un rango menor, debe vaciar su taza. Si se encuentran dos personas de rangos iguales, entonces se despiden como amigos y cada uno continúa su camino con sus tazas llenas. Si la persona que es interceptada tiene un rango mayor que el jugador que la interceptó, entonces ese jugador debe vaciar su taza.

Cada persona tendrá una tarjeta de identificación en la que constará su rango. Puedes preparar tarjetas de un color diferente para cada equipo.

Todos los jugadores excepto la bomba pueden interceptar a otros (aunque no tiene sentido que los soldados intercepten a nadie, ya que ellos tienen el rango más bajo). La bomba puede transportar agua, pero no puede interceptar a nadie. Cualquier jugador que intercepte a la bomba será automáticamente degradado al rango de soldado y tendrá además que vaciar su taza. Aquellos que sean degradados a soldados deberán entregarles sus tarjetas de identificación a la bomba, quien a su vez se las dará a los árbitros tan pronto tenga la oportunidad. Si alguien vacía la copa de un oponente por accidente, el jugador «agredido» gana automáticamente el derecho a ser escoltado por el jugador «agresor» con una taza llena de agua hasta su recipiente medidor. Un general puede interceptar a otros jugadores sin tener una taza con agua en la mano (¡en realidad, él no tiene taza!), así que es libre de interceptar a otros en cualquier momento.

Lo mejor es establecer previamente un límite de tiempo para este juego. El equipo ganador será aquel que tenga más agua en su recipiente una vez transcurrido el tiempo determinado, o bien aquel que llene su recipiente primero.

También es bueno tener árbitros distribuidos a lo largo del «desierto» para asegurarte de que no haya jugadas sucias y los jugadores «agredidos» sean efectivamente escoltados como indican las reglas.

Brett Cane

CONTRABANDO DE DIAMANTES

Este es un juego de interiores para utilizarse en campamentos que fue desarrollado en especial por varias razones:

- A menudo el clima puede arruinar un juego de exteriores, haciendo que los participantes se mojen, se llenen de lodo o se resfríen.
- La mayoría de los campamentos incluyen una gran cantidad de actividades al aire libre, así que un juego de interiores que no canse tanto puede resultar más apropiado.
- Los juegos de interiores no hacen énfasis en la habilidad atlética, sino más bien en la inteligencia y la capacidad de andar a hurtadillas o escabullirse… Por lo tanto, los chicos más tranquilos suelen disfrutarlos más. Estos juegos funcionan muy bien para adultos también.
- De noche, puedes controlar a los campistas mucho mejor con un juego de interiores que con uno de exteriores. No hay prácticamente ningún peligro y sabes donde está todo el mundo.

Necesitarás un edificio bastante grande para este juego, o al menos un gran salón que tenga como mínimo dos habitaciones contiguas. El gimnasio de una escuela o un club también funcionará bien.

El salón central deberá estar ambientado como si fuera un café en París. Este sitio deberá tener la atmósfera de un típico café: luces bajas, alguna clase de música sonando de fondo, y mesas en las que se servirán bebidas y algo de comer. Algunos de los adolescentes pueden jugar a las cartas, etc. Una de las habitaciones pegadas a este salón será la estación de policía, y la otra (a la que preferentemente no se acceda por el mismo hall o pasillo) será Sudáfrica (la guarida de los contrabandistas). Utiliza canicas o algo similar como si fueran los diamantes.

Los jugadores se dividirán en dos equipos: los contrabandistas de diamantes y los policías. Los contrabandistas, cuando tengan una reunión privada en la guarida antes de comenzar el juego, se dividirán a su vez en dos grupos: los corredores de diamantes y los contrabandistas de diamantes.

Se deberán emplear alrededor de cuarenta diamantes para un juego que tenga alrededor de cuarenta jugadores en cada equipo. El objetivo es que el equipo completo de los contrabandistas pueda circular desde Sudáfrica hasta París y de regreso a

Sudáfrica. Un líder (adulto) será el que autorice a cada uno de los corredores (cuyos nombres estarán escritos, y los cuales constituirán alrededor de una tercera parte del equipo) a tomar un diamante y llevarlo desde Sudáfrica hasta París. Allí deberá entregárselo a un contrabandista, quien lo traerá de vuelta a la guarida y se lo entregará a un comprador de diamantes (otro adulto). El equipo ganará cinco mil puntos por cada diamante que un contrabandista (no un corredor) traiga de vuelta a la guarida. (Los corredores no pueden traer diamantes de vuelta desde París. Esa es la razón por la cual sus nombres deben estar escritos, para que los compradores de diamantes sepan distinguir entre corredores y contrabandistas.) Los policías nunca sabrán la diferencia entre corredores y contrabandistas, ya que de otro modo podrían capturar a todos los corredores cuando entraran por la puerta del café de París. Es necesario que todos (corredores y contrabandistas) circulen constantemente desde Sudáfrica hacia París y viceversa, de modo que los policías nunca descubran quiénes son corredores y quiénes contrabandistas.

Los corredores pueden pasar los diamantes de cualquier modo que se les ocurra… en un vaso, por debajo de la mesa, en los zapatos, etc. Pueden también dejar caer un diamante e indicarle a un contrabandista dónde buscarlo.

Los policías estarán por todas partes en París (y solo en esta habitación). Ellos pueden arrestar a cualquiera que quieran si sospechan que tiene en su poder un diamante robado. Para arrestar a alguien simplemente deben colocar una mano sobre el hombro del sospechoso y decirle: «Estás arrestado». El sospechoso debe entonces acompañar al oficial hasta la estación de policía. De ninguna manera puede resistirse o intentar deshacerse de un diamante luego de ser arrestado. El oficial debe acompañar a su prisionero hasta la estación de policía. Allí presentará al sospechoso en la puerta y un detective (un adulto) lo llevará adentro de la estación. El oficial queda entonces libre para retirarse y volver al café de París. La estación de policía debe ser un lugar cerrado, de modo que los policías no puedan ver lo que sucede dentro. Allí los detectives confrontarán a los sospechosos, y estos deben decir si tienen un diamante o no. Si un sospechoso tiene un diamante, debe entregarlo y el equipo de los policías gana diez mil puntos por confiscarlo.

El diamante se quedará allí. Si el sospechoso no tiene un diamante, el equipo de los policías pierde cuatro mil puntos por arrestar falsamente a esta persona. En cualquiera de los dos casos, el prisionero queda libre para salir luego del interrogatorio (preferentemente por otra puerta) y volver al café de París a fin de continuar circulando.

Si un oficial de policía convence a un corredor de que él es un contrabandista y logra que le entregue su diamante, simplemente lo llevará

luego a la estación de policía y de ese modo el equipo de los policías ganará diez mil puntos. Si un policía encuentra un diamante en alguna parte, hará lo mismo.

Lo mejor es jugar este juego unos treinta o cuarenta minutos, luego tener un receso durante el cual los equipos cambien de roles (porque los policías tienen un trabajo más difícil que los contrabandistas), y luego jugar otros treinta o cuarenta minutos más. Neil Graham

JUEGO DE FAMILIA

Este juego funciona mejor con un grupo grande (de unos ochenta chicos o algo así) y en interiores (como en un gimnasio o un vestíbulo espacioso).

Divide al grupo en «familias» (ocho familias de diez jugadores cada una, por ejemplo). Cada equipo representará a una familia que llegará como inmigrante a este país desde otra nación. En honor a su arribo a este nuevo hogar, el juego puede comenzar con un banquete (patrocinado por el Departamento de Inmigración), al cual todas las familias estarán invitadas. Cada familia escogerá una madre y un padre, y serán ellos quienes elegirán los nombres de sus hijos. Todos sus hijos tendrán algún parecido con la madre y el padre (todos rubios, todos con pecas, todos con sombreros del mismo color, o alguna otra cosa similar). Cada familia deberá preparar una danza o una canción típicas de su país de origen a fin de compartir con el grupo durante el banquete. Se presentarán ante el resto de las familias cada uno con su nombre completo. El banquete puede incluir una variedad de platos internacionales con el objetivo de lograr que todos se sientan como en casa.

Al finalizar el banquete, el Ministro de Inmigración dará un breve discurso y luego le entregará a cada familia $2.000 en efectivo (será dinero de mentira y deberán incluirse billetes de $50, $100, $500 y $1.000). También le dará empleo a unos seis miembros de cada familia (lo hará repartiendo tarjetas, cada una con una ocupación y el salario que cobrará escritos. Por ejemplo, una tarjeta podría decir: «Este documento certifica que usted es un plomero calificado. Salario: $8.000 anuales»).

El Ministro de Inmigración les avisará a todos que el gobierno los estará vigilando de cerca, y que solo a aquellas familias que tengan éxito en sus trabajos les será permitido permanecer en el país. Luego de que se recojan las mesas del banquete, comienza el juego.

Durante el transcurso del juego, quince minutos representarán un año. Al final de cada año habrá un receso de cinco minutos durante el cual las familias se reunirán en un lugar específico para conversar.

Al comienzo de cada año (indicado por el sonido de un silbato o una campana) los miembros de cada familia que tengan trabajo deberán dirigirse cada uno a un sector de la habitación señalizado con la descripción de trabajo que les corresponda. Por ejemplo, debería haber un hospital o centro médico (para los doctores), un centro comercial, una casa funeraria, etc.

Además, al comienzo de cada año el padre deberá dirigirse a la oficina del gobierno y retirar la lista de problemas para su familia (puedes ver un ejemplo de la «tarjeta de problemas» más abajo), los cuales deberán ser resueltos en el transcurso de ese año. En ese momento también deberá entregarle al gobierno una lista de los miembros de su familia que tienen empleo y cuál es el trabajo de cada uno.

Durante el primer año, los problemas son pocos, pero a medida que pasa el tiempo las dificultades aumentan y se hacen más complejas. La lista para cada familia puede contener entre cinco y doce problemas que el padre deberá resolver. Por ejemplo, su casa puede tener problemas de plomería, o es posible que necesite construir un nuevo baño. Puede tener goteras en el techo, o necesitar muebles nuevos, o se requerirá llevar a alguien al doctor. También pueden ocurrir muertes en la familia, en cuyo caso será necesario un pastor, una casa funeraria, tal vez un doctor y un hospital, un abogado para leer el testamento, etc.

Las «tarjetas de problemas» pueden ser algo como esto:

> **Año 1**
> - Encontrar un lugar donde vivir.
> - Obtener un empleo.
> - Conseguir una forma de transporte para su uso personal.

> **Año 2**
> - Pagar un alquiler si no tienen casa propia.
> - Tener éxito en el trabajo.
> - Los neumáticos del automóvil necesitan balanceo… hay que llevarlo al mecánico.
> - Hay que comprar un televisor a color… vaya a la tienda de electrodomésticos.
> - Saltaron los fusibles de la casa… llame a un electricista.
> - La novia de su hijo se encuentra enferma… compren flores y envíenselas.

Para cada problema de la lista debe haber un trabajo u oficio apropiado que permita solucionarlo. El padre puede ir él mismo o encargarle a otro miembro de la familia que se dirija a los lugares necesarios a fin de que una persona calificada pueda solucionar cada problema.

Con el objetivo de solucionar un problema, por ejemplo reparar el baño de la casa, se debe conseguir que un plomero calificado firme en un papel asegurando que todo el trabajo de plomería ha sido realizado. Él puede cobrarles de acuerdo a cuán difícil le parezca la dificultad a resolver. El padre le pagará al plomero, y éste pondrá su firma junto al problema ya resuelto.

Al final de cada año el gobierno examinará la lista de problemas de cada padre tratando de verificar que todo haya sido solucionado y hayan firmado exclusivamente personas que tengan el tipo de oficio o profesión adecuados para realizar cada tipo de trabajo. Si todo está en orden, se le entregará al padre la lista del año siguiente. Si no ha podido solucionar todos los problemas, se le multará con varios cientos de dólares, o incluso con varios miles de dólares si aquello que no pudo resolver era algo realmente serio. Luego se le entregará la lista del año siguiente y deberá dedicarse a solucionar los nuevos problemas que haya recibido.

También puede haber un Centro Nacional de Empleo en el cual se pongan a la venta nuevos empleos. Y ocasionalmente puede anunciarse que ha subido el índice de desempleo en el país, de modo que cada familia debe devolver dos o tres de sus tarjetas de empleo. Estas cosas harán que el mercado de trabajo permanezca en movimiento, posibilitando que algunas familias mejoren su posición y otras sean borradas del mapa. El Centro Nacional de Empleo también venderá especializaciones y posgrados por sumas bastante altas de dinero. Los plomeros que tengan una especialización aumentarán su salario anual en un 25%. Un posgrado representará para un profesional un aumento del 50% en su salario anual. Y un doctorado significará un incremento del 100% en su salario. Todo esto se hará constar en la tarjeta de empleo que tenga cada persona.

Si tienes, por ejemplo, ochenta participantes, necesitarás unos sesenta trabajos, de modo que puedan dejar a algunos de los miembros de cada familia libres para solucionar los problemas. Durante el receso anual cada familia podrá planificar y organizarse para el año entrante, mirar juntos la lista de problemas que les ha tocado, y decidir quién se encargará de solucionar cada uno de ellos. Este es también el momento de contar el dinero e ir al banco, en el cual se pagarán todos los salarios. El banco deberá tener mucho dinero disponible. En ocasiones el gobierno puede también «golpear» a las familias con impuestos, haciendo que tengan que pagar un monto fijo o un porcentaje de sus ingresos anuales.

Pueden jugar el juego durante cinco años de quince minutos cada uno, y al finalizar, la familia que mejor se encuentre económicamente será la ganadora.

Es muy importante ser justos cuando se reparten los trabajos al inicio del juego. Asegúrate de que los trabajos mejor pagos (como doctores, abogados, dentistas, etc.) se repartan de forma equitativa entre las distintas familias, de modo que ningún equipo tenga una ventaja considerable desde el comienzo. Además, debería haber tres o cuatro tarjetas con el trabajo de doctor, tres o cuatro de dentista, etc., de modo que se produzca bastante competencia entre los miembros de una misma profesión a la hora de ofrecerse para resolver determinado problema. Esto mantendrá los precios bajos y de paso resultará muy entretenido. Sin embargo, también puedes tener algunas profesiones de las que haya solo una o dos tarjetas de trabajo disponibles, como por ejemplo los recolectores de basura, directores de funeraria o pastores. Tal cosa creará un monopolio para ciertas familias y los precios subirán hasta las nubes, lo cual hará que el juego resulte mucho mas divertido.

Este juego puede encajar bien con una reflexión o charla posterior referida a la familia y darte pie para conversar con el grupo acerca de las familias exclusivas e inclusivas, o sobre el problema de la competencia y el dinero en nuestra sociedad.

«Trata a los demás como quisieras que ellos te trataran a ti» se convierte en un principio muy real cuando los chicos descubren que lo que ellos le cobran a otro por un trabajo de plomería, alguien más puede cobrárselos a ellos por dirigir el funeral de un ser amado. Neil Graham

ESCONDIENDO AL LÍDER

Este es otro juego bueno para campamentos. Se trata básicamente del juego de las escondidas para niños y niñas ya creciditos. Deberás hacer que en esta competencia por equipos cada líder valga una cierta cantidad de puntos. Dispón que a uno de los líderes le corresponda un puntaje muy alto, solo para aumentar la diversión. Podría ser, por ejemplo, el director del campamento. Luego todos los líderes se esconderán. Y los adolescentes deberán encontrarlos dentro de un lapso de tiempo establecido.

Aquí tienes algunas reglas más:
- Los líderes tendrán quince minutos para esconderse.
- Los chicos tendrán quince minutos para buscarlos.
- Los chicos deben tocar a un líder para atraparlo (no basta con verlo y gritar).
- Está prohibido esconderse dentro de edificaciones; hay que hacerlo solo en los exteriores.
- Cuando se acaba el tiempo, los líderes que no fueron encontrados quedan en libertad y no suman puntos para los adolescentes.

Una variante de este juego es entregarles a los chicos bombas de agua, las cuales deberán emplear para «tocar» y capturar a los líderes.

FUGITIVOS

Este juego debe jugarse de noche y es una variante del juego de las escondidas. Se divide al grupo en dos equipos: los fugitivos y el FBI. Los agentes del FBI están equipados con linternas. A los fugitivos se les conceden varios minutos para esconderse. Cuando este tiempo se acaba, los agentes del FBI tratan de encontrarlos.

Los fugitivos tendrán una cierta cantidad de tiempo (el que tú decidas, entre diez y treinta minutos) durante el cual deberán intentar llegar hasta una base o refugio (que puede ser cualquier lugar que designes para este fin).

Si mientras un fugitivo se encuentra escondido o está intentando llegar a la base un agente del FBI lo ilumina con su linterna a la vez que grita su nombre, entonces ese fugitivo va a la cárcel. Si un fugitivo logra llegar a la base sin ser atrapado, el equipo de los fugitivos gana diez puntos. Si un fugitivo es capturado por el FBI, el equipo del FBI es el que gana entonces diez puntos.

Resulta aconsejable fijar una zona de entre unos siete y doce metros alrededor de la base o refugio, dentro de la cual los agentes del FBI no tengan poder de acción.

Para complicar aun más el juego puedes entregarles a los agentes del FBI bombas o pistolas de agua con las que deberán «dispararle» a los fugitivos antes de arrestarlos. Si es un grupo en el que los chicos no saben los nombres de los demás, entonces los agentes del FBI pueden simplemente gritar algún rasgo distintivo de la persona, mencionar una prenda de vestir que lleve puesta, o lo que sea.

Luego de jugar una vez, jueguen de nuevo, pero intercambiando los roles de cada equipo.
Fred Winslow

ASESINOS A SUELDO

Para este juego cada participante necesita una pistola de agua o de dardos de juguete (de esos que tienen la punta de goma). Para comenzar el juego, cada participante escribe su nombre en una tarjeta de papel que diga «OBJETIVO A ELIMINAR: (nombre)». Luego se colocan los papeles dentro de un sombrero y cada jugador toma uno. Ese papel indicará a qué persona debe «asesinar».

Entonces los jugadores quedan libres para salir y planear cada uno su estrategia, esconderse o lo que sea. Cuando se escucha el silbato, la cacería comienza. Cada jugador intenta encontrar a la persona que fue contratado para «asesinar», de modo que pueda «dispararle» con su pistola de agua o dardos. Para que un disparo sea legal, no puede haber nadie más presente en ese momento. (Debe realizarse en secreto, de modo que solo la víctima sepa que ha sido eliminada).

Los jugadores precisan llevar consigo sus tarjetas de «OBJETIVO A ELIMINAR» en todo momento. Cuando un asesino logra eliminar a su víctima, esta debe firmar en su tarjeta. La víctima queda eliminada del juego y la tarjeta se pega en una pared de modo que todos puedan ver quién está participando aún.

Cuando un jugador es eliminado, debe entregarle su propia tarjeta de «OBJETIVO A ELIMINAR» (con el nombre de la persona que él estaba buscando) a aquel que le disparó. Ese nombre se convierte en el nuevo objetivo del asesino. Dan Gray

EL HOMBRE SANTO

Los gurús de tu grupo amarán este juego de las escondidas, perfecto para una noche de verano. Escoge a uno de tus adolescentes para que sea «el hombre santo», el cual, vestido con ropas especiales o un sombrero para que resulte fácil de distinguir, tomará una vela encendida y se esconderá en alguna parte dentro del área delimitada para el juego (aunque durante el juego podrá moverse con libertad y esconderse en diferentes lugares). Una vez que «el hombre santo» esté escondido, el resto de los chicos (cada uno armado con una pistola de agua y una vela apagada) saldrá a buscarlo.

Cuando un jugador descubra al «hombre santo», encenderá su propia vela con la de él y luego, concentrándose más en el sigilo que en la velocidad, deberá intentar llegar hasta un lugar previamente designado antes de que la llama de su vela sea extinguida por las pistolas de agua de otros jugadores. Si alguien apaga su llama, el jugador debe buscar de nuevo al «hombre santo» a fin de encenderla de nuevo. (Los otros jugadores no pueden extinguir la llama de la vela del «hombre santo»). El primer jugador en llegar al lugar designado con una vela encendida será el ganador.
Ann Smith

LIEBRES Y SABUESOS

Este juego funciona mejor de noche. El grupo debe dividirse en dos equipos. A las liebres se les entregan cien hojas de periódico. Ellas salen de la base cinco minutos antes de que los sabuesos comiencen la cacería. Las liebres deben pegar una hoja de papel de periódico aproximadamente a un metro y medio de altura cada treinta metros. El objetivo de las liebres es emplear todas sus hojas de papel y luego regresar a la base antes de que los sabuesos puedan alcanzarlas. Si consiguen regresar a salvo, serán las ganadoras.
Jerry Summers

CRUCE PELIGROSO

Este juego se realiza mejor en una iglesia grande con muchos pasillos, escaleras y cosas por el estilo. Divide al grupo en dos equipos. Cada participante debe estar armado con una bandita elástica y varios misiles de papel (en la ilustración puedes ver cómo fabricarlos).

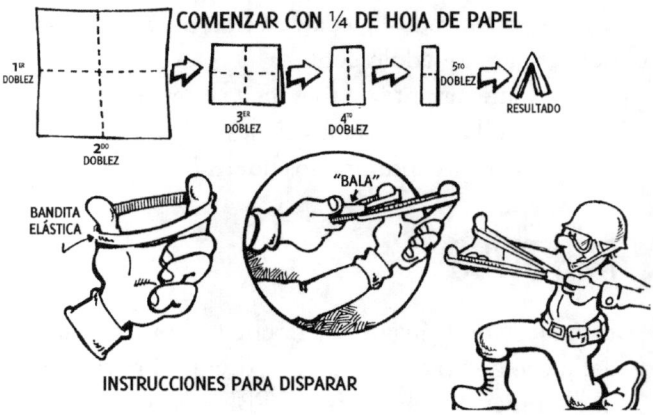

Un equipo comienza el juego en un extremo de la iglesia y el equipo contrario en el otro. El objetivo es que los dos bandos puedan intercambiar sus posiciones, pero deben ir ambos por el mismo camino (aunque en sentidos contrarios). Esto se parece mucho al juego de las Damas Chinas. En el camino pueden eliminar a los miembros del equipo contrario si logran golpearlos con un misil.

Es posible hacer el juego aun más emocionante

agregando otros caminos posibles, jugando a oscuras, o cosas por el estilo. Habrá mucho caminar en puntas de pie, unos cuantos tiroteos, así como distintas estrategias ofensivas y defensivas.

Asegúrate de que los chicos no le disparen a nadie en la cara. Aunque estos misiles de papel son razonablemente seguros, la remota posibilidad de pegarle a alguien en un ojo resulta muy peligrosa. Si prefieres no correr ese riesgo, puedes sustituir los disparos por un simple toque en el hombro.

Jim Walton

GUERRA EN LA OSCURIDAD

Aquí tienes un original juego de buscar y matar en la oscuridad. Las armas son pistolas de agua, y los blancos a los que hay que dispararle son páginas o trozos de página de esos libritos para niños en los que se «pinta con agua» (esos en los que al pasarles un pincel con agua aparecen los colores). Las páginas estarán pegadas en las espaldas de los jugadores. Luego de la batalla, el pelotón ganador será aquel que haya recibido menos disparos… y los disparos recibidos resultarán evidentes cuando las luces se enciendan al final de la actividad.

Puedes hacer que el juego resulte tan elaborado o tan simple como lo desees introduciendo las siguientes modificaciones:
• Hay que jugar en todos los casos en una habitación totalmente a oscuras, pero si quieres que haya algún indicio de dónde se encuentran los jugadores, cada chico puede usar una tira de cinta que brille en la oscuridad, ya sea en la cabeza o pegada sobre su pecho o espalda. O también es posible utilizar una luz estroboscópica.
• Si quieres que a pesar de la oscuridad se puedan identificar los dos equipos, pégales la cinta que brilla en la oscuridad de un modo distinto o formando un dibujo o símbolo diferente para cada equipo.
• A fin de obtener un puntaje más preciso, corta las páginas del libro en círculos del tamaño de una moneda y luego pégalos a una toalla de papel, la cual sujetarás con cinta o alfileres en el pecho o la espalda de cada jugador. No obstante, también puedes simplemente colocarle a cada uno una página entera (o cortada por la mitad) y obtener así un puntaje más general.

Aunque no es imprescindible, sí resulta conveniente tener un lugar para recargar las pistolas de agua en la misma habitación en que se está jugando. De este modo el juego puede durar más tiempo. Steve Sayer

EL ASESINATO MISTERIOSO

• **Instrucciones.** En este juego los adolescentes serán los detectives encargados de interrogar a distintos sospechosos en un esfuerzo por descubrir al asesino del Sr. Juan Roca. Los cinco sospechosos (el Sr. Mendoza, conserje; Esteban Roca, hermano de Juan; Lorenzo Espada, abogado; la Sra. Roca, esposa de Juan; y la Srta. Rubí, secretaria) se habrán preparado con anticipación para representar sus papeles según el guión que se le entregará a cada uno (véanse las páginas 169 y 170). Ellos deberán acudir al interrogatorio disfrazados según su papel.

La secretaria deberá lucir seductora, el abogado sombrío, el conserje en ropas de trabajo, y así sucesivamente. El resto de los jugadores se dividirán en equipos de cinco o seis detectives, y cada equipo intentará resolver el misterio trabajando en grupo.

Para comenzar el juego, todos los equipos tendrán la oportunidad de observar la escena del crimen (véase «Preparando la escena del crimen» en la página 172) y todos escucharán los comentarios de apertura del director del juego (que se encuentran en la página 168). Luego de la apertura, cada sospechoso se dirigirá hacia una habitación separada, mientras que los grupos de detectives se irán moviendo de habitación en habitación interrogándolos (solo habrá un equipo a la vez en cada habitación, con un límite de tiempo de entre cinco y diez minutos para cada visita). Los grupos pueden visitar a un mismo sospechoso tantas veces como deseen.

COMENTARIOS DE APERTURA PARA LOS DETECTIVES

Esta es la oficina de Juan Roca, el cual fue asesinado anoche. El conserje lo encontró en el suelo a las 10:00 p.m. La causa de la muerte fue identificada como «golpe en la parte posterior de la cabeza», y la hora del deceso se calcula entre las 8:00 y las 10:00 p.m. Por la agenda encontrada sobre su escritorio sabemos que planeaba trabajar hasta tarde y debía reunirse con su secretaria a las 8:00 p.m., con su hermano Esteban Roca (que era también su socio en los negocios) a las 8:30 p.m., y con su abogado Lorenzo Espada a las 9:15 p.m. Estas tres personas se encuentran aquí para que ustedes puedan interrogarlas. También hemos traído a la esposa del difunto Sr. Roca y al conserje que encontró el cuerpo.

Su trabajo como detectives es descubrir quién mató a Juan Roca, y cómo y por qué lo hizo. Es decir, basándose en las evidencias que encuentren en la escena del crimen y en lo que puedan averiguar interrogando a los sospechosos, deben probar quién fue el asesino, cuál fue el móvil, y qué medio se empleó para cometer el crimen. Una vez que piensen que conocen estas respuestas, escríbanlas en un papel. Leeremos sus conclusiones frente a todo el grupo a las _____ hora, y luego les informaré qué grupo estuvo en lo correcto y cuál no.

Recuerden que son detectives. Así que deben investigar. Cuando consigan alguna pista o indicio, utilícenlo para obtener más información. Una o más de estas personas estarán mintiendo, pero si los confrontan con la evidencia, confesarán la verdad. Por ejemplo, si ustedes descubren por el testimonio de otro testigo que uno de los sospechosos amenazó de muerte al Sr. Roca, no deben decirle a esa persona: «¿Usted amenazó a Juan Roca con matarlo?». En cambio, deben asegurarle: «Tenemos un testigo que declaró que usted dijo que iba a matar al Sr. Juan Roca».

Esto hará que la persona confiese la verdad. Los sospechosos no tienen respuestas preparadas para todas las preguntas que pueden hacerles. Por lo tanto, si da la impresión de que están inventando la respuesta para alguna de sus preguntas, esto no es necesariamente un indicio de que estén mintiendo. Es posible que se estén tomando un tiempo para pensar una respuesta apropiada, la cual no revele demasiada información, pero tampoco los aleje de la solución del misterio. Los sospechosos tienen también la opción de negarse a responder cuando lo deseen, diciéndoles que la pregunta que hicieron no es relevante para el caso.

El asesinato misterioso

SRA. ROCA, ESPOSA DE JUAN

Coartada: Lo único que sé es que mi esposo era un hombre bueno, y no se me ocurre por qué alguien podría querer matarlo. Estuve en mi casa hasta las diez de la noche, hora en que la policía llamó y [la sospechosa comienza a llorar] me dijo que Juan había sido asesinado.

Confesión: Recibí una llamada telefónica de alguien. No me dijo su nombre, pero me contó que mi esposo estaba teniendo un romance con su secretaria. Yo lo venía sospechando desde hacía mucho tiempo, y le había comentado a varias de mis amigas que si descubría que esto era cierto, iba a matarlo. Cuando recibí esa llamada anónima fui directo a su oficina. Estaba muy enojada, sí, pero no iba a matarlo. Cuando llegué allí, el lugar estaba hecho un desastre. Había papeles por todos lados, mi fotografía estaba rota, y la alfombra estaba empapada con el agua de la pecera rota. Parecía como si hubiera habido una pelea terrible. Juan estaba [la sospechosa ahora intenta controlarse y contener sus emociones para no llorar] ahí tirado, con sangre en toda la parte posterior de su cabeza. Aún puedo recordarlo, con su mirada en blanco y todos esos pequeños pececillos moviéndose agonizantes a su alrededor. ¡Nunca lo hubiera matado! Yo lo amaba…

SR. ESTEBAN ROCA, HERMANO DE JUAN

Coartada: Tenía una cita programada con mi hermano a fin de terminar de preparar los papeles para un negocio en el que estábamos trabajando juntos. Debía encontrarme con él en su oficina a las 8:30, pero surgió un imprevisto. Como vi que no iba a llegar a tiempo a la reunión, llamé varias veces por teléfono con el objetivo de avisarle a Juan y decirle que tomara todas las decisiones necesarias como mejor le pareciera, que yo lo respaldaría en cualquier cosa que él resolviera. Sin embargo, nunca respondió al teléfono de su oficina. Por mi parte, nunca salí de mi despacho. En realidad, todavía me encontraba allí cuando la policía me telefoneó para avisarme de que Juan había sido asesinado.

Confesión: Sí, en realidad estuve en la oficina de Juan a las 8:30 para nuestra reunión. Cuando entré él yacía en el suelo. Había señales de una pelea… algunas fotografías estaban rotas, varios papeles se encontraban desparramados por el suelo. Me acerqué para ver a Juan y observé que se había formado una pequeña laguna de sangre por un golpe en la parte trasera de su cabeza. Hubiera llamado a la policía, pero mi hermano y yo veníamos teniendo algunos problemas. Verán… Juan tenía mucha ambición de poder y dinero [ahora el sospechoso comienza a lucir enojado]. Él estaba tratando de hacerme a un lado en los negocios. Me había asociado desde hace un tiempo con nuestro abogado, Lorenzo Espada, para quitarle el control de la compañía a mi hermano. Como habíamos falsificado algunos papeles en la oficina de Juan, pensé que sería mejor si los sacaba del lugar antes de llamar a la policía. Sin embargo, no pude encontrarlos. Fue entonces cuando pensé que Lorenzo Espada debió ser el que asesinara a Juan. Él demostró ser un bandido desde el comienzo, y vaya uno a saber qué clase de cosas turbias ha estado haciendo. No sabía qué hacer, así que abandoné el lugar y regresé a mi oficina a fin de aparentar que nunca había salido de allí, y entonces esperé hasta que la policía me llamó.

Yo no lo maté. Cuando llegué, Juan ya estaba muerto. No podría haberlo matado. ¡Él era mi hermano! No obstante, apuesto mi vida a que Lorenzo Espada está detrás de esto.

SRTA. SANDRA RUBÍ, SECRETARIA

Coartada: Llegué a la oficina a las 8 p.m. a fin de dejarle unos papeles al Sr. Roca. Él los necesitaba para unas reuniones que tenía programadas esa noche. Solo estuve allí un minuto. El Sr. Roca se encontraba hablando por teléfono, así que simplemente dejé los papeles sobre su escritorio. Él me agradeció y me marché. Eso fue todo lo que supe hasta que la policía telefoneó a mi casa a eso de las diez de la noche para decirme que el Sr. Roca estaba muerto.

Confesión: Sí, yo estaba teniendo un romance con el Sr. Roca. Cuando fui a su oficina a dejarle esos papeles, me dijo que todo había terminado. Me explicó que a partir del lunes ya no trabajaría para él, y me pidió que nunca más pusiera un pie en su oficina. Me trató como si yo fuera un acuerdo comercial que quería quitarse de encima. Me sentí herida y enojada. Tomé el portarretratos con la fotografía de su esposa y lo rompí. Luego comencé a gritarle a Juan. Él se levantó de su escritorio y comenzó a caminar hacia mí. No quería que me tocara siquiera, así que lo empujé para alejarlo y él se tropezó con el cable de la lámpara y se golpeó la cabeza. Luego quedó ahí, tirado en el suelo, sin moverse más. Yo no quería matarlo. Fue un accidente [ahora la sospechosa comienza a llorar]. Pueden preguntarle al conserje. Él oyó cuando rompí el portarretratos, escuchó los gritos, y entró a la oficina justo en el momento en que Juan se cayó y se golpeó la cabeza. El conserje me dijo que comprendía que había sido un accidente. Me sugirió que me fuera a mi casa y él lo haría lucir como un intento de robo. Le hice caso porque pensé que me iban a declarar culpable de homicidio y estaba asustada. Les juro que no fue mi intención matarlo.

Se concede permiso de fotocopiar esta página solo para utilizarla en tu propio grupo de jóvenes. Copyright © 2012 por Especialidades Juveniles, www.EspecialidadesJuveniles.com

El asesinato misterioso

SR. LORENZO ESPADA, ABOGADO

Coartada: Tenía programada una reunión con Juan Roca a las 9:15 para terminar de firmar unos papeles en los que él y su hermano se encontraban trabajando. Sin embargo, alguien envió un correo de voz a mi celular diciendo que la cita se había cancelado. La persona que llamó no se identificó, de modo que simplemente di por sentado que había sido Juan. El mensaje decía que la reunión se había pospuesto para algún momento del día siguiente, así que en ningún momento fui a la oficina de Juan. La primera noticia que tuve de él fue cuando la policía me llamó a casa a eso de las diez de la noche.

Confesión: Sí, la verdad es que fui a la oficina de Juan a las 9:15. Cuando entré, vi a Juan tirado en el piso. Las habitación estaba toda revuelta... había papeles en el suelo y un portarretratos roto. Me acerqué para observar mejor a Juan. Había un poco de sangre en el suelo, la cual parecía provenir de la parte posterior de su cabeza. Me di cuenta con solo mirarlo un instante de que estaba muerto.

Iba a llamar a la policía, pero primero quería encontrar unos papeles. Esteban Roca había estado teniendo algunas luchas de poder con su hermano y lo había ayudado a falsificar algunos papeles de modo que él pudiera tener algo más de poder en la empresa. Sin embargo, al buscarlos descubrí que los papeles habían desaparecido. Esteban era el único que sabía de la existencia de estos documentos, así que en ese momento estuve seguro de que él se los había llevado. Sabía que Esteban estaba sediento de poder. En realidad, aunque no tengo modo de probarlo, pienso que también estaba chantajeando a Juan. Dos días antes de su muerte, Juan me había contado que alguien lo estaba chantajeando. Él venía teniendo un romance con su secretaria, Sandra Rubí, y me confesó que alguien le estaba demandando una gran suma de dinero a cambio de no contárselo a su esposa. Juan me pidió consejo en cuanto a cómo manejar esta situación para no tener problemas legales. Le dije que el primer paso era romper su relación con la Srta. Rubí y alejarla lo más posible de él y su empresa. En verdad, él planeaba hacer eso cuando ella viniera a traerle unos papeles la noche en que fue asesinado.

Soy completamente inocente. Yo no maté a Juan Roca. Él ya estaba muerto cuando llegué. Y mientras más lo pienso, más convencido estoy de que fue Esteban Roca.

SR. MENDOZA, CONSERJE

Coartada: Había estado trabajando en el edificio como lo hago habitualmente. El Sr. Roca me había informado que tenía algunas reuniones tarde en la noche, lo cual no era nada fuera de lo común. Así que a eso de las 9:55 pasé por su oficina antes de cerrar todo para ver si él y sus amigos ya se habían ido. Cuando entré me encontré con un cuadro lamentable. Alguien había revuelto todo el lugar, y el Sr. Roca yacía muerto en el suelo. Tan pronto vi esto, llamé a la policía.

Confesión A: [Se debe brindar esta información solo si los detectives preguntan a quién o quiénes vio entrar al edificio]. Bueno, su secretaria vino para dejar unos papeles. Yo estaba limpiando el pasillo. Ella entró y salió en seguida. Luego un poco más tarde vi al hermano del Sr. Roca entrar por el vestíbulo principal. No estoy seguro de cuánto tiempo permaneció dentro porque no lo vi salir. Un poco más tarde distinguí a Lorenzo Espada, el abogado de Sr. Roca, bajando de su automóvil en el estacionamiento, pero tampoco sé cuándo se fue. La esposa del Sr. Roca también debe haber estado allí, porque noté que su abrigo estaba en el perchero del recibidor de la entrada cuando comencé a cerrar todo a eso de las 9:50. No obstante, recuerdo que el abrigo no se encontraba allí cuando limpié el recibidor a las ocho.

Confesión B: De acuerdo, yo estaba limpiando el pasillo cuando la Srta. Rubí vino a traer esos papeles. Ella entró a la oficina. Luego de un rato escuché el ruido de vidrios rotos y algunos gritos. Corrí por el pasillo y entré en la oficina. Justo al abrir la puerta vi al Sr. Roca levantándose de su escritorio y caminando hacia la Srta. Rubí. Cuando se acercó, ella lo empujó para alejarlo y él se tropezó y cayó hacia atrás. Su cabeza golpeó contra la pecera, y la pecera se rompió. Luego cayó al suelo. Le tomé el pulso y resultó que estaba muerto. Yo sabía que había sido un accidente, así que le sugerí a Sandra... digo, a la Srta. Rubí... que se fuera a su casa. Le dije que no se preocupe, que yo iba a hacer parecer como si alguien hubiera entrado para robar. Ella se fue, pero antes de que pudiera tocar nada, se apareció el hermano del Sr. Roca. Él vio a su hermano muerto en el suelo y entonces husmeó por toda la oficina buscando algo. Finalmente se fue. Cuando me aseguré de que se había marchado, comencé a intentar que el lugar pareciera como si se hubiera cometido un robo, pero entonces vi al Sr. Espada entrando por el pasillo. Él también buscó por toda la habitación, pero no se llevó nada al marcharse. Poco después de eso llegó la esposa del Sr. Roca y salió corriendo en seguida. Por último desordené el lugar un poco más y luego llamé a la policía. Yo solo estaba intentando ayudar a la Srta. Rubí.

SOLUCIÓN PARA EL MISTERIOSO ASESINATO DEL SR. JUAN ROCA

Juan Roca estaba en su oficina a las ocho de la noche cuando su secretaria (con quien había estado teniendo un romance) llegó. Por consejo de su abogado, para evitar ser chantajeado, Juan rompió la relación con ella y la despidió de su puesto de secretaria. Ella reaccionó de manera violenta, rompiendo la fotografía de su esposa. Juan se levantó de su escritorio para intentar calmarla, entonces ella lo empujó a fin de apartarlo. Él se tropezó y cayó hacia atrás, golpeándose la cabeza con la pecera. Luego cayó inconsciente en el suelo, pero no estaba muerto. El conserje entró justo cuando Juan se golpeaba la cabeza y caía al suelo. Vio que había sido un accidente, de modo que le dijo a la Srta. Rubí que se fuera a su casa y que él lo haría lucir como un robo.

Sin embargo, antes de que pudiera hacer esto, entró Esteban Roca. Viendo el desorden y a su hermano en el suelo, fue hasta el escritorio y tomó unos papeles que había falsificado para robarle el control de la compañía a su hermano. Pensó que si se encontraban esos documentos lo harían parecer culpable de haber asesinado a Juan. Estaba seguro de que el abogado, Lorenzo Espada, había matado a su hermano y pensaba hacerle cargar a él con la culpa. Esteban tomó los papeles y luego regresó a su oficina como si jamás hubiera salido, con el propósito de esperar el llamado de la policía.

Nuevamente el conserje iba a acomodar las cosas para que pareciera un robo, pero no pudo terminar porque llegó el abogado. Él también buscó los papeles falsificados, no obstante, Esteban ya se los había llevado. Al no poder encontrarlos, Lorenzo dedujo que Esteban era el asesino y que iba a utilizar esos papeles para culparlo a él. Así que también se marchó y pensó en buscar una coartada.

Poco después de esto la Sra. Roca recibió una llamada en la que le informaron que su esposo estaba teniendo un romance. Cuando ella llegó a la oficina venía en busca de sangre, pero esta ya había sido derramada. Al ver semejante desorden, tuvo miedo de que pareciera como si en efecto ella hubiera asesinado a su marido en un ataque de furia, así que se marchó en seguida. Sin embargo, lo que observó es en realidad la evidencia principal del caso. Según su declaración, los peces estaban vivos a las 9:50 cuando ella llegó a la oficina («esos pequeños pececillos moviéndose agonizantes a su alrededor»), lo que implica que es imposible que la pecera se hubiera roto a las ocho en la discusión de Juan con su secretaria. No obstante, ninguno de los testigos mencionó nada sobre la pecera rota... excepto el Sr. Mendoza, el conserje. El Sr. Mendoza declaró que la Srta. Rubí empujó a Juan, su cabeza se golpeó con la pecera, y entonces esta se rompió.

Cada vez que uno de los testigos se marchaba, el conserje intentaba desordenar la habitación. Sin embargo, su intención no era solo hacerlo parecer un robo, sino que en verdad quería robarle a Juan Roca. Él era el que lo había estado chantajeando, y dado que su plan de extorsión parecía arruinado (el Sr. Mendoza pensaba que Juan ya estaba muerto), consideró que lo mejor que podía hacer era tomar las llaves de la caja fuerte, robar el dinero que hubiera allí, desordenar la habitación, y luego hacerle cargar con la culpa del asesinato y robo a la Srta. Rubí, Esteban Roca o Lorenzo Espada. No obstante, mientras hurgaba en los bolsillos de Juan en busca de las llaves, comenzó a despertarse. Entonces el Sr. Mendoza levantó a Juan y golpeó su cabeza de nuevo contra la pecera. Esta vez la pecera se rompió. Y en esta ocasión Juan Roca murió.

Para cubrir su culpa, el conserje telefoneó a la esposa de Juan y le dijo que su marido estaba teniendo un romance. Él sabía que ella ya lo sospechaba, y la había escuchado amenazando a Juan en la oficina. Lo que no se le ocurrió jamás es que sería precisamente el testimonio de ella lo que lo mandaría a la cárcel.

Al final del juego, todos regresan a la escena del crimen y cada grupo escribe en un trozo de papel quién cree que fue el asesino de Juan Roca, y cómo y por qué piensan que ocurrió el homicidio. A continuación el director del juego lee en voz alta todas las respuestas que escribieron los grupos, y finalmente la solución provista en este libro (véase «Solución para el misterioso asesinato del Sr. Juan Roca» en la página 171).

El éxito de este juego depende de los actores que representarán los papeles de los cinco sospechosos.

Si tienes en tu grupo a algunos jóvenes con dotes actorales, puedes encargarles estos papeles a ellos, pero tal vez funcione mejor si los actores son todos adultos. Antes del juego los sospechosos deben reunirse a fin de estudiar los guiones que cada uno seguirá y también la solución del misterio. Durante el transcurso del juego los detectives les harán muchas preguntas cuyas respuestas no aparecerán en los guiones, y aunque a los sospechosos les está permitido decir: «Esa pregunta no es relevante» (y no responderla), también pueden optar por improvisar en tanto que lo que digan no entre en contradicción con la solución del misterio ni tampoco la revele anticipadamente. Esto puede hacerse solo si cada uno conoce lo que dirán los demás y el desenlace final.

El guión que recibirá cada actor estará dividido en una coartada y una o más confesiones. Los sospechosos deberán explicarles sus coartadas a todos los grupos, pero únicamente ofrecerán sus confesiones si los detectives pueden probar (citando evidencias recogidas de otros sospechosos) que la persona que está siendo interrogada miente. Por ejemplo, muchos sospechosos afirmarán que no estuvieron en la oficina esa noche, pero el conserje declarará que todos estuvieron allí. Cuando los detectives le digan a un sospechoso que el conserje testificó haberlo visto en la oficina esa noche, entonces este soltará la lengua y declarará la segunda parte de su guion.

Los sospechosos deben usar su criterio a la hora de dar sus respuestas. Si son demasiado mezquinos con la información, el juego continuará indefinidamente; si cuentan todo demasiado rápido, los detectives resolverán el misterio en seguida. La primera parte del conserje es más bien simple, pero la clave está en el momento en que dice que encontró el cuerpo cuando fue a fijarse si los amigos de Juan ya se habían marchado. El conserje dirá su segunda parte solo si los detectives le preguntan si vio a otras personas allí.

• **Preparando la escena del crimen.** El escenario consta de una oficina en la que hay un escritorio y también una mesa (o un estante) con una pecera. La oficina se encuentra desordenada como si allí hubiera tenido lugar una pelea.

Hay papeles y carpetas desparramados por toda la habitación y sobre el escritorio. En el suelo, claramente visible entre los papeles, hay un portarretratos roto con una foto de la actriz que interpreta el papel de la Sra. Roca. Sobre el escritorio hay abierta una agenda con los siguientes horarios de reuniones escritos en ella: 8:00 p.m. Secretaria; 8:30 p.m. Esteban Roca; 9:15 p.m. Lorenzo Espada. La pecera está volcada, con las pequeñas piedritas cayendo del borde de la mesa o el estante. Debes agregar algunos vidrios rotos alrededor y colocar en el suelo debajo algunos peces muertos (puedes pedirlos en alguna tienda de mascotas) o varios cartones recortados en forma de peces que los representen. También en el suelo debajo de la pecera debes dibujar la silueta de una persona, ya sea con tiza o cinta adhesiva blanca, de modo que indique dónde fue encontrado el cuerpo. Agrega algo de kétchup, vidrios rotos y agua alrededor de la parte de la cabeza. John McLendon

SHERIFFS Y BANDIDOS

Para desarrollar con éxito este juego necesitarás mucho lugar para correr y un buen terreno a fin de esconderse (con muchos árboles, arbustos, colinas, etc.). También requerirás tener como mínimo cincuenta participantes (¡o puedes jugarlo con hasta mil personas!). Enfatiza de manera estricta las reglas con el objetivo de garantizar la seguridad de los participantes. A pesar de los riesgos, este es uno de los más emocionantes juegos para campamentos que se hayan inventado jamás.

Divide al grupo en dos equipos: los sheriffs y los bandidos. Tus chicos pueden vestirse como si estuvieran en el lejano oeste cerca del año 1800 (si lo deseas puedes proveerles disfraces, sombreros de vaquero, estrellas de sheriff de cartón para pegarse en el pecho, pañuelos para la cabeza, etc.). En el centro de un campo abierto debes marcar un cuadrado de dos metros y medio de lado, el cual se convertirá en el banco. O si prefieres, puedes usar un gran contenedor de basura como banco. También deberás preparar una cantidad de sacos de oro (los cuales serán bolsas rellenas con rocas). Deben ser lo suficientemente livianos como para poder ser transportados por una persona o arrojados de un jugador al otro.

Además necesitarás un trozo de cinta de enmascarar (también llamada cinta de pintor) para cada participante. Los jugadores deberán llevar esta cinta en un lugar prominente (tal vez en un brazo). Escribe una grande y colorida O en la cinta de los sheriffs y una X en la cinta de los bandidos, para que los equipos se puedan distinguir y representar el papel moneda.

Al comenzar el juego, los sheriffs tienen diez minutos para esconderse con las bolsas de oro. Luego permite que los bandidos salgan. Entonces los sheriffs deben intentar llegar hasta el banco para hacer un depósito, al tiempo que los bandidos tratan de atraparlos y robarles el botín junto con la cinta que tienen en el brazo. Los sheriffs también deben intentar despojar a los bandidos de su cinta cuando les sea posible. Los jugadores pueden quitarse unos a otros el oro y las cintas por la fuerza. Una vez que pierde su cinta, un jugador se considera muerto y queda fuera del juego. Como medida de seguridad, los varones no podrán robarles sus cintas a las mujeres.

Las bolsas de oro valen mil puntos cada una. Cada trozo de cinta representará papel moneda y tendrá un valor de cien puntos. Los sheriffs deben intentar depositar el oro en el banco. Este no valdrá nada para ellos si aún lo tienen en su poder cuando finaliza el juego.

Los bandidos no necesitan depositarlo en el banco para ganarse los puntos. Todo lo que tienen que hacer es robar el oro y tenerlo guardado en algún lugar hasta que el juego termine. Sin embargo, ese escondite puede ser allanado por la policía si se descuidan.

El juego puede durar treinta o cuarenta y cinco minutos aproximadamente. Al final se suman los puntos de cada equipo, basándose en cuántos trozos de cinta tienen y cuántas bolsas de oro capturaron o depositaron en el banco según corresponda. El equipo que tenga más puntos será el ganador. (Lo mejor para los equipos es planear sus estrategias y desplazarse en grupos).

• ¡Qué divertido era el lejano oeste!

Para jugar esta variante de «sheriffs y bandidos» debes dividir al grupo en cuatro (o más) equipos. Entrégales a los participantes brazaletes de un color distinto para cada bando. También debes colocarle a cada uno en la frente o en algún otro lugar un trozo de cinta de enmascarar, la cual estará marcada con una inicial o alguna otra cosa que identifique a qué equipo pertenece el jugador. Puedes inventar para los equipos nombres que tengan que ver con el lejano oeste, como por ejemplo «los mineros», «los forajidos», etc.

Al igual que en «sheriffs y bandidos», el objetivo del juego es encontrar bolsas de oro y llevarlas hasta el banco, y también matar personas (quitándoles la cinta de enmascarar de la frente). Las bolsas de oro (que estarán llenas de rocas cubiertas con pintura dorada) habrán sido escondidas por los líderes antes del juego. Se encontrarán dispersas por toda el área de juego en lugares difíciles de encontrar. Unos momentos antes de dar por comenzado el encuentro, todos los participantes se desparramarán libremente por el terreno. Entonces sonará un silbato o una campana para indicar que el juego ha comenzado.

Los jugadores ganarán mil puntos por cada trozo de cinta de enmascarar que consigan, pero debes establecer restricciones, como por ejemplo las siguientes:
- Los vaqueros solo pueden matar a los forajidos.
- Los indios solo pueden matar a los vaqueros.
- Los mineros solo pueden matar a los indios.
- Los forajidos solo pueden matar a los mineros.

Cualquiera que mate a un jugador del equipo equivocado automáticamente también quedará muerto. Cada vez que a un jugador lo matan (le quitan la cinta) queda temporalmente fuera del juego y debe ir a un lugar designado como «el cementerio» por cinco minutos. Luego se le entrega un nuevo trozo de cinta y puede retornar al juego.

Cuando alguien encuentra una bolsa de oro debe llevarla hasta el banco para obtener los puntos correspondientes. Cada bolsa de oro vale cinco mil puntos. Los jugadores pueden robarse el oro unos a otros mientras están en camino hacia el banco. Cualquier método para robar el oro es legal (excepto que los varones no pueden robarles el oro a las chicas). Ningún jugador puede acercarse a menos de cincuenta metros del banco salvo que esté llevando una bolsa de oro o persiguiendo a alguien que lleva una bolsa.

El juego acaba cuando se termina el tiempo establecido o ya se han encontrado y entregado en el banco todas las bolsas de oro. El equipo que acumule más puntos será el ganador.

Una variante interesante es esconder una bolsa de «oro de tontos» (rocas sin pintar o que tengan alguna marca secreta). El equipo que deposite en el banco esa bolsa perderá cinco mil puntos. Doug Newhouse

ÁGUILAS Y HALCONES

Divide a los jugadores en varios equipos y desígnalos como «águilas», «halcones» y otros nombres de pájaros. Luego establece un cuartel general para cada equipo de manera que todos los cuarteles estén ubicados a una distancia similar de lo que se llamará «el nido central». El objetivo del juego es que cada equipo pueda transportar huevos desde su cuartel general hasta el nido central. Cada huevo que llegue a salvo equivaldrá a mil puntos. Entrégale a todos los equipos la misma cantidad de huevos (verdaderos o de plástico), pintados de un color diferente para cada bando. Cada equipo deberá tener también un «nido portátil», es decir, una desatascador de inodoros. Por último, necesitarás para cada jugador una pluma o tira de tela que se engancharán en la parte posterior de la cintura del pantalón. No permitas que nadie ate la pluma a sus pantalones, ni que la metan tanto que quede escondida.

Cuando se dé la señal, los equipos comenzarán a transportar sus huevos desde los cuarteles hasta el nido central, pero solo se permite hacerlo con el nido portátil. Obviamente se requerirán varios viajes de ida y vuelta para lograr esto, ya que el nido portátil solo podrá contener unos pocos huevos a la vez. Los jugadores pueden intentar evitar que los integrantes de los otros equipos lleven sus huevos hasta el nido central, para lo cual tienen que «desplumarlos», es decir, quitarles (jalándosela) la pluma o el trozo de tela que llevan detrás. Cuando un jugador es «desplumado», debe concurrir al hospital de pájaros y permanecer en consulta con el veterinario durante cinco minutos.

Luego se le entregará una nueva pluma y puede retornar al juego.

Si un jugador despluma a otro que estaba transportando huevos en el nido portátil, puede llevarse esos huevos a su propio cuartel central y usarlos a fin de ganar puntos para su equipo. Sin embargo, los jugadores no pueden robarle el nido portátil a otro equipo ni tampoco romperlo. Los jugadores también tienen prohibido entrar al cuartel general de otro bando. Con el objetivo de evitar que este juego se torne demasiado violento, debes prohibir empujar o tirar al suelo a otro jugador para «desplumarlo».

Además del puntaje por los huevos, es posible otorgarles a los equipos puntos adicionales cada vez que «despluman» a alguien. Para esto puedes contar las plumas o las cintas que recolectó cada uno.

Si estás en un campamento en el que hay muchos líderes, desígnalos a ellos como halcones. Su única misión consistirá en andar por ahí «desplumando» a otros pájaros e intentado hacer que se les caigan sus huevos en el camino hacia el nido central. Teen Valley Ranch

CAOS O CONTROL

Este es un juego de espías al aire libre que se juega mejor en un terreno grande y con buenos lugares para esconderse. Debería jugarse de noche y preferentemente en un área con muchos árboles y pastos altos. Puedes utilizar varias linternas grandes (controladas por los líderes) a fin de «barrer» toda el área de juego y crear la misma sensación de cuando la policía está buscando a alguien con reflectores. Divide a tu grupo en dos equipos: los agentes del caos y los agentes del control. (En realidad, puedes ponerles a los equipos los nombres que desees, ya que no son determinantes para el juego). Los jugadores de cada equipo deberán llevar brazaletes de un color distinto para poder distinguirse. Los agentes del caos intentarán abandonar el país, para lo cual deben llegar hasta la pista de aterrizaje donde se encontrarán con los aviones que vienen a recogerlos. Los agentes del control intentarán eliminar a los agentes del caos, y para esto necesitan golpearlos con una media de nylon llena de harina. El terreno de juego debería disponerse de la siguiente forma:

Los agentes del caos están seguros cuando se encuentran dentro de su propio territorio. Tan solo tienen que escabullirse a través del territorio del control para llegar a la pista de aterrizaje que está ubicada al otro lado. Si logran atravesarlo, se presentarán en el escritorio del líder a cargo, ubicado junto a la pista de aterrizaje, para reportarse. Una vez que han llegado a la pista de aterrizaje se encuentran a salvo. Al llegar allí deben entregarle al líder unos planes secretos (sobres con nombres escritos por fuera como «SST», «APOLLO», etc.). El equipo del caos ganará mil puntos por cada sobre que le entreguen al líder que está en el escritorio junto a la pista de aterrizaje. Los agentes del caos pueden luego retornar a su cuartel general por un camino seguro que bordeará el territorio del control, a fin de obtener un nuevo sobre con planes secretos e intentar de nuevo llegar con él hasta la pista de aterrizaje. Los agentes del control pueden patrullar ese camino con el objetivo de asegurarse de que la gente del caos solo lo esté utilizando para retornar a su cuartel y no en sentido contrario (a fin de llegar hasta la pista de aterrizaje).

Los agentes del control solo pueden permanecer en su propio territorio y su misión es intentar atrapar a los agentes del caos golpeándolos con sus medias de nylon (o periódicos, bombas de agua, bolsas de papel llenas de lodo, o cualquier cosa que elijas). Si logran darle con uno de estos proyectiles a un agente del caos, entonces lo lleva prisionero al cuartel general del control y allí el agente del caos debe entregar su sobre con los planes secretos. El equipo del control obtiene dos mil puntos por cada sobre incautado. El agente del caos queda luego libre para intentarlo de nuevo. Los líderes adultos deberán anotar los puntajes, entregar los sobres con planes secretos, etc. Neil Graham

LA FIEBRE DEL ORO

Este es un juego para campamentos bastante elaborado. Puede jugarse durante toda una tarde entera hasta el anochecer. El campamento completo se convierte en una ciudad del lejano oeste, con una comisaría para el sheriff, un local para el quilatador, la taberna de Henrietta, la casa del alguacil, la cárcel, la oficina de la minería, etc. Los participantes se dividirán en nueve equipos. A cada equipo se le entregará un mapa del bosque que hay alrededor del campamento (dividido en nueve sectores) y tendrán la oportunidad de decidir en qué sector desea buscar oro cada uno. ¿Escogerán el sector más extenso o el más pequeño? ¿El más cercano a la cárcel u otro? ¿El que está más cerca de los otros sectores o uno que se encuentre solo y alejado? En cada sector debes esconder unas setenta y cinco o cien piezas de oro (rocas de tamaños variados pintadas de dorado). Cada pieza de oro tendrá escrito el número de sector al que le corresponde (por ejemplo, cada pieza de oro en el sector tres tendrá un «3» escrito). El oro puede estar escondido debajo de un tronco, sobre la rama de un árbol, entre las hojas de un arbusto, etc. Cada sector debería ser un área de bosque espeso de al menos cincuenta por cien metros. Y deben estar claramente delimitados.

Antes de comenzar, todos los equipos se reunirán en un claro del bosque y cada uno escogerá a un corredor que los represente en una carrera para elegir qué sector le tocará a cada uno. Comienza la carrera con un disparo de pistola. Los corredores competirán a fin de llegar primero a la oficina de minería, donde podrán escoger los sectores según el estricto orden de llegada. El último en llegar se quedará con lo que sobró. Luego de recibir el permiso para buscar oro en determinado sector, los corredores regresan con sus equipos e informan qué sector les corresponderá. Entonces cada uno se dirige a su sector y comienza a buscar el oro. A cada equipo se le entregan varios costales de patatas vacíos para que guarden allí su oro. Deben mantener todo el oro dentro del territorio que les fue asignado hasta que finalice el juego.

Luego de veinte minutos de buscar dentro de su sector, suena una campana y a partir de ese momento a los jugadores les está permitido entrar a cualquier otro sector, ya sea para buscar piezas de oro que aún no hayan sido encontradas o robar las bolsas de oro de otro equipo. Puedes incentivar las incursiones en terreno extraño diciéndoles a los equipos que el oro que tenga un número distinto al de su sector valdrá el doble de puntos.

Los equipos podrán defender su territorio empleando pistolas llenas de agua teñida con colorante rojo para alimentos. Todos los jugadores deben usar brazaletes con el color de su equipo a fin de poder identificarse. Solo se puede disparar en el sector propio, no en los caminos públicos o las áreas que separan a los distintos sectores. Si un equipo logra «herir» (pintar de rojo) a un intruso en su territorio, harán sonar un silbato y vendrá el sheriff o alguno de sus ayudantes (los líderes del campamento). Todos los invasores heridos deben cooperar. No pueden oponer resistencia al ser llevados a prisión. La cárcel serán dos círculos concéntricos marcados en el suelo con harina, de diez y veinte metros de diámetro respectivamente. El espacio entre los dos círculos es tierra de nadie, y el círculo interior es la cárcel propiamente dicha, donde estarán los prisioneros. Varios ayudantes del sheriff patrullan la circunferencia con pistolas de agua, atentos por si alguien intenta rescatar a los prisioneros.

Cuando un participante ingresa a la cárcel se le debe pintar en una mano una gran «O» negra con un marcador permanente para indicar que es un prisionero, además de tomarse nota de su nombre y el número de equipo al que pertenece. Su equipo puede intentar liberarlo dentro de los veinte minutos posteriores a su arresto. Para hacerlo, un compañero de equipo debe correr dentro de la prisión y tocarlo, con lo cual ambos quedan libres para irse. Los ayudantes del sheriff no pueden dispararle a un jugador que está intentando liberar a alguien de la cárcel hasta que entra a la «tierra de nadie». Y el jugador vuelve a estar a salvo si logra ingresar al círculo interior sin haber sido «herido» por los guardias. Si, por el contrario, los ayudantes del sheriff le han disparado con éxito, este jugador pasa a ser también un prisionero y se toma nota de su nombre y el número de su equipo. Sin embargo, cuando un jugador es rescatado de la prisión por un compañero, aún tendrá la «O» escrita en su mano y los cazadores de recompensas podrán dispararle, ya que a partir de ese momento será un fugitivo de la justicia. Ellos pueden dispararle en cualquier sendero o camino, o en cualquier sector excepto el suyo, y el equipo que logre «dispararle» con éxito lo llevará de regreso a la cárcel y se hará acreedor de mil dólares al final del juego.

Si un equipo no consigue rescatar de la cárcel a su jugador antes de ese tiempo, entonces cumplidos los veinte minutos de arresto se le concede la libertad al prisionero y se le pinta una gran «X» sobre la «O» que se le había puesto antes, lo cual demostrará que ha sido liberado legalmente y no es un fugitivo. Sin embargo, a su equipo se le cobrarán dos mil dólares al final del juego en concepto de fianza. (En general a los equipos les conviene hacer lo posible por liberar a sus miembros cuando están en la cárcel). A este jugador no se le podrá disparar como si fuera un fugitivo, dado que tiene una «X» pintada sobre la «O», pero sí se le puede disparar como a cualquier otro participante si incursiona en el territorio de otro equipo para robarle el oro. Si por este motivo cae preso de nuevo, se le dibujará una «O» en la otra mano.

Permite las incursiones en territorio extranjero por alrededor de una hora. Luego haz sonar la campana para indicar que el juego ha terminado. Al final del juego, cada equipo llevará todo su oro hasta el local del quilatador, donde estará guardado a salvo hasta después de la cena.

A continuación ofréceles a tus chicos una cena típica del lejano oeste, completándola con números musicales, pequeñas dramatizaciones, etc. La velada concluirá con el quilatador, custodiado de cerca por el sheriff, pesando el oro de cada equipo (y anotando el doble del peso para el oro que haya sido robado). Luego de pesarlo, escribirá un cheque a cambio del oro y el capitán de cada equipo deberá ir a cobrarlo al banco del pueblo. El banquero puede pagar de cualquier manera que lo desee… Una buena idea es hacerlo con monedas o barras de chocolate, confituras u otro tipo de cosas ricas para comer luego de tantas carreras. También puedes hacer que el quilatador sorprenda a los equipos mostrándoles que «todo lo que reluce no es oro». ¡Este experto en verificar la calidad del oro descartará una parte del botín que recolectó cada equipo al verificar que en realidad se trata de «oro de tontos»! ¿Cómo podrá distinguirlo? Bueno, aunque nadie lo sabía antes, las piezas de oro con los números escritos en verde son oro verdadero, mientras que las piezas con los números escritos en azul son oro de tontos. *Neil Graham*

COMPAÑÍAS PELETERAS EN PUGNA

Comienza este juego relatando una historia (inventada) sobre la disputa de estas dos compañías por apropiarse del territorio a fin de poder obtener y vender más pieles. Se le asignará a cada uno de los dos equipos un territorio (ambas zonas adyacentes entre sí), y se le entregará a cada jugador un brazalete de color para distinguir a qué equipo pertenece. Debes marcar claramente la línea divisoria entre los dos territorios. El objetivo del juego es, para cada equipo, intentar encontrar las pieles que están escondidas en su territorio y llevarlas hasta su cuartel general, el cual estará ubicado al otro lado del territorio del equipo contrario. Por lo tanto, los viajeros deberán transportar varias pieles (hasta un máximo de diez juntas) atravesando el territorio enemigo hasta llegar a su lugar seguro (que puede ser un claro en el bosque, un círculo dibujado en el suelo, un refugio del algún tipo, una tienda de acampar, etc.). Cuando un participante ingresa al territorio enemigo, los jugadores del otro equipo pueden «matarlo» y «confiscar» las pieles que lleva.

Las pieles pueden ser tiras de cartulina de cinco por quince centímetros o trozos de madera del mismo tamaño. Debes diseminar unas doscientas «pieles» en cada uno de los territorios. Cada piel debe estar marcada con la inicial del nombre del equipo en cuyo territorio la colocarás.

Explícales a los equipos que pueden buscar pieles en sus propios territorios y después dejarlas en su cuartel general, o pueden enviar a algunos de sus miembros al territorio enemigo a la caza de las pieles del otro equipo (y también llevarlas hasta su propio cuartel). Por supuesto, tan pronto como una persona cruza la línea puede ser «aniquilada» (el enemigo logra esto simplemente quitándole su brazalete al intruso). Una persona sin brazalete no puede entregar ninguna piel en su cuartel general. Cuando un jugador es «aniquilado» debe entregarle al enemigo todas las pieles que llevaba y retornar a su propio territorio para que le coloquen un nuevo brazalete y comenzar otra vez.

Este juego funciona muy bien en un monte o un bosque, y particularmente en invierno o de noche, ya que las pieles pueden esconderse fácilmente y entonces el juego implica más que nunca encontrarlas y luego escabullirse sin ser visto. La línea divisoria central debe estar claramente señalizada, en especial de noche (un par de fogatas resultan suficiente). El juego se detendrá luego de un tiempo específico (cuarenta y cinco minutos o algo así) y se contarán las pieles que hay en cada cuartel general para ver qué equipo ganó. A fin de alentarlos a arriesgar sus vidas, puedes decirles a los participantes que las pieles robadas al equipo contrario valdrán el doble de puntos. *Neil Graham*

INFILTRADOS

Este juego debe realizarse de noche, en un terreno en el cual no haya luces artificiales. (Incluso la luz de la luna puede dificultar su desarrollo). También se juega muy bien en un área boscosa.

Disposición inicial: Se señala un perímetro con objetos claramente identificables (árboles, troncos caídos, rocas, etc.). El radio debería ser de entre sesenta y noventa metros, dependiendo del tamaño del grupo. En el centro del perímetro habrá una bandera. El grupo se dividirá en dos equipos, los defensores y los infiltrados.

Objetivos: El objetivo de los infiltrados es ingresar al área a hurtadillas, tomar la bandera, y salir sin que sus oponentes los maten. El objetivo de los defensores es impedir que los infiltrados se roben la bandera.

Materiales necesarios: Cada defensor deberá tener una linterna. (Son mejores esas que tienen un botón y se encienden cuando se aprieta y se apagan cuando se suelta, ya que permiten intervalos más cortos de luz que las que tienen un interruptor de encendido-apagado). También se necesita una bandera.

Reglas para los defensores:
- Ningún defensor puede ingresar dentro del área.
- Los defensores matan a los infiltrados «disparándoles» con sus linternas. Las linternas no pueden estar encendidas más de un segundo por vez. (Es decir, no pueden usarse para «barrer» el terreno como si fueran un reflector o un faro).
- A cualquier defensor que utilice su linterna como reflector o dispare repetidamente se le quitará el arma por cinco minutos.
- Cuando un defensor cree que ha atrapado una presa, puede mantener su linterna encendida sobre el punto en que piensa que está su víctima. Entonces un juez verificará si hay alguien allí. (El rayo de luz debe estar sobre la víctima).

Reglas para los infiltrados:
- Cuando un infiltrado cree que ha sido «herido», debe quedarse quieto e identificarse (decir su nombre en voz alta).
- Cuando los defensores matan a un infiltrado, este debe permanecer durante cinco minutos en un lugar aparte, designado a tal fin, en el cual habrá un juez para controlar los tiempos. Luego le será permitido reingresar al juego.
- Si un infiltrado cree que el defensor no sabe exactamente dónde está, puede esperar quieto y en silencio hasta que llegue el juez para determinar si el rayo de luz de la linterna del defensor está realmente sobre él o no.
- Los defensores pueden matar a los infiltrados tanto dentro como fuera del área.

Jueces: Para este juego se necesitan dos jueces. Uno debe estar ubicado fuera del área, en el «cementerio» de los infiltrados. Su trabajo será cronometrar el tiempo que los infiltrados permanecerán fuera del juego. Debe mantenerlos allí durante cinco minutos. El otro juez estará ubicado dentro del área. Su responsabilidad será solucionar cualquier disputa que surja con respecto a si un infiltrado ha sido «aniquilado» o no. Hará esto acercándose hasta el lugar que el defensor está iluminando con su haz de luz y declarará al infiltrado muerto si se encuentra donde se enfoca la linterna. Este juez también será el que le quite el «arma» durante cinco minutos a cualquier defensor que la esté usando como reflector (ya sea con un haz de luz continuo o una serie rápida de haces cortos). Es mejor darle una advertencia al defensor antes de quitarle el arma. De todos modos, pasados los cinco minutos se le devolverá la linterna y podrá volver al juego.

Ganadores: Se jugará durante un tiempo determinado de antemano. Los infiltrados serán los ganadores si logran robar la bandera dentro de ese período. Los defensores serán los ganadores si logran salvaguardar la bandera durante todo ese tiempo.

Bill Flanders

PRESOS EN FUGA

¿Tienes un grupo grande, un recinto amplio con varias entradas y una noche oscura? ¡Entonces estás listo para jugar «Presos en fuga»! El objetivo es ingresar al edificio, leer un mensaje que te da indicios con respecto al paradero del tesoro, encontrar el tesoro, y entregárselo a un líder previamente designado... todo sin que los guardias puedan atraparte y mandarte a la cárcel.

Primero divide al grupo en dos equipos. Luego escoge a los guardias: pueden ser líderes adultos o jóvenes que no tengan preferencias por un grupo u otro, ya que los guardias deben ser absolutamente neutrales, arrestando de manera imparcial a los miembros de cualquiera de los dos bandos. Ellos patrullarán el edificio de a dos, en el sentido de las agujas del reloj (nunca en sentido inverso para atrapar a los jugadores), arrestando a cualquier joven al que puedan iluminar en forma directa con sus linternas. Cuando esto ocurre, el guardia grita: «¡Deténgase e identifíquese!». El jugador debe detenerse y permitirle al guardia que lo escolte hasta la cárcel, donde deberá permanecer durante diez minutos o hasta que otro jugador lo rescate.

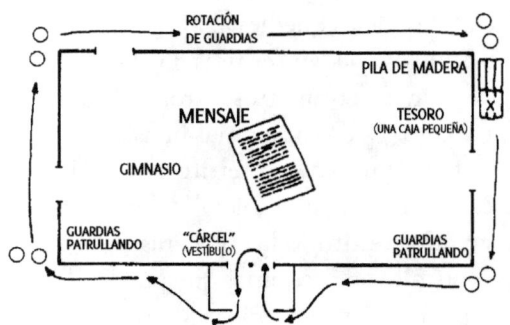

Un rescate se produce cuando un jugador logra ingresar a la cárcel, tocar a un prisionero y salir los dos juntos... todo sin ser detectados por los guardias. Lo que mantiene este juego en movimiento es esto: Un jugador gana cien puntos por sacar a alguien de la cárcel… incluso si se trata de un miembro del equipo contrario. El carcelero, al igual que los guardias, debe ser un joven o adulto imparcial que no alerte jamás a los guardias, sino que simplemente verifique que los rescates de la cárcel sean legítimos. Él también registra los puntajes de ambos equipos y soluciona cualquier disputa que surja.

Para darle más suspenso, coloca un reflector en el techo del edificio, ve rotándolo lentamente, y enciéndelo durante alrededor de cinco segundos cada cinco minutos.

Lo que «Presos en fuga» requiere es confianza mutua y honestidad. Cuando un guardia toca a un jugador con su haz de luz, por ejemplo, este jugador debe detenerse para que el juego continúe desarrollándose de manera placentera. Y los prisioneros deben cooperar cuando se les escolta a la cárcel. Los juegos que requieren un factor de confianza les enseñan a los chicos los beneficios de la honestidad y jugar limpio… y sirven también muy bien para promover charlas o debates más tarde.

Steve Smoker

MISIÓN IMPOSIBLE

Para este juego se necesitan dos equipos y un terreno grande, un área de campamentos o un bosque. El objetivo de cada equipo es encontrar su propia bomba secreta (que es una sandía), la cual fue robada y escondida por agentes enemigos (patrocinadores). En el proceso, los jugadores se dispararán con pistolas de agua rellenas con una tinta que desaparece.

Distribuidas uniformemente por todo el campo de juego habrá seis ZDMs. Cada una de estas «zonas desmilitarizadas» (marcadas en el suelo con harina o cal) tendrá unos siete u ocho metros de diámetro y servirá como enfermería y centro de municiones. Cada una estará equipada con un líder y una cubeta de tinta de esa que desaparece en pocos minutos (lee las instrucciones y dilúyela de forma apropiada).

Los jugadores deben llevar puestas camisetas de colores claros para que pueda verse la tinta que desaparece; y los equipos deben ser fáciles de distinguir a simple vista (usando pistolas de agua de diferentes colores, brazaletes, etc.).

El juego comienza del siguiente modo: Mientras los jóvenes están reunidos en el cuartel general (un salón de reuniones u otro lugar central) a fin de recibir sus instrucciones, un líder esconde las dos sandías en el terreno de juego.

Las reglas que los chicos deben escuchar incluyen las siguientes:
- El propósito del juego es encontrar la bomba de su equipo y regresar con ella al cuartel general.
- Cuando a un jugador le disparan en la camisa o camiseta, se le considera «herido» y debe acudir hasta la enfermería más cercana para esperar a que la tinta desaparezca. El líder a cargo de esa ZDM será el que decidirá cuándo un jugador se ha «recuperado» y le permitirá reincorporarse a la batalla.
- Mientras un jugador se encuentra recargando su pistola de agua en una ZDM no está permitido dispararle.
- Los jugadores que se encuentran en la ZDM recuperándose de una herida no pueden recargar sus pistolas, sino que deben esperar a ser dados de alta y luego acudir a otra ZDM para recargarlas.
- Si un jugador encuentra la bomba de su equipo, pero le disparan cuando la está llevando al cuartel general, debe apoyarla con suavidad en el suelo (una sandía rota significa que ese equipo ha perdido el juego) y dirigirse a la ZDM como corresponde. Un compañero de equipo puede entonces tomar la bomba e intentar terminar la misión, o un oponente puede tomarla para esconderla de nuevo.

Luego de que se les expliquen estas reglas a los jugadores, cada equipo tendrá cinco minutos para planear su estrategia. Tal vez desees entregarles al comienzo del juego las pistolas de agua ya cargadas previamente por los líderes, o permitir que algunos miembros de cada bando vayan a las ZDM mientras los equipos están delineando sus planes de batalla. Es probable que necesites un silbato o una campana para dar inicio al juego y marcar el final, tal vez después de treinta minutos de juego si ninguno de los dos equipos ha ganado para ese entonces.

¡Luego, disfruten las sandías!

Vaughn VanSkiver y Steve Robertson

CONTRABANDISTAS

Los equipos deben escoger sus propios nombres o se les llamará según el color de su brazalete. Cada equipo escogerá hasta un veinticinco por ciento de sus jugadores para ser contrabandistas, los cuales se identificarán con una C escrita con marcador en el dorso de sus manos. Ellos serán los únicos autorizados a ingresar con elementos de contrabando al territorio del otro equipo. El resto del equipo se dedicará a capturar a los contrabandistas del equipo contrario. Los contrabandistas no pueden capturar a nadie. Cada grupo tendrá también un general que estará a cargo, coordinará la estrategia y permanecerá en todo momento en el cuartel general del equipo.

Los líderes y consejeros del campamento serán neutrales y se considerarán «observadores de las Naciones Unidas». Estarán distribuidos en los territorios de ambos equipos para mantener el orden, ofrecer consejo y asegurase de que todo el mundo esté jugando según las reglas. Debe designarse también un observador por bando para la tarea de llevar el registro del puntaje de ese equipo.

Lo interesante de este juego es que en cada equipo se permite una cierta cantidad de infiltrados

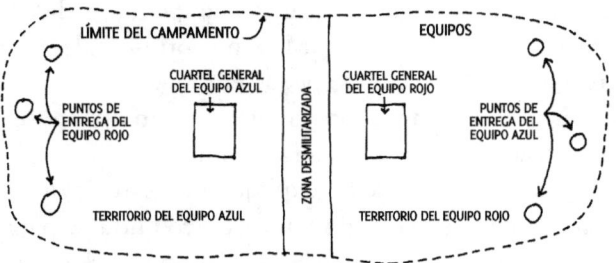

o espías que utilizarán los brazaletes de ese bando, pero en realidad estarán trabajando para el otro equipo. Ellos pueden ser elegidos previamente por los oficiales, quienes les informarán en secreto su misión. A los infiltrados se les hará una marca secreta (una X) en una pierna (o en algún otro lugar que quede relativamente oculto). Si a un jugador se le acusa de ser un infiltrado, debe mostrar su pierna y decir la verdad. Si la acusación es correcta, el equipo acusador gana cinco mil puntos y el infiltrado es llevado en custodia. Debe permanecer en el cuartel general durante diez minutos y luego será liberado para continuar jugando, pero ahora de modo manifiesto para el equipo que estaba trabajando. Se le dará un nuevo brazalete y volverá al juego, solo que ahora no como un infiltrado. Una acusación incorrecta le costará al equipo que acusa cinco mil puntos (se le descontará esta cantidad). Solo los generales pueden hacer una acusación. Si un jugador sospecha que un compañero es un espía, debe informarle al general y este decidirá si acusarlo o no. Luego la acusación debe hacerse en presencia de un observador de las Naciones Unidas.

Los puntos de entrega son lugares debajo de rocas, árboles, etc., en los que puede colocarse un elemento y declarar que se ha contrabandeado con éxito. Solo el equipo rojo conoce la ubicación de todos los puntos de entrega en el territorio del equipo azul, y viceversa. En otras palabras, el equipo azul no sabe dónde está intentado dejar las cosas el equipo rojo, y el equipo rojo no sabe dónde está intentando dejar las cosas el equipo azul. Sin embargo, antes de comenzar el juego, cada equipo ubica en un mapa las posiciones de sus puntos de entrega y uno de los oficiales del juego (una persona neutral) le informa al general del equipo contrario la ubicación de la mitad de esos puntos. Así, por ejemplo, el equipo azul sabrá donde están la mitad de los puntos de entrega del equipo rojo, pero el equipo rojo no sabrá cuáles son los puntos que el equipo azul conoce y cuáles no. Debe existir un punto de entrega por cada elemento que se deba llevar de contrabando, y debe haber por lo menos cuatro puntos de entrega para cada equipo. Los observadores de las Naciones Unidas deben conocer la ubicación de todos los puntos de entrega.

La Zona Desmilitarizada es un área neutral que divide a los dos territorios. Cualquiera puede estar ahí sin ser capturado. Esto es bueno para el aspecto estratégico del juego, pero resulta opcional.

El juego debe llevarse a cabo de noche. No se permite el uso de linternas. Dado que se emplea todo el terreno del campamento, los edificios, árboles y otras cosas similares pueden utilizarse para esconderse. Si hay algún área peligrosa, debe declararse fuera del territorio de juego y avisarles a los chicos que no vayan allí. Si se encuentra a un jugador en un área declarada fuera del juego, se penalizará a su equipo restándole cinco mil puntos.

Los elementos que hay que llevar de contrabando son simplemente tarjetas de ocho por doce centímetros con el nombre del objeto y su valor escritos en ellas. Los diferentes objetos tienen distintos valores. Los puntos deben ir desde los mil hasta los diez mil puntos. Debe haber más elementos de menor valor y pocos elementos de mucho valor. Se puede emplear para el juego la cantidad de tarjetas que se desee, siempre y cuando ambos equipos tengan la misma cantidad y con los mismos valores. Las tarjetas de cada equipo deben estar escritas con un marcador del color de ese equipo. Durante el juego, los contrabandistas intentarán pasar con las tarjetas a través del territorio enemigo y dejarlas en uno de los puntos de entrega ubicados en ese territorio. Cada contrabandista puede llevar solo un elemento por vez. Cuando un contrabandista logra depositar con éxito una de las tarjetas en un punto de entrega, levanta su mano y grita «Naciones Unidas» hasta que se encuentra con uno de los observadores de las Naciones Unidas. El observador entonces verifica que la tarjeta se halla en un punto de entrega y escolta al jugador de regreso hasta su territorio, donde se le entregarán los puntos que ha ganado. Mientras un contrabandista tiene la mano levantada y está gritando: «Naciones Unidas», no puede ser capturado por el enemigo. No respetar esto es infringir las reglas y le costará al equipo infractor cinco mil puntos.

Si un contrabandista es capturado durante un intento de dejar una tarjeta, se le llevará hasta el cuartel general del equipo que lo capturó y deberá permanecer ahí durante diez minutos antes de ser liberado de nuevo. (Puedes decidir que este tiempo sea más corto o más largo). También se le hará una marca en la mano del color del equipo que lo capturó. La marca sirve para que todos sepan cuántas veces ha sido capturado un jugador. Cada vez que un contrabandista es capturado, se anota el puntaje correspondiente y se le confisca el objeto (la tarjeta) que llevaba.

Frente a una captura inminente, un contrabandista puede optar por dejar tirado lo que estaba intentando contrabandear, con la esperanza de que no lo descubran o sea recogido por otro contrabandista de su mismo equipo. Si el equipo que capturó al contrabandista encuentra la tarjeta, puede entregársela a un líder para obtener el puntaje que figura allí escrito.

Es posible capturar a los contrabandistas de muchas formas diferentes, dependiendo de cuán rudo o mugriento desees que se vuelva el juego.

Puede ser tocándolos, tumbándolos, dándoles con una bomba de agua, o tal vez con un calcetín de nylon relleno con harina. Elige tu propio método.

Puntajes:
- Una tarjeta dejada exitosamente en un punto de entrega vale mil puntos más el valor de ese objeto en particular.
- Se ganan dos mil puntos adicionales si el contrabandista puede dejar la tarjeta exitosamente y regresar a su propio territorio sin ser capturado por el enemigo ni escoltado por un observador de las Naciones Unidas.
- Al capturar a un contrabandista, el equipo que lo ha capturado gana puntos de la siguiente manera:

    La primera vez que lo captura: quinientos puntos más la mitad del valor del elemento que estaba intentando contrabandear.

    La segunda vez que lo captura: mil quinientos puntos más todo el valor del elemento que estaba intentando contrabandear.

    Desde la tercera vez que lo captura en adelante: tres mil puntos más todo el valor del elemento que estaba intentando contrabandear.
- Identificar correctamente a un infiltrado hace que el equipo acusador gane cinco mil puntos. Acusar incorrectamente a alguien hace que el equipo acusador pierda cinco mil puntos.
- Si un equipo encuentra tirada una tarjeta escrita con el color del bando contrario, puede entregársela a su observador y se le sumarán puntos por el total del valor que figura en la tarjeta. Keith Geckeler

GUERRA EN EL ESPACIO

Este es un juego que funciona mejor con equipos de entre cincuenta y setenta jugadores cada uno. Asegúrate de emplear globos de buena calidad que no se rompan fácilmente.

Hay dos equipos: los rebeldes (globos naranjas) y el Imperio Galáctico (globos verdes). Luke Skyvaquero lidera a los rebeldes, los cuales se encuentran divididos en pequeños grupos, cada uno comandado por un coronel estelar. Las fuerzas del Imperio Galáctico son comandadas por el temido Derth Vector y también están divididas en pequeños grupos, cada uno dirigido por un comandante espacial. El campo de batalla será un área muy grande que se encontrará dividida en dos sectores. En el sector de los rebeldes habrá cinco bases aéreas claramente identificadas y bien separadas una de la otra, y un área para los prisioneros de guerra. Desde estas cinco bases aéreas los rebeldes lanzarán sus ataques. En el sector del Imperio Galáctico habrá cinco receptáculos de control de vida (RCV) claramente identificados y bien separados uno del otro, y un área para los prisioneros de guerra. Los RCV pueden ser latas de basura comunes y corrientes. Cada jugador deberá tener un globo verde o naranja atado a su cintura. Estos serán conocidos como los «tanques de soporte vital».

El objetivo del juego es destruir al oponente «aniquilando» soldados enemigos, destruyendo bases aéreas, bombardeando RCVs, eliminando a Derth Vector o a Luke Skyvaquero, con el objetivo de ganar así tantos puntos como sea posible en los cuarenta y cinco minutos que durará el juego. Las reglas e instrucciones que figuran a continuación deben entregársele a cada uno de los jugadores.

Los puntos se otorgarán de la siguiente manera:
- 100 puntos por cada soldado enemigo aniquilado y llevado hasta el área particular de prisioneros de guerra.
- 500 puntos por cada base aérea o tanque de soporte vital que se destruya.
- 1.000 puntos por aniquilar y llevar hasta el área adecuada para prisioneros de guerra ya sea a Derth Vector o a Luke Skyvaquero.

¡El equipo con la mayor cantidad de puntos luego de descontadas las penalidades será el ganador!

Reglas generales del juego:
- Para los combates se utilizarán solo las manos. Un oponente es aniquilado cuando su globo se explota. No está permitido hacer tropezar a otro jugador, empujarlo, derribarlo ni aplastarlo. El jugador se considera sin vida en el mismo momento en que su globo se explota.
- Una vez que alguien es aniquilado, eso es todo. El jugador queda muerto hasta el final del juego.
- Para obtener puntos por aniquilar a un soldado enemigo este debe ser cargado o arrastrado hasta el área de prisioneros de guerra del equipo que lo aniquiló. Los varones solo pueden arrastrar o cargar varones. Las mujeres solo pueden arrastrar o cargar mujeres.
- Las bombas de los rebeldes destruyen los tanques de soporte vital del Imperio Galáctico si un jugador puede arrojar una bomba dentro del contenedor antes de ser aniquilado. Un juez imparcial ubicado junto a cada tanque será el que evaluará esto. No se puede hacer ningún intento de mover o correr de sitio los tanques de soporte vital. No se puede hacer ningún intento de bloquear o desviar una bomba una vez que ha sido lanzada. La única defensa permitida es intentar aniquilar a los rebeldes que llevan las bombas. Una vez que un tanque de soporte vital ha sido bombardeado con éxito, se le da vuelta con la boca hacia abajo. Las bombas pueden ser globos amarillos… y se le entregará una a cada rebelde.
- Las fuerzas galácticas destruyen las bases aéreas de los rebeldes si se apoderan del letrero oficial de «Base Aérea» y lo rompen por la mitad antes de ser aniquilados. Estos letreros no pueden ser sostenidos ni tocados en manera alguna por las fuerzas rebeldes.
- Ninguno de los equipos puede usar, ni defensiva ni ofensivamente, la estrategia de formar una «cadena humana» o una «pared humana» (tomándose de las manos o estrechándose los brazos) alrededor o frente a una base aérea o un tanque de soporte vital. Cada jugador debe conducirse en todo momento como un agente independiente.
- Derth Vector y Luke Skyvaquero tienen dos globos, uno en cada muñeca. Para que alguno de ellos quede eliminado, ambos globos deben ser destruidos.
- No está permitido ingresar a ningún edificio.
- Si tu globo se rompe accidentalmente… ¡lo sentimos mucho!

Penalidades:
- 100 puntos cada vez que un jugador se niega a caer muerto de inmediato cuando su globo se revienta.
- 300 puntos cada vez que un jugador se comporta violentamente.
- 300 puntos cada vez que un jugador se niega a obedecer de inmediato a un juez.

Los jueces estarán supervisando todo el desarrollo del juego. No servirá de nada acusar o quejarse de lo que hacen los oponentes.

¡Que lo disfruten y que la fuerza los acompañe!

Phil Kennemer

JUEGO DE ESPÍAS

Este juego dura tan solo una hora, pero la planificación y la emoción pueden mantenerse varios días. Al comienzo de la semana el director del campamento seleccionará algunos chicos para que sean los espías. Los únicos que conocen la identidad de los espías son el director del campamento y el espía principal, el cual también será elegido por el director del campamento. A cada espía se le entrega una insignia de espía (una tarjeta pequeña), la cual pueden esconder en algún lado o llevar oculta entre sus ropas. Durante el desarrollo del juego propiamente dicho, deben tener sus tarjetas consigo. En el transcurso de la semana previa al evento pueden hacer correr muchos rumores con respecto a quiénes son los espías. Este es uno de los aspectos divertidos del juego.

No debe haber más de veinticinco espías o un cuarto de la población del campamento, lo que sea menor. Todo el resto de los participantes serán policías (pero incluso los espías aparentarán ser agentes policiales). En algunos momentos durante la semana previa el espía principal puede convocar a los espías a reuniones secretas para delinear estrategias y asegurarse de que todos estén haciendo un buen trabajo en lo que se refiere a mantener en secreto sus identidades como espías.

El objetivo de los espías será lanzar una bomba en un área señalada del campamento. Si este juego se organiza para un campamento que dura una semana, por ejemplo, de domingo a viernes, entonces el juego propiamente dicho puede programarse para el viernes, digamos entre las once de la mañana y el mediodía (ya que durará una hora). Será durante este período de tiempo que los espías intentarán lanzar su bomba.

La bomba puede ser cualquier cosa que quieras, como un maletín viejo conteniendo documentos secretos, y debe dejarse en exhibición toda la semana. El lugar designado para lanzar la bomba puede ser un bote de basura, la parte trasera de una camioneta, o algo por el estilo.

Cuando comience el juego propiamente dicho, se les entregará la bomba a los espías y será el deber de los policías impedir que el artefacto llegue al lugar designado.

Los policías pueden matar a los espías quitándoles sus insignias secretas. Cuando se sospecha que un jugador es un espía, se le lleva ante el director del campamento (u otro oficial), quien le quitará su insignia de espía y lo dejará de ese modo fuera del juego.

No puede haber policías a menos de ciento cincuenta metros del lugar designado para lanzar la bomba, excepto que observen que el explosivo se encuentra dentro de esa área. Si la bomba es lanzada con éxito, entonces los espías han ganado y se da por finalizado el evento. Si los policías capturan la bomba, o si todos los espías son descubiertos, entonces los policías ganan y el juego termina.

El juego es más efectivo si se ha planificado mucho durante la semana. Los espías deben pensar en una buena estrategia para hacerse pasar por policías a la vez que esconden la bomba y la llevan hasta el lugar señalado dentro del tiempo indicado. Los policías deben pasarse toda la semana intentando dilucidar quiénes son los espías, de modo que cuando comience el juego propiamente dicho, puedan dedicarse a acorralarlos y desenmascararlos.
Jerry Cramer

GUERRA DE VELCRO

Para esta variante textil del juego de «corre que te pillo» (también conocido como «la mancha» o «la roña») debes ir a una tienda de manualidades y comprar pelotas de plástico o poliestireno del tamaño de una pelota de golf, así como cintas de Velcro. Emplea una pistola de pegamento caliente para adherir las cintas a las pelotas. (Mientras más pelotas tengas, mejor resultará el juego).

Luego declara una guerra de Velcro entre tus jóvenes. Todos los combatientes deben llevar puestos suéteres afelpados para ganarse el derecho a portar armas (las pelotas de plástico con Velcro que preparaste). También deben utilizar algún tipo de protección para los ojos. En la iglesia o un campamento, señala un campo de juego que incluya muchos lugares para esconderse a los que se pueda acceder por más de un camino.

Las siguientes reglas te servirán para empezar. Una vez que se haya convertido en una guerra sin cuartel, ve inventando otras reglas sobre la marcha.
- Una vez que una pelota de Velcro se queda adherida a un suéter, se considera una herida. No puede quitarse de encima. Tres heridas equivalen a la muerte de ese jugador.
- Realicen el juego por equipos. Sin embargo, mientras más pequeño es el grupo, mejor resulta que cada uno juegue por sí mismo, de forma individual.

- Puedes ampliar el blanco al que se apunta pidiendo que todos los participantes lleven puestos gorros de lana.
- Mientras más fuerte sea un tiro, menos probable resultará que la pelota se quede adherida, y más factible será que la persona se lastime de verdad. Así es que ataquen con tiros por elevación y lanzamientos habilidosos. Dik LaPine

GUERRA

Cualquier número de chicos puede jugar este juego. Se divide al grupo en dos tropas, el ejército rojo y el ejército negro. (Puedes inventar nombres más creativos si así lo prefieres). Cada ejército tiene un general y los soldados están identificados con brazaletes rojos o negros, los cuales no podrán quitarse en ningún momento durante el transcurso del juego.

El objetivo del juego es destruir el radar del oponente, y esto se consigue lanzando una bomba sobre el mismo.

Cada ejército deberá tener su propio territorio. Se le asignará a cada equipo la mitad del área de juego, la cual se señalizará adecuadamente.

Ambos ejércitos se dividirán en dos unidades: la ofensiva y la defensiva. La misión de la unidad ofensiva es buscar y destruir el radar del oponente, y la misma estará bajo el mando de un coronel. La unidad ofensiva por su parte se dividirá en pelotones de entre cinco y siete miembros cada uno. Cada pelotón tendrá un capitán y un teniente (quien será el segundo al mando). La unidad ofensiva no tiene restricciones territoriales. Estos jugadores pueden ir a cualquier parte que deseen a fin de cumplir su misión.

La unidad defensiva de cada ejército tendrá la misma organización interna que la unidad ofensiva (con los mismos líderes y pelotones), pero su misión será proteger su propio radar y repeler a la unidad ofensiva del ejército contrario, que intentará atacarlos. Esta unidad no puede ingresar al territorio del ejército enemigo.

Los radares son dos contenedores (preferentemente de colores llamativos) colocados sobre el suelo en alguna parte del territorio de cada uno de los dos ejércitos. No pueden camuflarse ni esconderse, sino que es preciso que los soldados del ejército enemigo puedan verlos con facilidad una vez que se encuentren cerca.

A cada ejército se le entregará una determinada cantidad de bombas (veinticinco o algo así). Una bomba activada es una botella de plástico (o cualquier recipiente pequeño) conteniendo una gomita o un dulce del color del ejército al que pertenece. Una bomba desactivada es una botella de plástico sin la gomita o dulce dentro. Solo las unidades ofensivas de cada ejército están autorizadas a cargar las bombas. Para lograr destruir el radar del oponente, un equipo debe lograr arrojar dentro del mismo una bomba activada. Los soldados defensivos pueden confiscar las bombas de sus adversarios y desactivarlas (comiéndose la gomita o el dulce). La bomba incautada puede luego ser activada por el equipo que la capturó colocándole dentro un dulce de su color, con lo cual su ejército será un poquito más fuerte. (Mientras más bombas tenga un ejército, más probabilidades tendrá de arrojar una con éxito dentro del radar del ejército contrario).

En el juego se utilizarán además otras armas. Las pistolas serán marcadores o rotuladores. Los generales y los coroneles tendrán dos cada uno. Cada capitán dispondrá de uno para su pelotón. No se le permite portar armas a ningún otro jugador. Las armas también pueden ser capturadas quitándoselas a los jugadores del equipo contrario.

Para «dispararle» a un oponente, primero hay que capturarlo. Esto se hace simplemente atrapándolo y sosteniéndolo (por la fuerza). Una vez que ha sido capturado, se le «dispara» al jugador marcándole un dedo de la mano izquierda con el rotulador (la pistola). Luego el oponente es liberado. No se permite perseguirlo ni que otro jugador lo capture durante dos minutos. A su vez, él no puede atacar el radar ni a ninguno de sus oponentes durante el mismo lapso de tiempo. Un jugador se considera muerto y fuera del juego cuando tiene marcados cuatro dedos de su mano izquierda (es decir, cuando le han disparado cuatro veces). En ese momento debe reportarse al campamento y permanecer ahí hasta que termine el juego. (Si lo prefieres, puedes reciclar a los jugadores que mueren, haciendo que esperen diez minutos y pintando luego un gran corazón rosa o alguna otra identificación en la palma de la mano izquierda. Entonces puedes permitirles reingresar al juego hasta que tengan marcados cuatro disparos en la mano derecha. El juego termina cuando uno de los dos radares haya sido bombardeado tres veces con una bomba activada. En ese momento se hará sonar un silbato o campana y todos los jugadores deberán reunirse en el centro del campamento. Allí el general que perdió y sus coroneles pueden ser «ejecutados», por ejemplo, lanzándoles un pastel a la cara.

Este juego puede ser modificado o adaptado como mejor te parezca. Es posible llevarlo a cabo también con más de dos ejércitos. El tiempo de juego es a menudo de alrededor de una hora, incluyendo el período inicial durante el cual cada ejército se organiza. Jerry Summers

GUERRA MUNDIAL

Este es un juego muy divertido para grupos de más de cincuenta chicos. Resulta excelente para campamentos y puede continuarse al día siguiente con un juego de desarme total o cese al fuego que incluya dar de comer a los hambrientos, vestir a los que no tienen ropa, o lo que sea.

El objetivo del mismo es simplemente ganar la guerra. Esto se logra destruyendo al enemigo y capturando o liquidando a su general.

Elementos necesarios:
• Globos de agua. Son utilizados como bombas, morteros, granadas de mano, etc.
• Brazaletes de diversos colores para identificar a todos los jugadores.

Por ejemplo, puedes tener un ejército rojo contra un ejército azul, y colocarle a cada participante un brazalete del color de su equipo en el brazo derecho. También puedes emplear brazaletes de otro color en el brazo izquierdo para indicar si una persona pertenece a la fuerza aérea, a la artillería, etc.
• Un espacio amplio para librar la guerra, con buenos lugares donde esconderse.
• Supervisores a fin de asegurar que se estén respetando todas las reglas del juego. Estas personas tendrán el poder de matar o sanar a voluntad.

Deben estar equipadas con silbatos para iniciar y detener el juego, decretar violaciones a las reglas, etc.
• Un área separada del campo de juego que funcione como cementerio militar.

Personal involucrado y sus roles:
• **General:** Cada equipo tendrá un comandante en jefe. El general usará un brazalete, ya sea rojo o azul, en el brazo derecho más una banda de color amarillo brillante que le cruzará el pecho (al mejor estilo Miss. Universo). Los generales solo pueden ser asesinados arrancándoles los brazaletes y bandas correspondientes a su rango. No es posible matarlos con morteros, bombas, granadas, etc. (La idea aquí es que los generales estén en todo momento bien protegidos en búnkers, de modo que no son susceptibles a los ataques con artillería o armas de fuego. Deben ser muertos o capturados solo en combates cuerpo a cuerpo).

• **Fuerzas aéreas:** Estos son los únicos participantes del juego a los que les está permitido correr. Todo el resto caminará. (Los supervisores deben hacer cumplir esta regla. Aquellos que la violen deberán quitarse sus brazaletes y retirarse al cementerio militar). Los miembros de las fuerzas aéreas usarán los brazaletes que correspondan a su equipo en el brazo derecho y otros de color celeste en el brazo izquierdo. Pueden llevar solo dos bombas de agua a la vez. (Se supone que cualquier miembro de las fuerzas aéreas que lleve más de dos bombas estrellaría su avión por exceso de equipaje, por lo tanto, se le quitará su brazalete y deberá dirigirse al cementerio). Los jugadores de las fuerzas aéreas pueden bombardear a cualquier persona excepto a los generales. (Cualquier persona que esté mojada será considerada muerta). Las fuerzas aéreas también pueden correr hasta una persona, quitarle cualquiera de sus dos brazaletes, y luego huir. Si un jugador pierde el brazalete que lo identifica como miembro de la artillería, la fuerza aérea, etc., pero le queda el que indica a qué equipo pertenece, entonces esa persona se convierte en miembro de la infantería. (Para capturar a un general los miembros de las fuerzas aéreas pueden entrar corriendo al búnker donde este se encuentra y arrancarse la insignia de miembro de la fuerza aérea de su propio brazo, convirtiéndose así en paracaidistas a fin de intentar arrancarle su brazalete y su banda al general. Sin embargo, una vez que se ha quitado la insignia, el jugador solo puede caminar y no le es posible llevar ninguna bomba).

• **Artillería:** Estos soldados solo pueden caminar y se les distingue porque llevan un brazalete verde en el brazo izquierdo, además del brazalete rojo o azul que portan en el brazo derecho indicando el color de su equipo. A ellos se les permite llevar tantos globos de agua como puedan cargar y atacar a cualquier jugador con ellos. Por lo tanto, también pueden funcionar como estaciones de reabastecimiento para las fuerzas aéreas. Sin embargo, una vez que pierden su insignia de artillería, no pueden ya tocar más globos de agua, ni siquiera para esconderlos ni destruirlos.

- **Infantería:** Estos jugadores constituyen la columna vertebral de los ejércitos. Solo tienen un brazalete rojo o azul. Y únicamente se les permite caminar, pero pueden matar a cualquiera que se les cruce en el camino. Debe emplearse a estos jugadores para proteger a la artillería y los generales.

Instrucciones finales:

- Las bombas y las balas de cañón (globos de agua) se consideran letales para cualquiera que resulte mojado por ellas, incluyendo al que las lanzó.
- La infantería puede destruir el suministro de globos del enemigo pinchándolos con un palo. Sin embargo, no se les permite levantarlos bajo ningún concepto.
- El juego termina cuando uno de los generales es asesinado.
- Puedes hacer que el juego resulte todavía más interesante colocando aspersores de agua aquí y allá, como si se tratara de un campo minado. También podrías colocar cordones o cintas para bloquear la entrada a determinados senderos estratégicos como si fueran radioactivos. Cualquier jugador que ingrese a una zona radioactiva será considerado muerto y enviado al cementerio.
- Una vez muerta, la persona no puede matar a nadie ni divulgar ninguna información.

John Splinter

ILUSTRACIONES INOLVIDABLES

BIBLIA PARA EL LÍDER DE JÓVENES
Nueva Versión Internacional

 presenta

LAS MÁS VARIADA Y COMPLETA COLECCIÓN DE IDEAS PARA REFRESCAR TU MINISTERIO

 **Editorial Vida** .com

 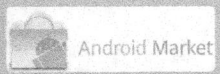

si trabajas con jóvenes nuestro deseo es ayudarte

UN MONTÓN DE RECURSOS PARA TU MINISTERIO JUVENIL

Visítanos en
www.especialidadesjuveniles.com

 /EspecialidadesJuveniles   @ejnoticias

Nos agradaría recibir noticias suyas.
Por favor, envíe sus comentarios sobre este libro
a la dirección que aparece a continuación.
Muchas gracias.

Vida@zondervan.com
www.editorialvida.com